独角兽之路

20款快速爆发且极具潜力的互联网产品深度剖析

三节课产品社区 编著

電子工業出版社
Publishing House of Electronics Industry
北京•BEIJING

内容简介

对有2～3年以上经验的互联网人来说，最好的学习可能不是听课，而是分析各类真实的产品和运营案例。而本书正好提供了对滴滴出行、百度外卖、懂球帝、快手App等20款极具代表性的准独角兽产品的发展路径的深度分析。

通过阅读本书，你可以发现互联网产品发展的背后，或许存在着某些共性的规律；也可以从各类产品的发展过程和真实案例中，获得大量的参考和借鉴。

本书适合产品经理、产品负责人、创业公司高层及产品爱好者参考和阅读。

图书在版编目（CIP）数据

独角兽之路：20款快速爆发且极具潜力的互联网产品深度剖析 / 三节课产品社区编著. —北京：电子工业出版社，2016.7
ISBN 978-7-121-28976-7

Ⅰ. ①独…　Ⅱ. ①三…　Ⅲ. ①电子商务－研究　Ⅳ. ①F713.36

中国版本图书馆CIP数据核字（2016）第125949号

策划编辑：张国霞
责任编辑：徐津平
印　　刷：中国电影出版社印刷厂
装　　订：三河市良远印务有限公司
出版发行：电子工业出版社
　　　　　北京市海淀区万寿路173信箱　　邮编：100036
开　　本：720×1000　1/16　印张：18.75　字数：330千字
版　　次：2016年7月第1版
印　　次：2016年8月第2次印刷
印　　数：5001～10000册　　定价：79.00元

凡所购买电子工业出版社图书有缺损问题，请向购买书店调换。若书店售缺，请与本社发行部联系，联系及邮购电话：（010）88254888，88258888。

质量投诉请发邮件至zlts@phei.com.cn，盗版侵权举报请发邮件至dbqq@phei.com.cn。

本书咨询联系方式：010-51260888-819，faq@phei.com.cn。

「推荐语」

三节课的团队是我所知的对互联网产品关注及时、剖析得非常深入和细腻的团队。虎嗅发表过三节课对诸如滴滴、豆瓣、分答等明星产品或现象级产品的多篇分析文章，以及三节课对腾讯公司10多年产品史的纵向梳理，其中的纵向梳理使我们从产品的角度目睹了一个“帝国”的崛起与蜕变，非常过瘾。三节课剖析产品时往往有几个层次：首先，呈现事实，例如产品的功能有哪些、历史版本是怎么演变的，非常清晰；其次，结合运营策略与效果来分析产品，让我们可以看出产品的意图与实现效果；最后，从产品的发展推导商业模式的可能性。根据这几个层次的剖析，读者对产品与公司的理解既脚踏实地、基于事实，又保持了超脱与宏观视角，对自己的思考不无启发——这是好的分析文章能给读者带来的无与伦比的价值。我认为三节课的多篇文章在不同程度上都做到了这一点。

—— 李珉　虎嗅网创始人兼CEO

这是一本基于真实案例的书，用一个个鲜活的产品案例将创业公司的产品从0到1娓娓道来，简明扼要却令人印象深刻。“以史为鉴，可以知兴替”，希望所有期望用好产品改变世界的企业家、创业者们都读一读本书，以更近的距离和更为直观的视角观察和分析既往优秀产品的迭代思路。

—— 赵阳　险峰长青创业投资副总裁

对行业中精品和竞品的分析是创业过程中的基本功，不过往往在这个环节高下立判：优秀的创业者不仅能体会和思考产品的功能，还能不断地延展、推演，例如该如何运营、推广、传播，等等。三节课创作的这本书，将这些关键环节深入、细致地呈现了出来，相信它会是我们的案头必备。

—— 徐志斌　微播易副总裁、《社交红利》系列书作者三节课的创始人在互联网领域打磨多年，既有大型互联网企业的从业经历，也有自身创业的历练，集诸多思索、感悟与呕心之力指导学员完成本书。本书对当下的互联网爆款产品进行了体系化的分析和研究，方便读者全面认知产品的不同寻常的发展之路。本书案例鲜活、简洁易读、图文并茂、有理有据、讲解清晰、深入浅出，为对互联网感兴趣的人士提供了有益的实操指导，实属业内难得一见的走心之作。

—— 李晓林　百度行业研究专家，曾任安永咨询经理

在用户眼里，App是一个个的产品，有用或者有趣；在产品经理眼里，App是一件件的艺术品，展示自我、连接观众；而在本书里，App是一场场的电影，演绎着互联网浪潮中的兴衰沉浮和得失。

这是国内剖析互联网产品迭代路径的开山力作，也是一本PM养成手册。找信息容易，理“路径”很难；分析为什么这么做容易，思考为什么不那么做很难。从What到How再到Why，本书在剥丝抽茧地挖掘产品的节奏、重心、进退和基因。

本书带给我们的更多的启发在于“转型”二字。很多产品经历转型后，才看清楚定位；有的作者经历转型后，才“跳”到互联网领域。这背后，是行业、时代甚至社会、人心的转型。转型的背后，是阵痛；转型过后，化蝶而生。

互联网的红利期已过，人工智能、机器人是现在的潮头浪尖；该领域的人才缺口之大、进入门槛之低，正是从业者和大学生的机会。期待本书的下一版，会有更多的AI、机器人领域的案例。

—— hanniman　前腾讯产品经理，现图灵机器人运营VP

大家都说做好产品经理是CEO的开门课，当然，这是建立在正确理解产品经理应该做什么和能做什么的基础上的。只有理解了应该做什么和能做什么，才能有很大的可能通过自己的能力实现一款好产品。

这是一本很好的PM入门书籍，一些同样正在成长的产品人把自己对产品的理解通过文字的形式分享出来，给他人以启发和思考。每个产品人都应该独立思考，从各种各样的信息、模式中找到很好的方法和路径，并实现自己的目标。

产品经理应该形成自己的性格与风格，要明确自己是产品的主人，并且深刻理解应该通过市场角度、业务角度、数据层面、技能层面、人员的管理与协调等做出一款成功的产品，这是做产品的终极要义。

希望作为一个产品新人的你能够认真阅读本书，你一定能读到自己想要的。

—— 王懿　曲奇问答创始人

「自序　寻找“可能不存在的”规律」

2013年，我和老布开始在有璨创业的平台上搭伴开设产品经理课程，利用周末的业余时间把自己的经验和方法分享给一群热爱学习的小伙伴，这是三节课开始时的样子。

2014年，我们的老师从两个变成四个，有璨和冬琪也加入进来。我们有两组人马继续开课，节奏更快，课程更加专业，听课的同学的感受更好了。

虽然开始时我们开玩笑地说，要讲3年，开300场，但实际上大家都不知道能做几场，幸而一直坚持到现在，转眼真的三年了。

在这个过程中，有一种声音一直在我们耳边回响：“产品经理是不可以被培养的！”“运营是需要天赋的，无法培养出来。”“很难想象把产品经理当作码农一样培养的结果是什么。”

我承认，在做三节课之前，我们也不知道产品和运营是否可以被教会，但我们清楚地知道用户的需求和爱好，用户在推着我们往前走。

后来，我们逐步感受到一些事情，让我们坚信这种“可能不存在的”规律需要去探寻、发现和传播。

一、走出“无知的峡谷”的过程常常伴随着指责，但探险者享受这种感受

从1995年左右开始，中国算是进入了互联网商业化扩张的阶段，从三大门户到BAT的形成，再到垂直行业的百花盛开，我们在10年里经历了互联网的快速发展。这一阶段的互联网人都是单枪匹马杀出一条“血路”，成王败寇，有喜有忧。但这一阶段既没有现在意义上的产品经理，也没有产品运营，更不要说有新媒体运营人员。

2005年以后，互联网公司逐步意识到仅仅靠程序员和销售人员并不能搞定所有事情，开始进入“分工协作”的时代，产品经理第1次被大公司作为一个独立的工作岗位而存在。而但凡带上“经理”名称的岗位，都特别容易受毕业生的欢迎，虽然

产品经理不是经理。

于是，第1波真正意义上的产品经理开始出现，他们就像《红色警戒》游戏里面的探路狗，把黑色的地图打开，用自己掉过的“坑”去探索这个工作岗位的知识边际。他们是野蛮生长的一代产品人。

站在不断变革的互联网技术与不断变化的用户市场中间，产品人的挑战前所未有得大，他们必须不断总结工作的经验和教训，不断更新自己的知识结构，不断了解技术、心理、社会学的各种论调……

他们常常被各方指责，战战兢兢，他们自己也不知道自己能撑多久。

但有时他们也很享受这样的过程，觉得自己好像在改变些什么，虽然在公司内部充满挑战，但走出公司，迎接他们的是千百万热情的用户。

那是个理想主义盛行的互联网时代，我们这几个老伙计恰逢这个时代。

从媒体转行到产品的老布、从销售转行到运营的老黄和放弃央视工作的我都在这个时间加入了这个“探险者”的游戏中，一玩就是十多年。

当然，在我们身边还有很多更具有传奇经历的产品人，有摆地摊的、看库房的、泡论坛的、做网管的……

那是个百家争鸣，用产品说话的时代。

那是个可以没有方法，却创造方法的时代。

那更是一个灵光一现就能占山为王的时代。

就像狄更斯在《双城记》中说的，那是个最好的时代，也是个最糟的时代。

二、对方法和规律的追求是人类天生的癖好

进入2005年以后，那些互联网领域里的“西部牛仔”开始管理自己的团队，负责一些或大或小的产品线了。

我们发现，从一线出来的人们，每个人都有自己的一套方法，也有自己秘而不宣的“秘籍”，逐渐在每个公司形成自己的“小气候”。

后来我们发现，这些方法在表面上看起来千差万别，但追究到底层，其实有着本质上的共同性。这些共同性是市场教育、用户反馈和竞争要求的结果，因为我们面临的是同样的市场格局及互联网用户。

然而，到底有没有客观方法和规律存在，并可以作为众多互联网公司产品操盘

和人才培养的基础知识呢？

大部分人认为这种方法和规律不存在，自己就是拼出来的，有什么教程？再说了，如果把某种“工程化”的方法应用到“具有创造力”的产品与运营岗位上，效果真的好吗？但实际的需求又特别旺盛，每年数十万新人进入互联网，是让新人和前辈一样自己摸索，还是将一些“通识性”的知识给到大家，这成了一个问题。

我们观念里的不可能与实际上的需求产生了冲突。从2014年开始，创业的热潮加强了这个冲突，创业者也需要一些方法。

事实上，我们通过一些数据化分析和产品复盘，看到了一些通用的规律和通识存在，这些规律和通识对产品的设计、操盘和产品经理的自我成长都有很大的价值。

人类对于规律和知识，其实有着令人费解的痴迷。

当我在百度新产品实验室将这些分析结果和方法分享给各业务线的朋友时，他们的解读让我自己都吃惊。

比如，我们复盘了春雨医生的产品节奏和迭代规律，发现了很多有意思的现象。为了证明这些现象是规律，我们后来分析了微信、滴滴等一系列成功的产品，也分析了开心网、足记、朋友印象等一系列看起来成功但产品操盘失误的产品。我们开始相信，有些规律不用再摸索了，有些坑不用再跳了，有些学费不用再交了。

三、我们发现的几个有价值的规律

布棉和有璨在价值观上也认可这种基于产品复盘和技术分析的研究路线，于是我们有了这个项目。我们精选了超过25款产品，最后进入本书中的20款产品是从中再次挑选而产生的。

我们原本是想自己分析这些产品并将其作为教学使用的素材，但后来觉得应该将这些信息传递给大家，与大家分享这种复盘的方法。更重要的是，我们想告诉大家我们发现的这些规律。

规律一：生于拉新，死于留存，流行产品要不得

2015年年底的三次元聚会，同时是我的拙作的首次读者见面会，我在会上讲的主题就是“生于拉新，死于留存”。

这是我们在这个项目中得到的一个重要结论：好产品总是善于拉新，但成功的产品总是在留存上做得很好。

拉新是个技术活，留存是个艺术活。

我们看到的性感的产品，都是拉新有一手，留存很扎实。

留存，可以是日活、月活，也可以是重复消费率和二次购买率。

不要成为拉新很好、留存很差的“流行产品”。

规律二：6个月的黄金探索期，错过的代价非常大

我们分析了20多款产品，这些准独角兽产品都有一个特点，就是善于抓住产品早期6个月的黄金探索期。

我们都知道，产品的生命周期有探索期、增长期和成熟期（也有4个阶段的分法），但很少有人知道探索期一般要持续多久。我们的分析结果是：最黄金的早期6个月对产品至关重要，这段时间就像“10月怀胎期”。

在这6个月内，如果没有快速摸索到产品的机会点和用户的敏感点，那么该产品在后期会花更多的时间在探索上，而且有很大可能错过增长最快的时间。所以，那些开始创业的时候节奏不快，等钱花差不多的时候才着急快速迭代的产品，往往都是虎头蛇尾地结束。

6个月的黄金期，是产品探索的最好时期。

规律三：“唯快不破”和迭代节奏的重要性

风清扬说过：“天下武功，唯快不破”。事实上，产品的迭代也是一样的。

在产品的探索黄金期，也就是上面提到的6个月的黄金期里，优秀产品的迭代节奏都非常好。平均每周1个小版本、每月1个大版本的节奏是基础保证，很多产品甚至是一周几个小版本、一月两个大版本，只有这样，才能实现快速试错、快速迭代。

探索，顾名思义就是不断试错和验证对的东西，所以产品要轻、节奏要快。

而节奏要快则需要建立高效的产品开发模式，在生产方式上支持快速迭代，让产品更有发言权，让运营更深度参与产品设计，同时，需要在沟通机制和决策机制上更开放、透明，让专业的人做专业的事情，团队要有“统一的语境”。

除此之外，还得让用户更多地定义产品，从用户中获得产品的灵感，就像三节课的很多事情都是用户在推着往前走的。

规律四：产品和运营在产品生命周期里的关系

我们发现，如果把产品分为3个阶段：探索期、增长期和成熟期，那么产品和运营在每个阶段的关系是不一样的。

在探索期，产品要快速迭代，运营则要为需求的获取、用户的反馈、竞品的口

碑做很多支持工作，要深度参与产品的定位和用户需求的挖掘。

在增长期，运营则要担负更重要的工作，让增长成为一个可以分解的指标，而产品和研发团队则需要快速支持运营的火力，这时的产品和研发团队就像兵工厂，而运营就是作战部队。

在成熟期，以用户活跃度和商业价值挖掘为主，产品和运营进入了一个慢节奏的阶段，都有自己的具体事情要做，KPI的协同成了这两个工种主要的交集。

而这20款产品的产品迭代和运营复盘，告诉我们这些产品的迭代和运营从社交到工具、从电商到教育等领域是如何配合得天衣无缝的。

当然，大家对这些产品也会有这样或那样的判断，本书只代表了我们的一种分析方法。

我们在写作本书时还发现了很多有意思的地方，这似乎也是我们团队能顺利完成本书的一个重要原因。

本书作为三节课第1次尝试团队协作的作品，它的顺利面世和我们协作小组的同学的辛苦耕耘是分不开的。石磊作为事实上的写作小组的组长，承担了大部分的组织写作、方法论落地和后期的校稿工作；其他成员包括春子、王宏标、尚美茹、庞妲、罗秋容、Taila、罗德涛、娄家林、王培林、秦旭升，大家分别认领了相关的产品和任务，完成了对应的分析和写作工作。

我经常在深夜看到大家在微信群里讨论某个产品的运营方案或者迭代路线，我能感受到大家投入了很多的激情和时间。

古人有言：教学相长。我也能感受到，写作小组的同学在研究的过程中获得了不少知识，他们成长的声音，我很清楚地听到了。

这也是我们的一个目的：通过分析和还原成功的产品来获得关于产品规律的认知，当然，如果存在规律的话。

三节课的几位发起人——布棉、黄有璨、于冬琪和我则作为指导老师，给大家一些指导，校对和整理全书的内容，当然，我们应该对本书内容的质量和可能出现的错误负责。

感谢电子工业出版社的张国霞女士，她的执着的态度和专业的精神打动了我们，也使得本书能够顺利出版。

Luke

北京·中关村

「前言」

从2015年开始，因为三节课讲课时的案例需要，我们开始深度分析很多产品的成长轨迹。坦白地讲，这些分析给了我们很多意料之外的收获和启发。

令我印象最深刻的是在分析美柚这款产品的时候，其早期探索期产品的快速迭代、中期增长期的运营和PR的充分发力、产品规划路径上的极度清晰（从工具到媒体到UGC再到社交），等等，当这一切汇聚时，你会发现，对于这款产品为何能够在短短一年多里使自己的市场份额追上甚至超过原本领先了自己整整一年出现的竞品——大姨吗，其答案顿时变得无比清晰。

并且，这中间有很多细节值得我们琢磨，比如，美柚要上UGC模块时并非是直接做出来一个功能就上线了，而是在之前通过2～3个版本为这个功能模块做足了铺垫、埋足了伏笔。

如上种种，让我们开始觉得：其实通过分析和还原一款产品的成长轨迹，只要方法得当，资料信息足够详尽，你又足够用心，那么其实会是一种特别有效的学习方式。

我们知道，在互联网行业内，很多人都过于喜欢追求快餐式的方法或技巧，天天期盼着有一个大神或大牛出现，在被大神或大牛指导个一招半式后就能飞黄腾达了。然而事实上，每款产品的基因、用户群、成长轨迹都是有差异的，绝不可能存在某种通用的方法或技巧可以适用于所有产品。从这个角度来讲，去看一个产品成长的过程，去看它在这个过程中遇到了哪些问题，去看它是如何应对和解决的，可能比单纯知道它的结局、某些技巧或方法更有意义、更有价值。

基于这样的思考，我们与电子工业出版社一起策划了本书，我们与众多三节课的优秀同学们一起挑选了我们认为有特点、有代表性的20款产品，对其进行了深度分析和解读。

对于这些产品，我们是从以下几个维度来选择的。

（1）面向一个已有的成熟需求，从某个细分领域切入，并慢慢壮大起来的产品。例如简书、懂球帝、脉脉、下厨房、洋葱数学、英语流利说等。

（2）面向新兴市场，在快速进入后战胜了无数竞品，最终成为该领域的独角兽或准独角兽的产品。例如滴滴出行、爱鲜蜂、哔哩哔哩、in、小红书、唱吧等。

（3）巨头公司内部孵化或战略布局驱动成长起来的产品。例如网易云音乐、网易花田、百度外卖、豆瓣App。

（4）某些只是因为解决了一个小问题，便依靠产品自身的内驱力逐渐壮大起来，用户量迫近甚至超过千万量级，并逐渐演化出很多其他业态的产品。例如极简汇率、小恩爱、快手App。

（5）一些“非常规”但是极度刚需的产品。例如12306。

在这当中，每款产品在成长过程中面临的情况都是千差万别的，每款产品也会带给我们一些不同的启发。比如，滴滴出行在成长过程中与竞品之间的拼杀、博弈堪称惨烈，它是如何度过早期漫长的探索期的，又是如何在进入成长期后迅速、充分地发力并实现迅猛增长的，这是特别值得我们注意的。又如豆瓣App，它更多地面临自己内部及用户使用场景变迁的问题，并多年来始终受困于此，在面对新老用户的差异化诉求及传统PC端的束缚时它会如何应对，这更值得我们留心。再如懂球帝，在诞生之初就面临着新浪体育、虎扑体育等成熟巨头占据大部分市场的事实，它是如何在巨头的重围下找到一条突围之路的，这值得我们关注；又如快手，这是一款极度低调的产品，却已经不声不响地在短视频领域成为用户活跃度最高的产品，它是如何凭借自己的工具属性实现迅猛增长并最终完成从工具到社区的顺利转型的，这令我们更加好奇。

总之，我们认为以上几类产品，以及每款产品背后的不同的成长轨迹，足以代表市场上现有的大部分成功产品走过的轨迹，或者大部分新产品将来可能会面临的问题。

虽然产品分析中的一部分内容看起来略“干”略“硬”，但我们仍然相信，如果愿意花些心思对它们进行思考和细细回味，那么它们一定会带给我们很多启发与思考。而且，自己的产品所面临的大部分问题，也可以在本书的这些产品身上找到投射。

从阅读上来说，你既可以通览全书，也可以只把本书当作工具书来使用——假如你特别想知道某款产品在某个阶段遇到问题时是如何处理和应对的，那么你只需要关注该产品在那个阶段对应的内容。

本书精选的20款互联网产品都是在2015年间发展迅速、有较广泛的用户认可度的产品，在一定程度上，它们的出现和发展也代表了这个阶段的中国互联网的一些趋势和现象，如下所述。

（1）对于非巨头内部或非垄断性资源驱动的产品，从细分领域中的某个极致单点切入，再逐渐谋求发展是更常见的轨迹，例如懂球帝、下厨房、快手App等都是如此。

（2）对于巨头内部战略或资源驱动型的产品，相比如何更独特、更创新等，更加重要的事或许是掌握好整个产品发展过程中的节奏，例如：在早期探索期一定要迅速地完成对产品的打磨，不应追求用户体量；在中期成长期一定要充分运营驱动，迅速完成对于市场的占领，等等。

如果有可能，我们很希望看看3年后我们再来完成这样一部作品时，届时对比当下，是否会出现一些不同。

最后，祝你在本书中可以有所思考与收获，希望本书可以帮助很多的互联网产品“性感”起来。

黄有璨

目录

01 最好的线上超市——爱鲜蜂

作为生鲜电商中的一员，爱鲜蜂主打一个“快”字！对于生鲜产品来说，快就是新鲜、快就是健康，为此，爱鲜蜂在配送上使用了众包模式。生鲜电商很难做，也有很多竞争对手，爱鲜蜂能从中脱颖而出，主要得益于其产品迭代和运营配合得“天衣无缝”般完美。

「1.1 产品背景」

1.1.1 产品简介

O2O社区在经历了2014年的大红大紫后，从2015年下半年开始可谓哀鸿遍野。叮咚小区、嘿客相继死去，而作为很多项目融资对标案例的社区001最终也破灭了，而此时另一家类似的公司却宣称在C轮融资中拿到7000万美元的融资，一死一生的社区商超O2O不免让人唏嘘。这家公司就是我们今天的主角——爱鲜蜂（见图1.1）。在互联网+的投资大潮急转直下并且演变成互联网寒冬的时候，我们看到了是谁在裸泳。裸泳者在寒冬中能活着已是不易，而爱鲜蜂能在这个阶段逆势而上肯定有它的道理，现在我们就娓娓道来。

图1.1 爱鲜蜂的产品页面

三节课一直坚持的观点是：社区O2O的需求和场景真实存在，但如何切入及怎么操盘还需要不断探索，从那些不那么成功的产品中，我们其实可以看到产品和运营的节奏各有各的问题，而爱鲜蜂让我们看到在操盘上更加“性感”的表现。

任何一款产品都有自己的定位，而爱鲜蜂的定位有以下两点。

- 产品定位：专注最后一公里的生鲜配送、零食的一小时闪送。
- 用户定位：懒人、吃货、带小孩的家庭主妇。

经过笔者的分析，用户在使用爱鲜蜂的时候会有以下两种比较典型的场景。

（1）场景一

- 用户：懒人、吃货。
- 需求：吃水果、零食。
- 要解决的痛点：对于懒人来说抬抬脚都是很痛苦的事情；附近超市的零食和水果的品类太少，离大超市又太远。

（2）场景二

- 用户：家庭主妇。
- 需求：买菜、做饭。
- 要解决的痛点：孩子太小，不方便带出去买菜；自己出去买菜不放心孩子独自在家，怕出事。

为了满足用户的以上使用场景，爱鲜蜂用如图1.2所示的方式来解决问题。

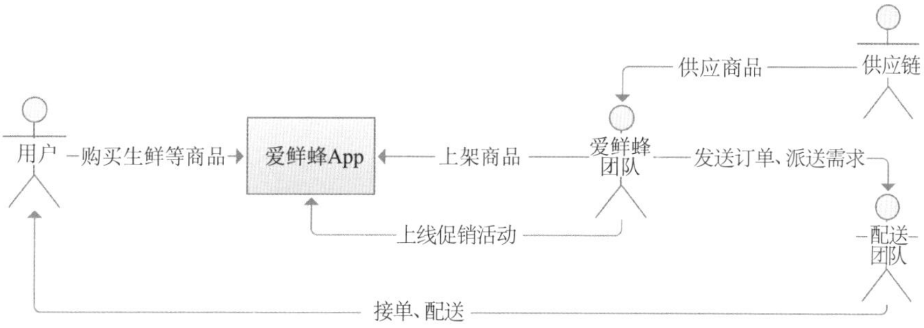

图1.2 爱鲜蜂的核心业务逻辑与架构

值得一提的是，爱鲜蜂用众包物流配送的方式来应对配送环节。由于爱鲜蜂是社区O2O，自己的线下店铺主要是直接和小区的超市合作，以这种利益共同体的方式来降低自己进入小区市场的难度。而爱鲜蜂在配送环节注意到每个小区总有一些赋闲的大爷大妈，利用这些人的人力成本要比自己招聘配送团队相对低得多，而且当地小区的人更加熟悉自己的环境配送起来更快捷。这与笔者调研过的百度外卖完全不同，解决方案不同的原因在于场景不同。这也是三节课一直主张的观点：解决方案一定要结合用户、需求、场景这三者进行考虑。这样不至于违背基本的常识。

而在移动端App上，为了实现自己的核心业务逻辑，爱鲜蜂实现了如图1.3所示的功能结构。

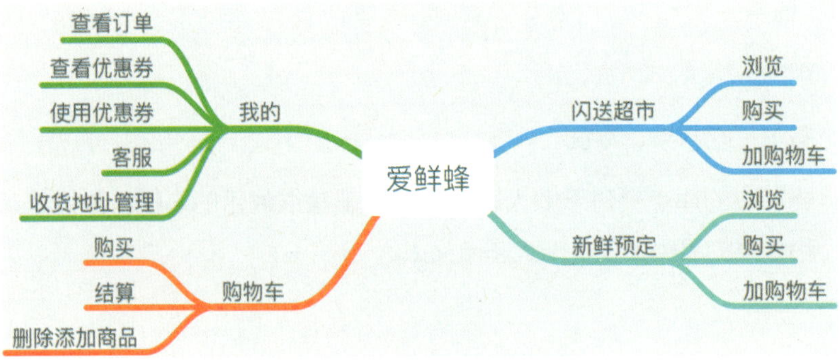

图1.3　爱鲜蜂的产品功能结构

1.1.2　产品发展历史大事件

这样的产品功能结构并不是一蹴而就的，爱鲜蜂也是经历了很多的事情才走到现在的，笔者通过在IT桔子和网络上进行查询，得到了以下信息。

- 2014年5月，爱鲜蜂微信服务号上线。
- 2014年6月12日，拿到清流资本数百万元人民币天使融资。
- 2014年7月，爱鲜蜂网上线，日订单量达1000单。
- 2014年9月，铺设配送点达到2000个，在北京累计用户达到25万，且二次购买率30%以上。
- 2014年10月23日，获得红杉资本领投的1000万美元A轮融资。
- 2014年12月12日，爱鲜蜂App在App Store上线。
- 2015年3月，全国日订单量超过3万单，并于该月30日完成2000万美元B轮融资，估值2亿美元。
- 2015年7月，全国日订单量超过10万单，用户规模达到500万，合作便利店超过1万家，月流水超过1亿元人民币。
- 2015年9月23日，完成7000万美元C轮融资。
- 2015年11月，与北京公交合作，在公交车上投放“掌上便利店”的整个车身广告。

- 2015年12月，爱鲜蜂称与百度展开合作，接入第3方服务。
- 2016年年初，“年终奖提前发”活动引来上亿人围观。
- 2016年3月24日，爱鲜蜂陷入供应商讨薪风波，而爱鲜蜂表示从未拖欠薪资，合作供应商在2015年已停止合作并已经因为此事报警。

1.1.3 竞品简介

以下是爱鲜蜂的部分竞品。

- 社区100：分布在各个小区的生活超市，已消失。
- 京东到家：京东旗下的社区服务App，拥有强大的京东物流支撑。
- 小区快点：以广州、成都、长沙为主战场的社区O2O。

1.2 发展历程

根据爱鲜蜂自上线以来截至2016年1月的数据，我们梳理出3张图，如图1.4～图1.6所示。

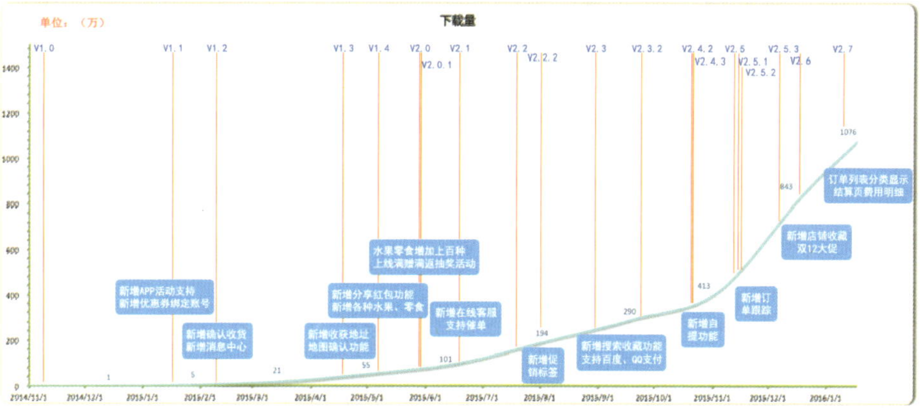

图1.4　爱鲜蜂在Android端的下载量增长曲线及产品版本迭代路径（数据来源于酷传）

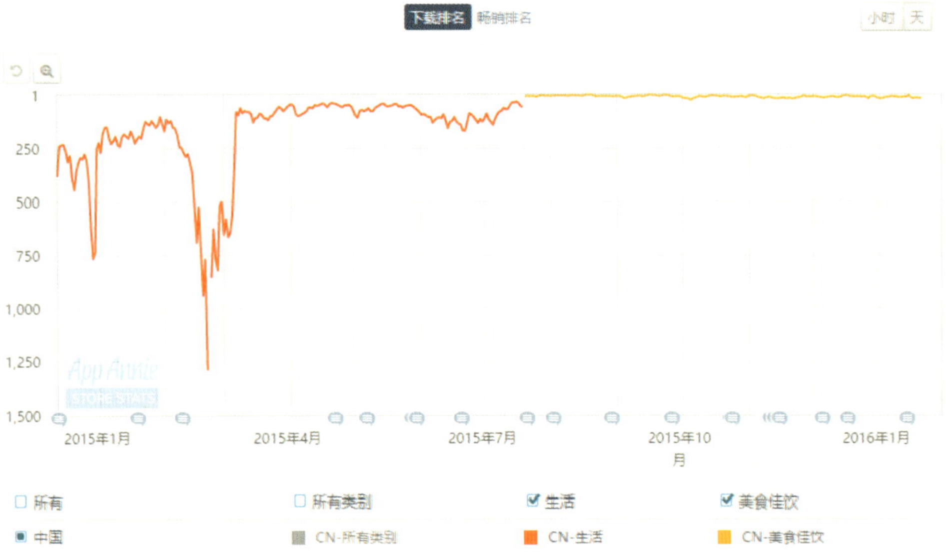

图1.5　爱鲜蜂在App Store生活和美食产品中的排名变化曲线（资料来源于App Annie）

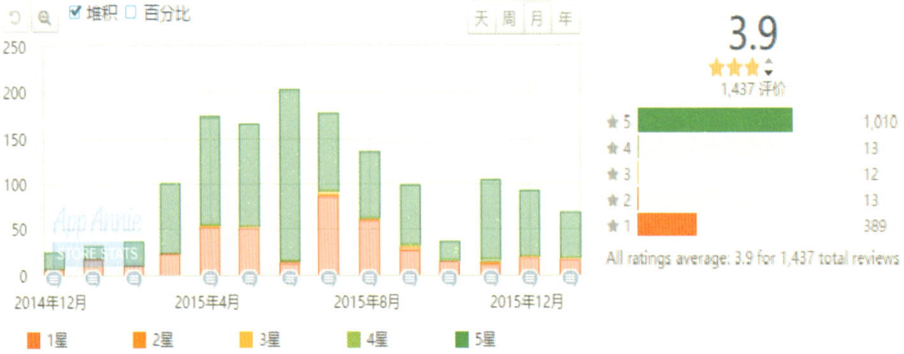

图1.6　爱鲜蜂在App Store中的总体评分（资料来源于App Annie）

从图1.4中我们可以看到，爱鲜蜂现在处于高速增长期，其用户量和用户增长率在2015年6月之前并不是很高，从2015年6月以后开始出现高速增长的苗头，在2015年11月正式进入高速增长期。笔者秉承由果到因的思路，发现爱鲜蜂在2015年6月的增长可能是由于其在5月新增了红包功能、上线满赠满返抽奖活动，以及大幅增加了App内的商品种类；而对于2015年11月以后的高速增长，笔者并没有发现爱鲜蜂在产品上有很大的动作或者思路上的变化，故大胆猜测可能和双十一的运营活动有关。所以，笔者认为2015年6月的增长内驱力可能是App内的产品因素，2015年11月之后的增长内驱力可能更多的是结合产品做了一系列成功的运营活动。

从图1.5和图1.6中我们可以看到，爱鲜蜂在2015年8月之前无论是App Store排名还是用户评价都有一个很大的波动，而从2015年8月以后App Store排名和用户评价相对趋于稳定，说明之后的爱鲜蜂开始慢慢趋于成熟。所以，笔者将爱鲜蜂分为以下3个阶段来解读。

- 第1阶段：2015年5月之前（包括App没上线之前），在探索期间对产品的基础设置展开全力以赴的建设（商品种类、供应链，并收集用户数据）。
- 第2阶段：2015年5月～2015年11月，运营发力，并开始全面铺开服务网点，丰富支付方式。
- 第3阶段：2015年11月至今，运营活动全面发力，借助双十一、双十二进行事件营销。

1.3　迭代分析

1.3.1　第1阶段：顺利融资，用户评价较差

爱鲜蜂在这个阶段更多的是梳理产品的逻辑，包括从2014年5月微信服务号上线到2014年11月Android版App上线，都是在打磨产品的逻辑，同时在线下着重发展供应链和配送网点的建设，甚至在线下花费的精力要比线上产品多得多，到后期开始尝试丰富自己的产品。

1. 关键版本分析

如图1.7所示，通过下单的页面流程来看，爱鲜蜂没什么问题，流程也相对简洁。这和爱鲜蜂先在微信服务号和PC端打磨大约半年是分不开的。从微信服务号到PC端再到App不失为一种比较稳妥的试错方案。而O2O产品的重点不是线上产品，而是线下服务。由于爱鲜蜂成立的时间不长，众包物流团队和销售点的基础设施建设并不是那么完备，再加上各个地区的差异化很大，所以需要一定的时间去协调处理这些事情。正所谓万事开头难。

图1.7 爱鲜蜂V1.X版本的界面截图

2. 用户评价

如图1.8所示（资料来源于App Annie），用户在这一阶段的评价走向两个极端：评分1分和5分的用户形成了典型的两极分化。通常这个评价代表产品的需求点是存在的，而产品体验（整体体验，而不是交互体验）是很差的。在这样的评分下可以不做大规模的运营拉新，但需要加快产品的迭代速度。

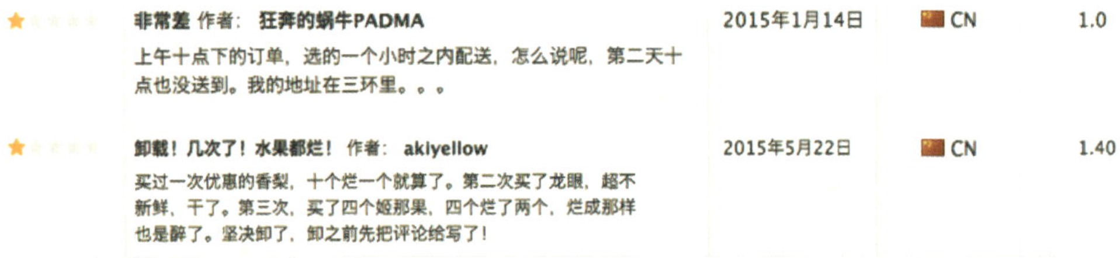

图1.8 爱鲜蜂在第1阶段的用户评论详情

从用户对V1.0～V1.4版本的评价来看，爱鲜蜂在这段时间主要面临以下两个问题。

（1）配送不及时，很多单子并没有按照自己的承诺进行一小时闪送。

（2）对商品质量的把控并不是很到位，甚至出现了过期水果的问题，导致V1.0和V1.2版本的综合评分不超过3分。

也许有人会说：“用户对V1.3和V1.4版本的评分还不错啊”。这里给大家一个线索：V1.0～V1.2.1版本的用户使用周期约5个月（2014年12月12日～2015年4

月20日），用户评价数为37个；V1.3～V1.4版本的用户使用周期是1个月零7天（2015年4月20日～2015年5月27日），用户评价数为245个。在此期间用户数量并没有呈现大规模增长，评论数量却呈现了指数级的增长。不过爱鲜蜂在这段时间的重心没有放在用户体验上，而是放在自己的物流团队、销售网点和供应链的建设上，所以才有了后续的爆发式增长。

3. 运营情况

即使在产品打磨和O2O基础设施建设时期，爱鲜蜂也不乏运营亮点。在其产品形态还是微信号和PC端的时代，爱鲜蜂便在2014年世界杯期间推出了“世界杯”套餐，并且推出针对两类人的套餐：一类是足球球迷的午夜看球套餐；另一类是补偿女友套餐，用于男球迷补偿其女友，以便让自己安心看球。这次运营不可谓不性感。

在产品配送模式上，爱鲜蜂采用了众包和产品渠道的方式，所以对于B端的运营也是主要针对这两方面展开的。

4. 阶段总结

在该阶段，爱鲜蜂主要做了如下两件事情：通过用户反馈打磨产品逻辑；全力布局线下服务网点。同时，在世界杯期间的运营也是一个亮点。

1.3.2 第2阶段：完善商品内容，推出运营活动，迎来小幅增长

在该阶段，爱鲜蜂增加了自身的几百种产品，对业务进行了很大的扩展，这和爱鲜蜂在2015年3月底拿到2000万美元的B轮融资有很大的关系。如果说爱鲜蜂将A轮2000万美元的融资用到众包物流、销售网点和供应链的建设上了，那么这次B轮的2000万美元的融资主要用到业务拓展和一些满减、满返、满赠等App内的运营上了。

1. 关键版本解读

爱鲜蜂在V2.0版本（2015年5月27日）中，新增水果、饮料、零食等上百种商品；推出更多的满赠、满返、抽奖等优惠活动。从产品界面上看和之前发生了很大的变化，开始出现底部导航，产品逻辑更清晰，而且首页几乎是以推送各种活动为主，每个功能页面的逻辑相对来说比较清晰，并强化了订单管理和个人账户管理，如图1.9所示。

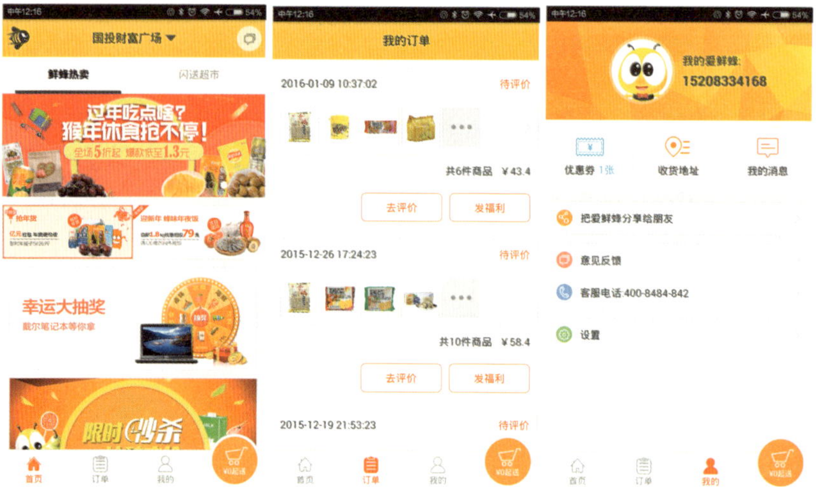

图1.9　爱鲜蜂V2.0版本的界面截图

2. 用户评价

如图1.10所示（资料来源于App Annie），这段时间的用户评价相对于第1阶段有了一定的提升，一方面是产品本身的原因，一方面和爱鲜蜂做的满减、满增、抽奖等活动有一定的关系，还有一个根本原因就是其众包物流系统、销售网点建设及供应链日趋完善。不过，还是会有因为地域上的差异造成配送不及时的问题，这是一个需要长期学习、建设的过程。

★☆☆☆☆	**严重投诉+1** 作者：**檬檬爱波波** 刚开始挺好的，后来好几次送货都晚的离谱，四五个小时都不来，退款两次没一次收到的，客服电话永远打不通，感觉这样下去爱鲜蜂得玩儿完！	2015年7月15日	CN	2.10
★☆☆☆☆	**优惠券的货很少** 作者：**无言的结局1987** 货备的不足，优惠券是噱头，大家不要下载。同业很多，不一定非用他的	2015年7月29日	CN	2.20

图1.10　爱鲜蜂在第2阶段的用户评论详情

3. 运营情况

该阶段对C端的运营重点主要是通过增加产品品类和满减、满赠等一系列活动来拉用户、做订单量，并且取得了一定的效果，其用户规模在2015年7月达到500万，月流水超过1亿元人民币。

该阶段对B端的运营重点主要是在供应链方面，产品品类在不断增加，合作的供应商越来越多和多元化。B端供应链的运营才是C端用户运营成功的基础。

4. 阶段总结

在该阶段，爱鲜蜂主要在产品上做了一次大的调整，而且大大增加了所售卖的产品种类，开启了一些满减、满赠的运营活动来吸引用户，培养用户的习惯，用户的体验也有了很大的提升。

1.3.3 第3阶段：运营全面发力，用户爆发式增长，真正进入高速增长阶段

在服务网点、供应链、产品逻辑和用户量都达到一定阶段以后，爱鲜蜂开始对C端的运营全面发力，在该阶段正式开始了对C端用户的运营，并且开始尝试一些跨界合作。

1. 关键版本解读

爱鲜蜂在第3阶段的V2.5.0～V2.70版本的功能更新如下。

（1）V2.50版本（2015年11月10日）：新增订单状态全程跟踪功能，实时查看信息；优化新鲜预订入口，更多的果蔬可次日达；新增15度蜜梨、飘香卤味、老板团牛油果、澳洲牛排、智利蓝莓等十余种水果。V2.50和V2.0版本相比又多了新鲜预订的功能，证明爱鲜蜂开始拓展蔬果生鲜业务，“我的”页面的内容对订单列表进行了分类，个人认为之所以出现了这样的分类，是因为增加了新鲜预定的业务内容。这样其实把订单周期从之前的一小时拉长了一天甚至几天。这时对于用户和商户来说管理订单的难度就增加了不少，爱鲜蜂也开始重视这块内容，将订单进行分类以更方便管理。如图1.11所示。

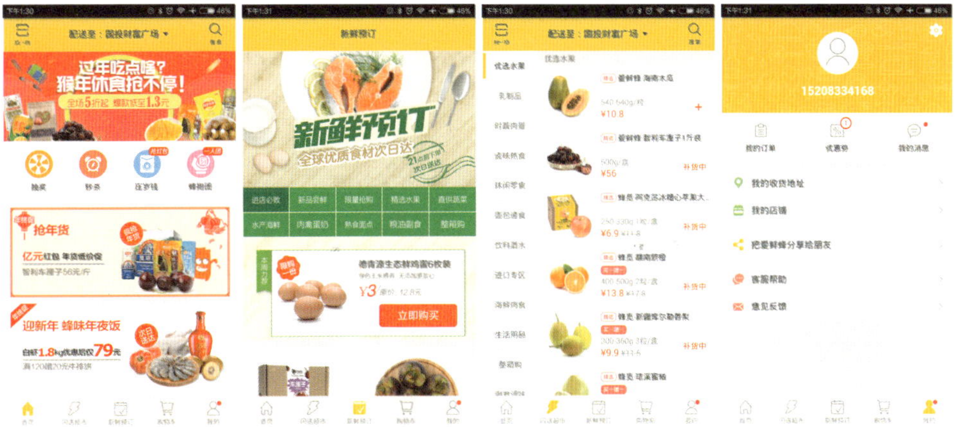

图1.11 爱鲜蜂V2.50版本的界面截图

2. 用户评价

如图1.12所示（资料来源于App Annie），从整体来看用户对爱鲜蜂这段时间的评价以正面居多，例如送货速度快、价格便宜、活动多样，等等。爱鲜蜂的物流、销售网站和供应链管理都在慢慢走向成熟和标准化。伴随着用户量的爆发式增长，订单量也跟着增长，这时的爱鲜蜂正在渐渐进入寻常百姓家。

★★★★	**一般** 作者： **啊樱桃丸子** 送东西还是挺速度的有个别的还挺超值但缺货现象比较频繁还有就是有山寨的东西	2015年11月22日	CN	2.52
★★★★★	**一如既往的选择，支持** 作者： **不是监督局发布** 也比超市实惠，关键送得快，真好，可以常用了	2015年12月22日	CN	2.60
★★★★★	**嗯、還可以.** 作者： **665216855** 种类比以前多了好多，作为老客户看到你们的成长真是欣慰呢，保持下去	2016年1月19日	CN	2.70

图1.12　爱鲜蜂在第3阶段的用户评论详情

3. 运营情况

在该阶段，用户的爆发式增长在很大程度上借力于双十一活动，爱鲜蜂做了一次漂亮的双十一运营。爱鲜蜂在双十二及“年终奖提前发”活动中迎来了后续持续的增长，值得一提的是“年终奖提前发”活动引来了近一亿网民的围观。

并且，爱鲜蜂于2015年11月在北京公交车的整体车身上做了大面积的平面广告，打出“掌上便利店”的霸气Slogan；又于2015年12月开启与百度的合作，拟在百度上作为第三方服务进行推广、引流，而通过这样的合作，到目前为止爱鲜蜂无论是用户量还是订单量都有了很大的提升。并且在2016年4月与美团外卖进行合作，在美团外卖上架特有特惠商品，两者强强联手势必给爱鲜蜂带来新一轮的用户量增长。

4. 阶段综述

爱鲜蜂在该阶段迎来了用户量和订单量的爆发期，在互联网寒冬过后依然逆势而上，通过性感的运营和漂亮的产品笼络了一大批用户的心，并且走向成熟。

从爱鲜蜂的整个迭代过程我们可以看出爱鲜蜂的发展中心大致分为如下3个阶段。

（1）V1.0～V1.4版本（2015年5月之前）：探索产品及物流模式，开始建立物流、销售网点等基础设施。

（2）V2.0～V2.4.3版本（2015年5月～2015年11月）：大力拓展业务范

围，完善销售网点和物流建设。

（3）V2.5～V2.7版本（2015年11月至今）：借助双十一、双十二、年终奖提前发三大运营活动全力拉用户，拓展蔬果生鲜业务，进一步完善自己的销售网点和物流系统并开始走向成熟。

1.4 总结

爱鲜蜂在成长历程中的重点并不是将其线上产品做得多么棒，而是将线下的销售网点、物流建设、供应链管理做到位。在2015年下半年O2O大潮褪去以后，爱鲜蜂目前仍处于高速增长期，这和其之前将工作重心放在线下不无关系。

爱鲜蜂借鉴了其他O2O产品失败的教训，避免了一些坑，在线上产品的试错、迭代和爆发上做了比较好的控制，从微信到App的推进，都以“线上支持线下”为基本逻辑，明确其成败在于线下体验，而非线上，这可以说是非常明智的。

现在的O2O企业更多地在利用互联网传播价值，而不是创造价值；而传统企业更多地在创造价值，其传播价值相对较弱。似乎O2O企业能很好地与传统企业进行优势互补，并能很好地生存下去，但实际情况却是大量的新兴O2O企业倒闭了，原因在哪里呢？笔者在爱鲜蜂身上既看到了传播价值又看到了创造价值，它还活着而且活得很好，这一点值得我们反思。

爱鲜蜂是否会成为超市O2O垂直领域的寡头？我们拭目以待。当然，这条路可能很长。

02 ▶ 有可能后来居上的百度外卖

这几年，百度内部创新成功的产品屈指可数，百度外卖算是硕果仅存的一款“准独角兽”产品。百度外卖的研究价值，在于大公司内部的创新产品是如何独立于母体之外，获取资源、建立运营能力、迭代产品和做好用户体验的。要知道，在大公司中做小产品是多么不容易！

2.1 产品背景

2.1.1 产品简介

提到外卖，大家会想到饿了么、美团外卖和百度外卖。现在，外卖市场已经形成了三足鼎立的局面。饿了么成立于2009年，美团外卖上线于2013年11月，饿了么的先发优势及美团外卖的运营能力、商户资源都不容小觑。在这样的背景下，上线于2014年5月的百度外卖，却在饿了么和美团外卖的夹击之下异军突起，不仅成功攻占了市场，更是成为2013年后至今，百度几乎唯一值得称道的新产品。百度外卖到底做了什么，这确实值得我们关注和分析。

由图2.1我们可以了解到白领用户对三大外卖平台的印象。下面我们就来剖析一下今天的主角——百度外卖。如图2.2所示是百度外卖在App Store中的界面展示。

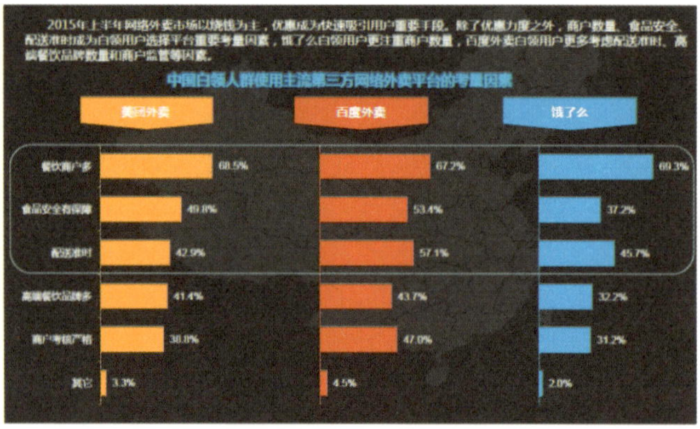

图2.1　三大外卖平台对比

图2.2　百度外卖在App Store中的界面展示

与饿了么定位于大学生市场不同，百度外卖从启动开始，就专注于做面向白领人群的外卖，定位相对高端，从百度的Slogan“做高品质的外卖”中也可以看出端倪。

而对于百度外卖来说，典型的使用场景应该可以归纳为以下两个（用户为白领人群）。

- 场景一

需求：工作日午餐。

痛点：到餐厅排队、等餐太麻烦，中午吃同样的口味会太单一；太忙或太懒。

- 场景二

需求：周末宅在家里饿不死。

痛点：宅在家里懒得做饭会吃不上饭。

我们来看看百度外卖是通过什么方式来应对用户使用场景的。

图2.3展示了百度外卖的核心业务逻辑。百度外卖对送餐的解决方案是建立自己的同城配送团队即百度骑士，这与刚成立时的饿了么和美团外卖有所不同。而百度外卖之所以选择自建配送团队，是因为商家负责配送的人员水平参差不齐、不方便管理而且不能保证配送时间。而在外卖行业中，配送时间的不确定一直是一个痛点，通过建立自己的配送团队可以有效地控制配送成本。饿了么和美团外卖在2016年年初也意识到了这一点，并开始建立自己的配送团队，这更说明百度外卖之前的做法是正确的，这也是百度外卖能在两大外卖平台的夹击下成长起来的一个重要原因。

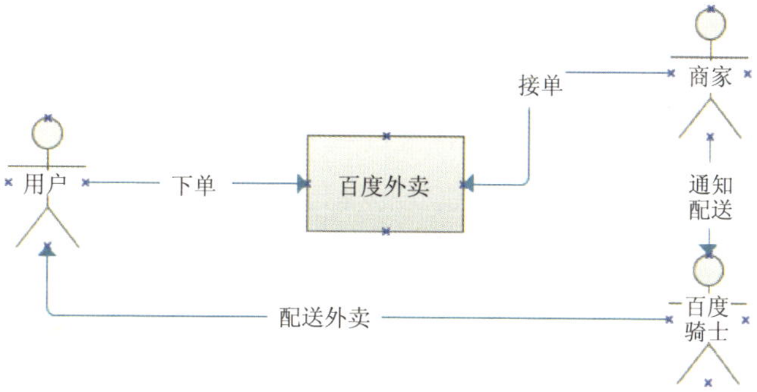

图2.3　百度外卖的核心业务逻辑图

有了比饿了么和美团外卖这两大外卖平台更合理的业务逻辑，百度外卖在接下来应该将这样的业务逻辑产品化，下面我们来看看百度外卖的产品功能结构，如图2.4所示。可以看出其实百度外卖的产品功能结构几乎都是围绕着自身的核心业务逻辑来设计的，并没有出现多余的功能，“吃啥”里面的个性化推荐也符合百度外卖的用户定位。白领总是喜欢和他人有点儿与众不同，这个功能可以有效地留住自己的用户，这也是百度外卖与其他两大外卖平台的不同之处。

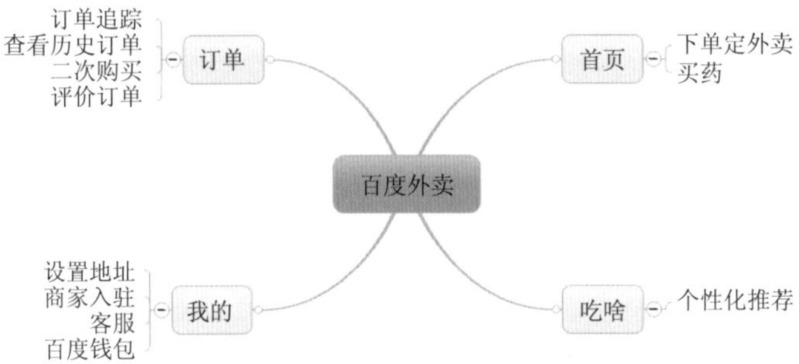

图2.4　百度外卖的产品功能结构

2.1.2　产品发展历史大事件

三节课的一贯观点是：好的产品是迭代出来的。在百度外卖的整个迭代过程中也发生了很多值得人关注的事情。下面我们来看看百度外卖经历了哪些大事件。

- 2014年4月，百度外卖进入O2O行业并开始内测。
- 2014年5月，PC端、移动端网站正式上线。
- 2014年6月，入驻商家近万家。
- 2014年8月，百度外卖App正式上线。
- 2014年12月，百度外卖覆盖城市达到79个。
- 2015年7月28日，独立融资2.5亿美元。
- 2015年7月29日，百度宣布拆分外卖业务，百度外卖独立运作。
- 2015年7月31日，味千斥资6000万美元投资百度外卖。
- 2015年8月26日，百度外卖牵手叮当快药发力医药O2O。
- 2015年10月，百度外卖用户量1600万，月活1100万，配送员超过1.9万，每个配送员日均送16～18单，入驻商家超18.7万，覆盖109个城市。

- 2015年12月29日，百度外卖宣布拟融资5亿美元重点完成物流品类扩张。
- 2016年3月22日，百度外卖CEO巩振兵表示：欲做中国最大的餐饮控股集团。

2.1.3 竞品简介

下面我们简单介绍百度外卖的两个竞品：饿了么和美团外卖。

- 饿了么：是目前中国最大的餐饮O2O平台之一，成立于2009年4月。截至2015年7月，饿了么覆盖的城市超过260个，累计用户4000万，加盟餐厅30万，日交易额超过6000万。于2015年8月28日获得6.3亿美元融资，创全球外卖行业融资规模记录。
- 美团外卖：于2013年11月上线，目前覆盖百余座城市，拥有超过5万家餐厅。于2015年7月达到41.24%的市场份额，位列当时榜首。

2.2 发展历程

根据百度外卖自上线以来截至2015年12月的数据，我们梳理出3张图，并根据这3张图进行相应的总结。如图2.5所示，我们可以看到百度外卖的版本除常规的功能增加外，版本号从来没有出现过偶数，哪怕是从1.*X*过渡到2.*X*、3.*X*，相应的版本号也是2.0.1和3.0.1，这是前所未见的，估计是产品经理的恶趣味。

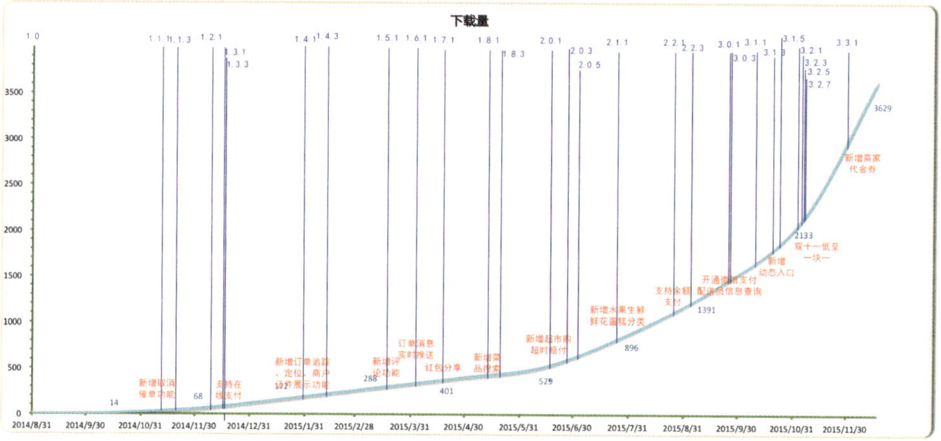

图2.5 百度外卖在Android端的下载量增长曲线及产品版本迭代路径

从增长曲线来看，越往后期，增速越快。这也与社交类产品一旦爆发，会在早期出现暴增，后期才趋于平稳的增长曲线不同。究其原因，一方面是O2O产品的供应能力与订单量的增长必须匹配——爆发式的用户量增长，却没有跟得上的服务能力，只会导致用户离开和口碑下降。所以，用户量的增长总会受到服务能力的增长的制约，而服务能力的增长随着时间、资本的积累及效率的提升，通常会越来越快。另一方面，外卖作为用户广度、需求频次几乎最高的O2O领域，还远远没有触及增长的天花板。而在美团外卖、饿了么、百度外卖连番的市场攻势下，整个市场也得以快速扩张。

O2O最主要的功夫还是在线下。百度外卖的成功，可能更多地归功于收购糯米所带来的商家资源、自建物流体系所带来的送餐速度，以及和百度巨大的C端流量资源。

百度外卖App在其中的角色则是发起服务的入口，承担着让用户成功选餐、留存用户、活动触及的责任。在这个定位下，百度外卖的App迭代几乎可以完美地以大版本号进行划分。

（1）第1阶段：V1.0～V1.8.3版本（2014年9月～2015年5月），产品完成基本功能建设，线下解决外卖配送时间过长这一问题。

（2）第2阶段：V2.0.1～V2.2.3版本（2015年7月～2015年9月），拓展品类，增加服务类别。

（3）第3阶段：V3.0～V3.3版本（2015年9月至今）运营驱动，快速增长。

如图2.6所示，百度外卖在App Store中的排名大体稳定，有意思的是：大概在2015年2月中旬到3月，百度外卖的排名出现了一次大幅下滑，而后又迅速回升，在美食类目中的排名却没有出现这样的波动。这正好反映了春节时用户对互联网需求的变化：外卖业务目前集中在一二线城市，过年前后，城市中的外来人口大量回流，餐厅歇业，外卖业务量减少；而与此同时，大家有了更多的时间，于是娱乐类需求大服务增长，挤掉了百度外卖的排名。

如图2.7所示，用户在App Store中对百度外卖整体持正面评价。不过其中1星级的评价，反映了百度外卖在服务质量、服务时间上仍然存在待解决的问题，这也是O2O的硬功，不容回避。

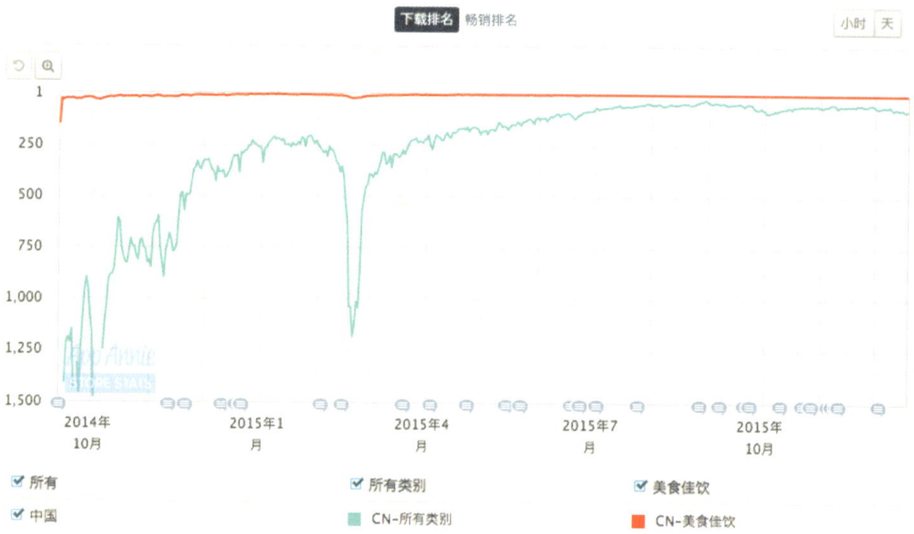

图2.6　百度外卖在App Store娱乐类别产品中的排名变化曲线

图2.7　百度外卖在App Store中的整体评价情况

「2.3　迭代分析」

2.3.1　第1阶段

百度外卖在2014年4月就开始了内测，截至2015年5月，百度外卖完成了线上和线下的基础建设。

- 线下：建设线下团队，接入商家，建设服务规范和标准流程，提升送餐效率。
- 线上：完成“展示餐厅-展示菜品-选择-下单-支付-查看订单状态”的基本业务逻辑。用户总是在吃饭这件事儿上纠结和着急。真正的产品难点还是在下单之前，即如何帮助用户成功选餐。这个问题在V1.0版本中的主要解决办法是“历史记录”“搜索”这两个功能的实现。真正推荐、帮助用户做决策，还是在V3.0版本之后。

1. 关键版本解读

百度外卖在第1阶段的V1.0.1～V1.8.1版本的功能更新如下。

（1）V1.0.1版本（2014年9月13日）：百度外卖iOS版上线，其界面如图2.8所示。相比其他竞品，百度外卖的一个特殊功能是可以开发票，这个功能正好迎合了有餐补的公司和公司白领的需求。开具发票以后，公司的会计在做账时可以合理避税，再加上百度外卖下单立减8元的优惠，白领拿着发票去报销有可能吃饭也赚钱。

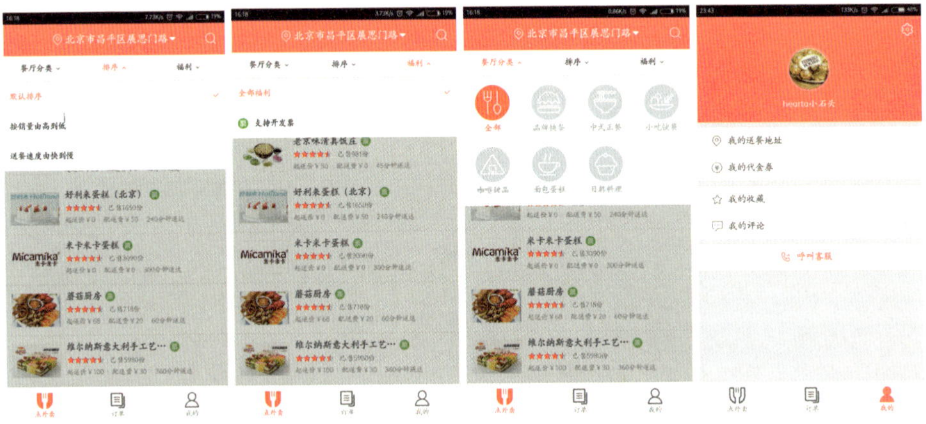

图2.8　百度外卖V1.0.1版本的界面截图

从V1.3.1版本开始，百度外卖支持在线支付，并开始主推自建的配送团队“百度骑士”。其背后的逻辑如下。

- 力推在线支付顾名思义是力推自家的百度钱包。腾讯有微信支付，阿里巴巴有支付宝，作为BAT之一的百度自然也想在在线支付上分一杯羹，而百度外卖作为百度重点发展的O2O平台自然少不了力推百度钱包的任务，不过效果没那么理想。所以我们看到没坚持多久，百度钱包还是支持了微信支付。

- 力推百度配送无疑是为了提高服务效率，成本是巨大的，但同时为百度后面所有可能的O2O项目建立了线下基础。

2. 用户评价

由于产品刚刚上线，存在的问题比较多，比如配送太慢、配送范围太小且没有告知用户，百度是自建配送体系，所以在前期出现这样的问题在所难免。如图2.9所示是用户对百度外卖V1.X版本的评分详情，这也说明了这些问题。

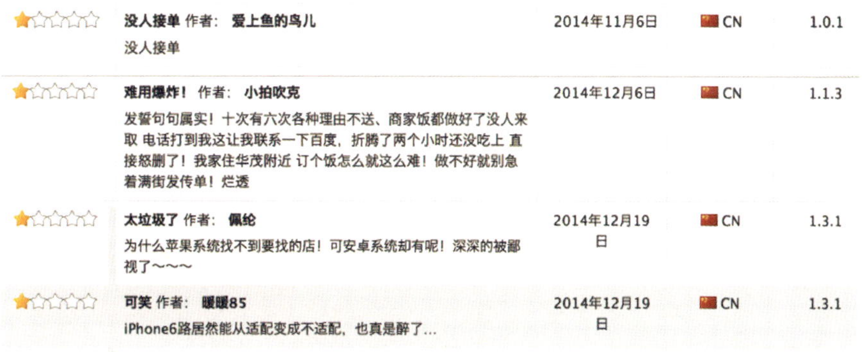

图2.9　百度外卖V1.X版本的用户评论详情

3. 运营情况

针对C端用户，在App内首单减8元，全力建设自己的配送团队；针对B端用户，则在运营上通过地推团队尽可能多地增加合作商户。

4. 阶段综述

（1）百度外卖在该阶段碰到的最大问题和其他互联网外卖创立之初一样，就是配送慢的问题。而在解决方案上，百度外卖采用自建配送体系，希望通过参与对配送环节的控制来解决这一问题。而配送问题一直是外卖的一个痛点。

（2）布局百度钱包，以O2O为切入点布局自己的支付体系。

（3）合理利用时间来修炼自身的内功，解决因自身问题导致的用户流失。

（4）完善基本的产品功能。有足够扎实的基础体验才能为推广做好准备。

2.3.2　第2阶段

在开始大规模推广的同时，百度外卖依托自己的线下团队，也开始涉足超市、水果、鲜花等领域。既然用户有这些需求，那么为什么不让自己的产品也满足这些需求呢？

1. 关键版本解读

V2.0.1版本（2015年6月18日）：新增超市购分类，零食、餐饮一手抓；部分地区支持超时赔付；菜品搜索优化，不可点选的菜品“早知道”。V2.0.1版本（见图2.10）较V1.7.1版本删除了筛选的功能，主推新业务超市购。在产品基本成熟后，或者向下游场景发展，或者基于同一用户群体做产品价值的横向扩张。百度选择的是横向扩张。值得注意的是在“我的”里面增加了百度糯米的入口，在此之前一直都是百度糯米单向引流百度外卖。向糯米的回流，说明百度外卖的流量价值已经初步成型。

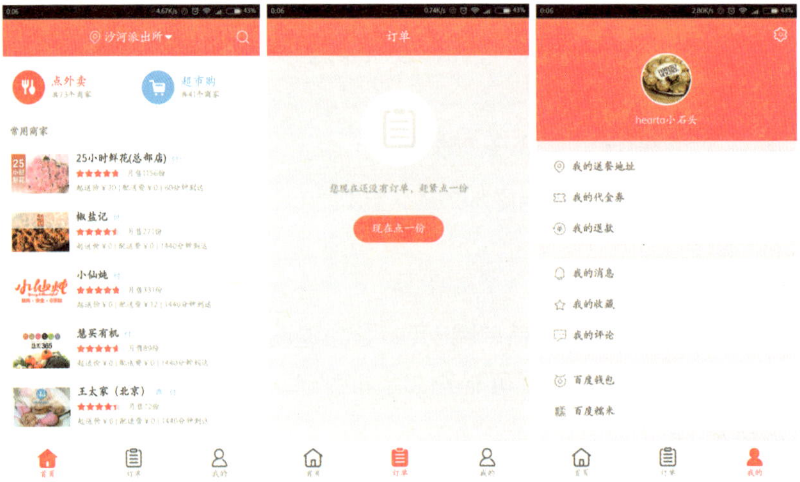

图2.10　百度外卖V2.0.1版本的界面截图

2. 用户评价

百度外卖自建的“百度骑士”的配送体系受到用户的好评，超市购分类的增加也被用户接受了，并没有影响基本的外卖体验。不过，从评价来看，用户最喜欢的还是补贴力度的增加。如图2.11所示（资料来源于App Annie）。

★★★★★	很好很快，继续支持！ 作者： rachel张小花 百度支付的优惠券很多店家不能用，建议打通渠道	2015年6月21日	CN	2.0.1
★★★★☆	方便了忙人和懒人 作者： 美兔阳阳 遇到的百度骑士都很有礼貌、很负责、挺满意的	2015年9月18日	CN	2.2.3

图2.11　百度外卖在第2阶段的用户评论详情

3. 运营情况

百度外卖在App中对C端用户推出了各种满减满赠活动，并且增加了蛋糕、鲜花等分类，用“烧钱”来换取更多的用户量并培养用户的习惯。

同时，百度外卖在B端也扩大了合作商户的种类，增加了超市、鲜花、蛋糕、水果、生鲜类商户。

4. 阶段综述

这是一个产品平稳、补贴发力的时期。除了扩充品类，退款慢、选购前提前知道失效菜品等基础体验优化仍在正常进行。

2.3.3　第3阶段

优惠入口、品类专项红包、双十一期间做的活动有：美食节、第2件半价、商家代金券、春节红包……百度外卖在V3.0版本之后的每次版本更新中，运营所占的比重越来越大。

对于一个已经完成了送餐业务闭环的产品而言，给运营更多的资源来建立自己的运营体系，变得越来越重要。而与此同时，在产品上选餐成功率高、选餐时间更短的外卖，才是好外卖。在做完基础功能后，百度外卖也明白了如何帮助用户解决选择恐惧症——更快、更成功地选餐，这是仅剩不多的产品提升点之一。于是“吃啥”上线了。更何况，在有推荐后，将来还可以将推荐做成广告位卖钱。

1. 关键版本解读

百度外卖的V3.*X*版本较V2.*X*版本的改变主要有以下三点。

（1）运营元素增加，不仅增加了首页的Banner，还在分类上增加了三个活动快捷入口。

（2）增加品质会员卡，留住一批忠实用户，加强用户差异化细分。

（3）运营活动全面爆发。

2. 用户评价

该阶段的用户整体评分稳定，产品已经成熟，如图2.12所示（资料来源于App Annie）。

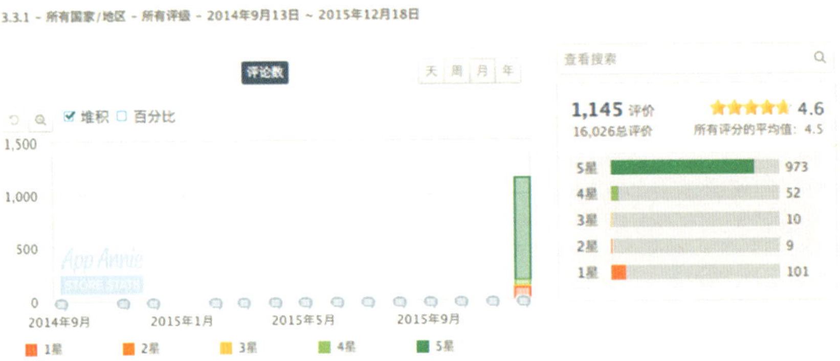

图2.12　百度外卖V3.3.1版本在App Store中的用户评分截图

3. 运营情况

（1）吃啥频道上线。

（2）在11月11日举办1元买单活动。在11月11日后针对活跃用户推出百度外卖会员限时认购等一系列活动来拉新留活，用户在认购会员后的有效期内可享受免配送费服务及更多的会员特权。

（3）推出商家代金券、品类红包。

4. 阶段综述

运营驱动是这一阶段的特征。与此同时，百度外卖开始尝试解决“选择吃什么”的问题。App产品本身已经明确地进入了难以产生大的产品突破的成熟期。

2.4　总结

百度外卖的迭代逻辑异常清晰：先建设基本的产品功能并保证体验，从一个差异化的细分群体做起；然后扩张品类；最后建设运营体系，保障运营的驱动力。这样的节奏感使得百度外卖成为百度在2013年后几乎唯一成功崛起的用户产品线。

整个外卖市场仍然在蓬勃的增长期。不过，这是一个运营驱动的市场，运营效率将比产品功能更影响产品体量。

自建配送体系大概给了百度O2O的信心，百度在O2O这个大领域是否会有更多的动作呢？让我们拭目以待。

03 ▶ 二次元的天堂——B站

哔哩哔哩是款奇葩的产品，无论从哪一点说都可谓奇葩：奇葩的注册问题、奇葩的弹窗文化、奇葩的认领番机制、奇葩的二次元用户……但就是这么一款看起来奇葩的产品，却制造了主流的影响力。每个人心里都住着一个二次元的自己，哔哩哔哩的吸引力只在于把自己做得足够好。

「3.1 产品背景」

3.1.1 产品简介

哔哩哔哩（bilibili）又称B站，是2015年最火爆的二次元①视频社区，以弹幕这一新奇、好玩的功能笼络了众多粉丝的心，它的创业人员来自于中国的二次元鼻祖——AcFun。后来哔哩哔哩超越了AcFun，用走心的态度打造了“随心所致”的二次元文化社区，让传统的二次元文化从看似小众，走入一二线城市的主流社交场景中。分析这一产品的发展路径对社交类产品是有启迪意义的。

在正式分析哔哩哔哩这款产品的成长道路之前，我们先了解一下二次元这个不为大多数人了解的市场状况。

应该说，二次元在中国经历了几个阶段，如图3.1所示，分别是20世纪90年代的引入期、21世纪最初10年的培育期、现阶段的成长期，以及我们通过预测分析而认为的即将到来的“高速发展期”。

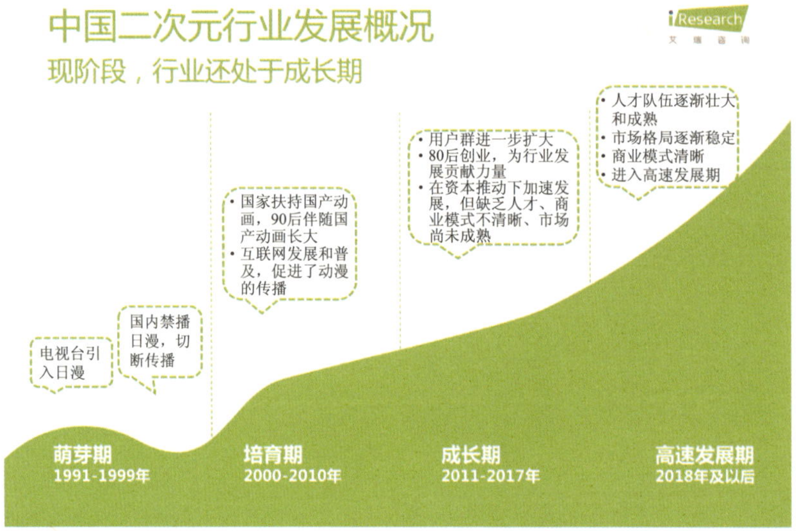

图3.1　中国二次元行业发展概况

① 在ACGN文化圈中被用作对“架空世界”的一种称呼，但ACGN并非等同于二次元。相应地，在ACGN文化中通常将“现实世界”称为“三次元”。这一用法始于日本，早期的动画、游戏作品都是以二维图像构成的，其画面是一个平面，所以被称为“二次元世界”，简称“二次元”，而与之相对的是“三次元”，即我们所存在的这个次元，也就是现实世界。

随着在20世纪90年代日本漫画引入中国，中国的二次元正式拉开帷幕。然而这一阶段的发展并不是一帆风顺的，随着日漫内容引入政策的调整，二次元的内容经历了一波低谷。好在随着中国国产动画的兴起及“90后”的成长，二次元文化逐步发展和普及，人口基础和产业发展促进了动漫的传播，二次元作为一种文化，开始逐步进入人们的视野。在2010年以后，“90后”开始将这种看起来“非主流”的二次元文化推到“主流文化”的位置。从理论上而言，二次元文化的发展显示了文化随着人群“代际”的更替而不断变化这一现象。

其实，二次元离互联网一直都不远。应该说，互联网产品作为内容分发的渠道，很早就介入动漫产业。不管是漫画的文本内容还是视频内容，都在互联网上普及，也出现了一些网站和IP。随着人口基数的发展和产业进展，互联网行业又出现了一批UGC分享平台，这些平台的用户不但关注二次元和动漫作品，也尝试着把自己的作品放到网上，供大家讨论。

然而，在资本介入之前，产业的发展都是温情脉脉式的自发增长，但随着从2010年开始的资本投入，互联网动漫市场出现了规模化的产业化增长，出现了一批如暴走、AcFun等产品，也出现了我们今天讨论的哔哩哔哩这样的产品。

对于这个行业的具体市场增长，我们可以借助艾瑞咨询的报告（见图3.2）来“管中窥豹”：从2014年到2015年，用户规模增长了47%；而从2013年到2014年，用户规模更是增长了68%。到2015年，核心二次元用户接近6000万人，泛二次元用户更是达到了1.59亿人。这么庞大的市场吸引了无数的创业者。而预测显示，二次元的总用户量到2017年会达到3.08亿人。

二次元用户到底是什么样的人群呢？其男女比例还是符合整个互联网的人群分布的，如图3.3所示。然而在“宅”和“腐”这两个特点上，二次元的男生和女生完全超越了整个行业，也就是说，得“宅男”“腐女”者得二次元天下。

说到消费意愿，笔者一点都不怀疑二次元用户。但让笔者意外的是，手办[①]和模型居然不是这些用户的最大开销，而是非手办、模型的周边[②]和游戏付费占据了其开销的大头，如图3.4所示。作为2015年最火爆的社区，二次元从传统意义上的非主流文化逐步成为主流文化，在中国的受众人群有数千万。

① 是指没有涂装的模型套件。

② 国内习惯用周边产品来定义动漫相关产品。

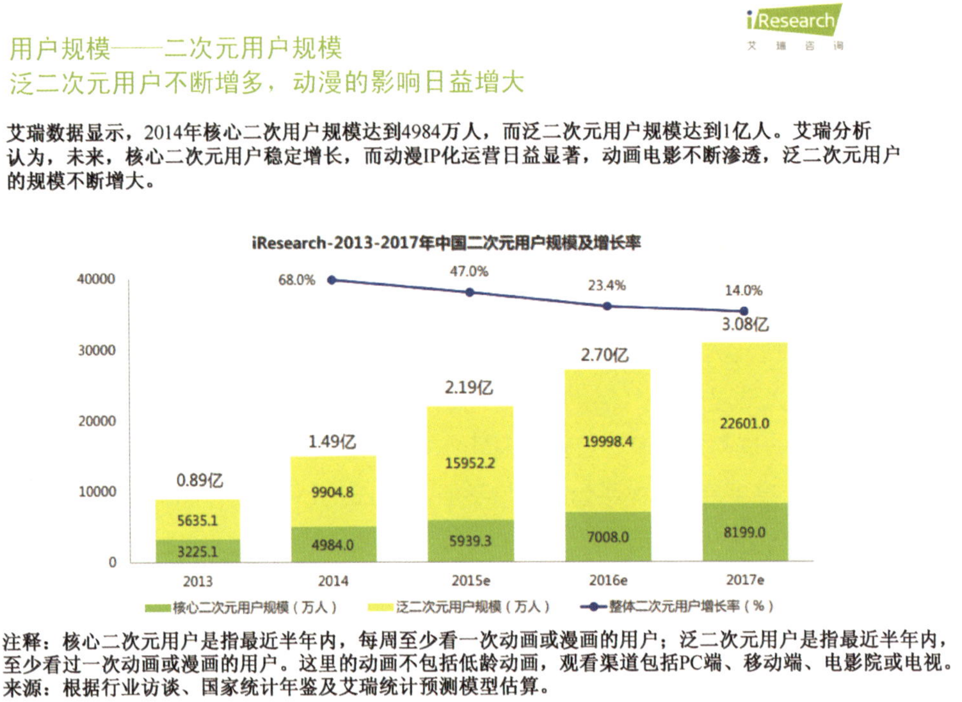

图3.2　艾瑞咨询报告中的二次元用户规模数据

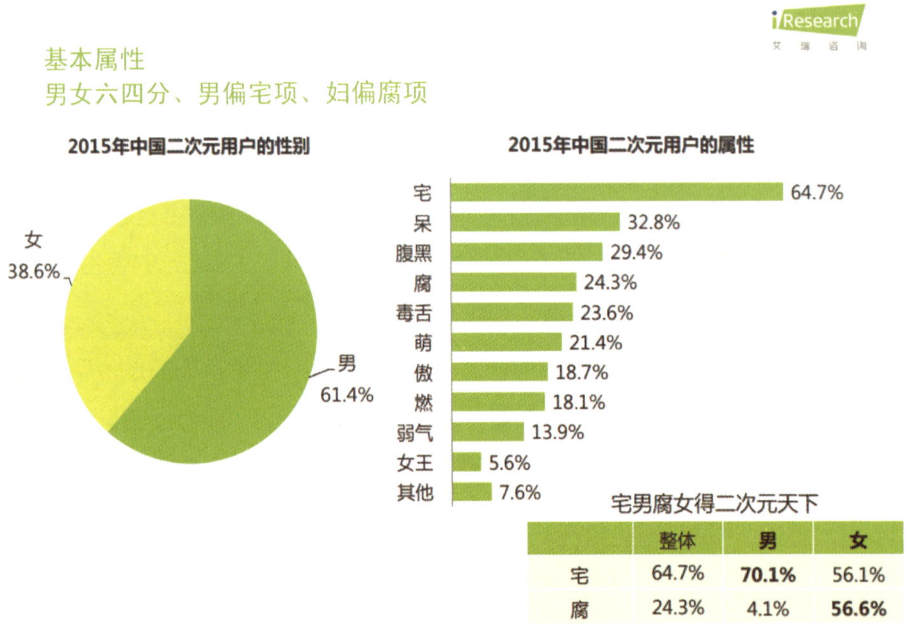

	整体	男	女
宅	64.7%	**70.1%**	56.1%
腐	24.3%	4.1%	**56.6%**

图3.3　二次元的人群分布

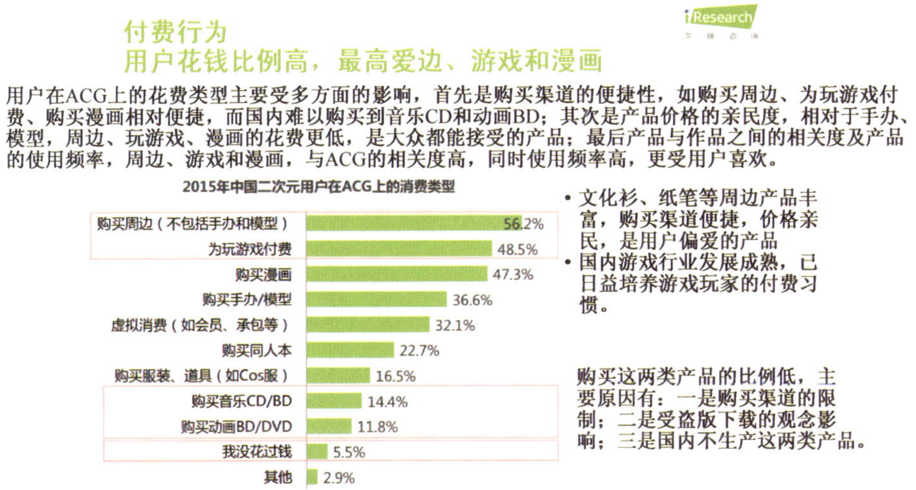

图3.4　二次元用户的付费行为

哔哩哔哩的产品页面截图如图3.5所示。

图3.5　哔哩哔哩的产品页面截图

由于哔哩哔哩的创业团队来自AcFun，所以其团队在一开始就清楚产品的定位和用户需求场景。以下是笔者梳理的哔哩哔哩的定位、用户需求和使用场景。

（1）产品定位：打造一个动漫爱好者喜爱的视频媒体社区。

（2）用户定位：喜欢看动漫和二次元的人，例如初中生、动漫爱好者和二次元文化爱好者。这类人群有几个明显的特征。

- 喜欢看动漫，某些资深爱好者还能画出比较有意思的动漫。

- 说话方式和某些词句常常被漫画故事影响，具有卡通式的语言风格。

（3）使用场景：看动漫和玩弹幕。其中有如下痛点。

- 在网上很难找到自己喜欢的动漫作品。
- 对其他网站的漫画或者视频虽然也能评论，但还是老式的BBS留言板的方式，满足不了随时互动的需求。
- 希望有一个纯粹的空间来线上面基①，贴吧也好，豆瓣也好。也有一些与ACGN相关的内容和用户聚集，甚至有很多空间开展了线下活动和小组聚会，但这些空间都不够纯粹，文化也不够聚焦，用户的归属感不强。

既然已经搞清楚了产品定位、用户需求和使用场景，那么我们不妨了解一下哔哩哔哩是通过什么样的核心业务逻辑和产品功能结构来满足用户的。如图3.6～图3.7所示。

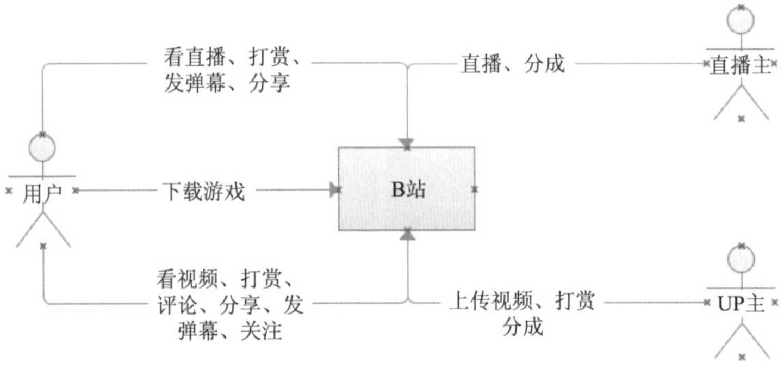

图3.6　哔哩哔哩的核心业务逻辑

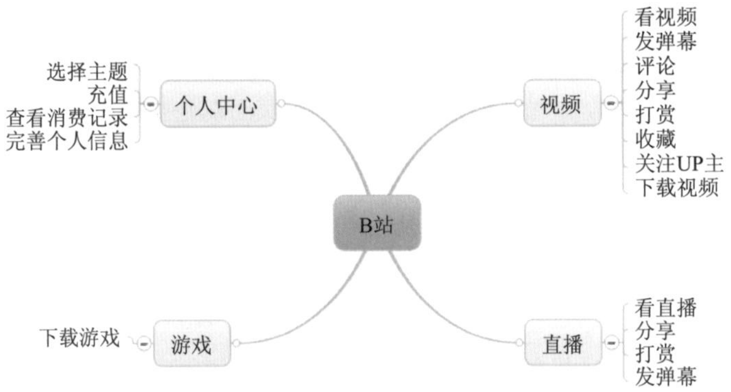

图3.7　哔哩哔哩的产品功能结构

① 面基：意为相同兴趣爱好的人线下见面聊天、组织活动等。

3.1.2 产品发展历史大事件

哔哩哔哩是先有PC端的网站，然后在移动端兴起时做移动端App，而哔哩哔哩向移动端的转型也经历了比较漫长的探索期，但是从目前来看，其转型还算成功。以下是笔者梳理的哔哩哔哩的一些大事件，希望大家能从这里面窥探一二。

- 2009年6月，创建视频分享网站Mikufans，它是哔哩哔哩弹幕网的前身。
- 2010年1月24日，更名为哔哩哔哩。
- 2010年11月，当前在线和正在观看人数同时突破1万大关。
- 2012年2月，移动端Android版本正式上线。
- 2012年9月5日，移动端iOS版本正式上线。
- 2013年3月，投稿数突破50万。
- 2013年5月，哔哩哔哩网站正式全面开放注册。
- 2013年10月5日，举办首次线下live，为第1届BML[①]。
- 2013年10月17日，获得IDG资本数百万美元的A轮投资。
- 2014年10月14日，获得数千万美元的B轮投资。
- 2014年12月，和淘宝合作，为淘宝双十二卖场提供助场活动。
- 2015年3月，与杜蕾斯合作，杜蕾斯在哔哩哔哩直播首发史上最长的杜蕾斯广告。
- 2015年4月18日，开展第1届“哔哩哔哩 Micro Link”线下巡演演唱会。
- 2015年4月25日，与知乎合作，全程直播知乎盐CLUB。
- 2015年6月28日，与手机百度合作，手机百度在当天出现哔哩哔哩吉祥物，语音搜索“我要+哔哩哔哩梗[②]”会跳出哔哩哔哩视频。
- 2015年7月，与上海国际电影节合作，全程直播“互联网电影之夜”红毯、《煎饼侠》电影发布会，和现场观众进行弹幕互动；与虎嗅合作FM创新节；与《西游记之大圣归来》合作弹幕专场。

---

① 全称为Bilibili Macro Link ，类似于大型的粉丝见面会，会有很多嘉宾表演节目，而且是现场同步直播。

② 网络用语，在综艺节目中“梗”的意思是笑点，铺梗就是为笑点做铺垫。

- 2015年8月，拥有1000万用户，每日活跃人数达600万人以上；获得掌趣科技的1223万元人民币C轮投资，公开估值超过17亿元人民币。
- 2015年11月10日，获得1亿元人民币以上的D轮融资。
- 2015年12月，传已联合SMG设立哔哩哔哩影业公司。
- 2016年3月，携与腾讯合作的动漫项目登陆日本。
- 2016年4月5日，三节课强势入驻哔哩哔哩，并发布名为“【羞耻Play】两个基佬（？）一生难忘的清明节——殡葬+互联网”的首个视频。

3.1.3 竞品简介

哔哩哔哩在发展早期还有一些竞品，而渐渐地到现在的二次元领域，哔哩哔哩已经独占鳌头，但不排除还有一些竞品，而弹幕网的鼻祖NICONICO可能是哔哩哔哩应该追赶的下一个目标。以下是笔者挑选的哔哩哔哩的几个比较有代表性的竞品。

- NICONICO动画：NIWANGO公司提供的线上影片分享网站，常被简称为NICONICO或NICO等，与YouTube等影片共享网站相似，但NICONICO动画提供给观赏者在影片上留言的功能，而留言会以弹幕的形式出现在影片上。截至2015年已有超过4800万人注册，付费会员超过200万人。
- AcFun：大陆最早的二次元动漫视频网站。
- 有妖气：新兴的针对“90后”二次元用户的网站，内容更高能，更无厘头，以漫画为主。
- 暴走漫画：北美的一种娱乐文化，由王尼玛发扬光大，其App以产生大量的UGC内容为主，支撑了整个大陆一半的表情包市场。

3.2 发展历程

根据哔哩哔哩从上线以来截至2015年12月的数据，我们梳理出图3.8。

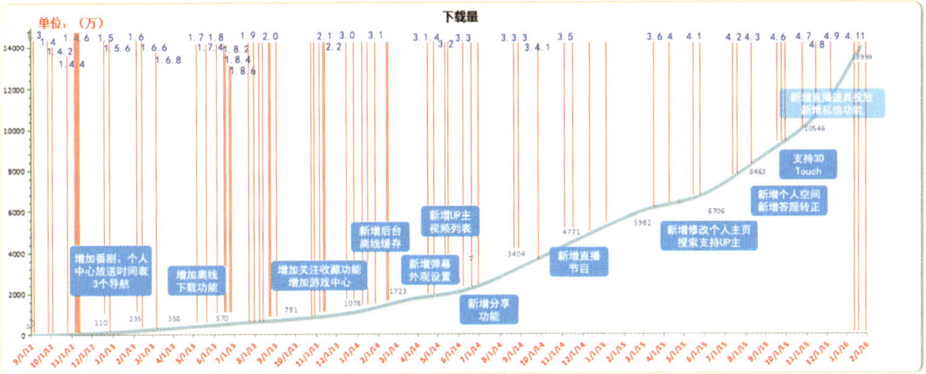

图3.8　哔哩哔哩在Android 端的下载量增长曲线及产品版本迭代路径（数据来源于酷传及网络）

根据增长曲线，笔者将哔哩哔哩分为以下三个阶段来解读。

（1）第1阶段：2013年9月之前，为二次元社区的冷启动时期。

（2）第2阶段：2013年9月～2015年6月，游戏+UP主视频开启了哔哩哔哩的迅速增长之路，直播功能的引入更好地留住了UP主。

（3）第3阶段：从2015年6月至今，丰富并完善哔哩哔哩的玩法，用户量进一步增长。

从App Store排名（见图3.9）来看，哔哩哔哩在一开始就处于一个很靠前的排名位置而且后续比较稳定，这可能取决于之前的哔哩哔哩在PC端就有良好的基础，所以在移动端的表现也很稳定（见图3.10）。

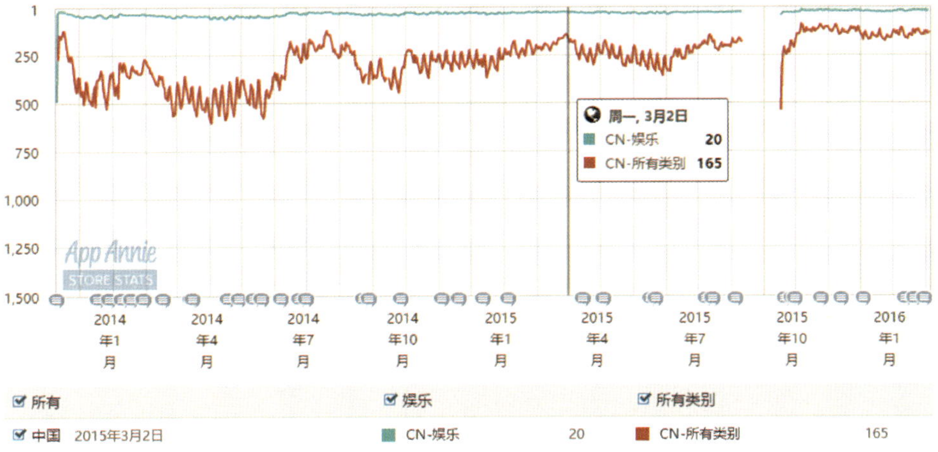

图3.9　哔哩哔哩在App Store娱乐类别中的产品排名变化曲线（资料来源于App Annie）

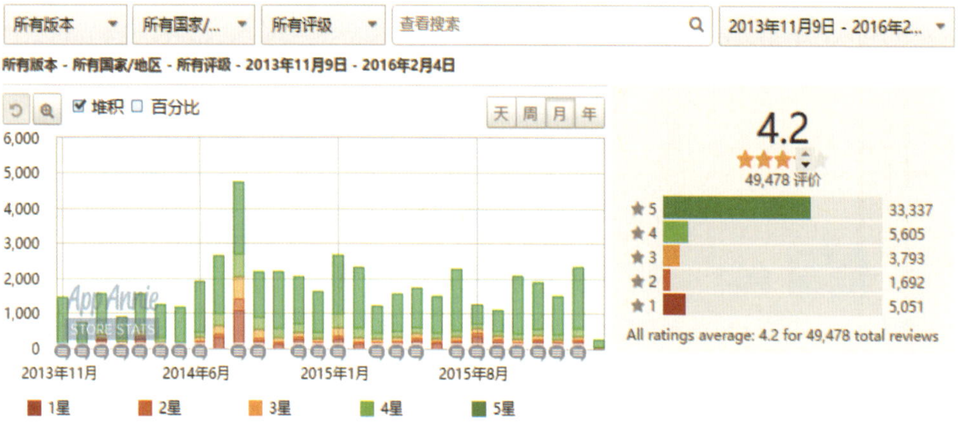

图3.10　哔哩哔哩在App Store中的总体评分情况（资料来源于App Annie）

3.3　迭代分析

3.3.1　第1阶段

哔哩哔哩App（以下简称哔哩哔哩）在发布之前，在PC端网站已经做得很成熟了，但是毕竟移动端和PC端的场景发生了很大的变化，所以还是经历了一个冷启动阶段。就像一切成功的产品，哔哩哔哩也是通过这个阶段来打磨自己的产品的。

1. 关键版本解读

哔哩哔哩在V1.7版本（2013年5月6日）中，新增了离线缓存功能（Android版本），用户可以注册账号，哔哩哔哩从一个内容型媒体产品向社区类产品转型，有账号就意味着UGC、好友关系、个性化推荐这些功能要开始具备了。而个人中心里面的“我的收藏”“播放历史”“离线管理”和放送时间表的导航，都是一些基础的功能。整个阶段都在打磨产品的基础逻辑，如图3.11所示。

图3.11　哔哩哔哩V1.7版本的界面截图

2. 运营情况

由于有PC端的积累，所以哔哩哔哩在App上线前主要有以下运营活动。

（1）2010年2月，网站的运营主要是组织众多知名视频生产者制作一个拜年视频。

（2）2010年8月16日，bili娘评选活动截止，产生两位bili娘。

（3）2011年2月2日和2012年1月22日，共组织了两次拜年祭，数百位UP主参与了这次拜年祭的制作。

App上线以后的主要运营活动如下。

（1）2013年2月9日，组织拜年祭。

（2）2013年4月20日，以黑白版并附上蜡烛，专门为“四川芦山地震”开设话题，直播电视台的相关报道，并设置直播弹幕。

3. 阶段综述

该阶段对于哔哩哔哩来说其App处于一个冷启动阶段，网站端的发展已经相对成熟，但是对于如何在移动端场景下做弹幕网还是比较谨慎的，并且愿意花时间去尝试。其移动端的用户也只是真正懂二次元且习惯于用手机的种子用户。

3.3.2　第2阶段

在清楚产品逻辑、用户需求和使用场景的情况下，哔哩哔哩开始努力将PC端网站的用户向移动端转移，在App Store上被下架以后重新上架。

1. 关键版本解读

哔哩哔哩在V3.5版本（2014年11月4日）中提供了直播节目，直播内容以游戏、萌妹子、二次元为主，并且增加了关注功能，用户可以关注自己觉得比较好的UP主。这证明哔哩哔哩上已经出现了一批高质量并且相对成熟的UP主，这些UP主有一定数量的粉丝。新增直播功能的目的是尝试培养自己的“网红”，以产生更多的原创内容。这是产品发展的一小步，但应该是哔哩哔哩发展的一大步。对于直播功能，哔哩哔哩在进行产品规划时应该早已想到，但真正上线是在V3.5版本，可见重要的功能未必最先上线，基础工作做好才是最重要的。哔哩哔哩对产品节奏的把握和操盘再一次证明：核心功能需要基础功能的铺垫。其界面截图如图3.12所示。

图3.12　哔哩哔哩V3.5版本的界面截图

2. 用户评价

在该阶段，来源于App Annie的资料显示，用户对哔哩哔哩的评分还是很高的，大部分用户还是二次元的忠实粉丝，即使产品存在Bug，也会给好评，如图3.13所示。从客观上来看，哔哩哔哩存在的Bug还是比较严重的，但是依旧不影响用户对哔哩哔哩的喜爱和热情，在其评论中也会出现“鬼畜”“赛高”之类的二次元话语（“赛高”的意思就是非常好、很高，“鬼畜”的意思是循环、快速地播放一个小片段）。

★	正在加载作者：hanfrcc B站经常出问题人尽皆知，一出问题手机客户端也会被终结，望改进。	2013年12月15日	CN	2.4.4
★★★★	还蛮好的作者：Suc2solsticc 大部分都很赞，就是有时候加载有问题	2013年12月27日	US	3.0.0
★★	不能下载作者：你看你看笨死了 好多美剧的专题都不能下载了很多动漫也不行而且闪退	2014年11月18日	CN	3.5

图3.13　哔哩哔哩在第2阶段的用户评论详情

3. 运营情况

在该阶段，哔哩哔哩的运营重心是UP主和重度活跃用户。在App内主要增加了游戏中心，对UP主的视频进行推荐、优化、排序，引导PC端的UP主逐步向移动端转移，并且上线直播功能，开启哔哩哔哩直播时代。

App外的运营主要如下。

- 2013年10月5日，在上海梅赛德斯－奔驰文化中心举办首次线下live，为第1届BML，本届BML共有800位观众在现场与哔哩哔哩一起庆祝。
- 2014年1月30日，上线2014年哔哩哔哩拜年祭，共有150位UP主参与了本届拜年祭的制作。
- 2014年9月20日，在上海长宁国际体操中心举办第2届BML，共有3600位观众在现场与哔哩哔哩一起庆祝。
- 2014年12月12日，哔哩哔哩官方淘宝店开始销售官方的周边产品。
- 2015年2月14日，上线“22 33娘陪你过情人节”活动。
- 2015年2月18日，上线2015年哔哩哔哩拜年祭，共有132位UP主参与了本届拜年祭的制作。

4. 阶段综述

在该阶段，哔哩哔哩主要针对UP主和重度活跃用户进行了产品功能的更新和运营策略。对于活跃用户的运营为丰富App内的玩法，例如新增了游戏中心；对于UP主的运营为尝试增加直播功能，同时大大增加了哔哩哔哩的可玩性。

3.3.3　第3阶段

通过对直播和视频功能的加强，哔哩哔哩的用户量迎来了新的爆发，从核心用户群体扩展到周边群体。哔哩哔哩开始逐步摆脱对PC端的依赖并能够自力更生了，它更积极地探索商业化变现，本阶段涵盖的版本为从V4.0版本开始至今。

1. 关键版本解读

哔哩哔哩的V4.1版本（见图3.14）对之前的产品结构进行了一次大的调整，并且增加了“发现”模块。发现模块主要针对进入哔哩哔哩以后不知道看什么的用户。这证明哔哩哔哩的用户已经从之前的二次元文化用户延伸到一定数量的大众用户了，也是哔哩哔哩走向大众化的一个标志。

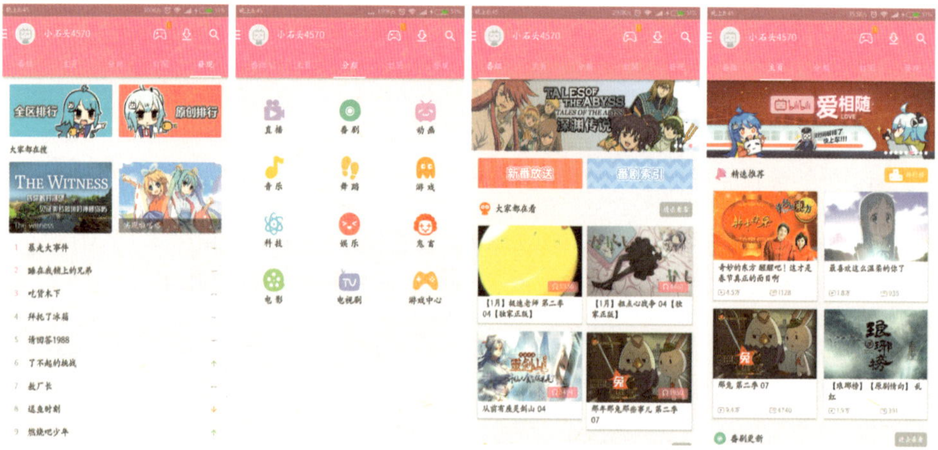

图3.14　哔哩哔哩V4.1版本的界面截图

在完成了用户主动需求（搜索）、编辑推荐运营等模块后，哔哩哔哩上线了针对长尾用户个性化的发现功能，这也属于产品节奏中的“先主要，后次要”原则：完成用户80%的需求后，再有针对性地完成剩下的20%的需求。相对于还没有实现基础功能，就急着上线发现功能的很多产品，哔哩哔哩做得更合理。

2. 用户评价

根据来源于App Annie的资料，哔哩哔哩在该阶段的用户评分在V4.0～V4.6版本中呈降低趋势，之后持续上升，如图3.15所示。评分的降低主要是由于App稳定性的问题，哔哩哔哩的技术力量貌似在很长一段时间内都比较薄弱。后续对问题的解决主要是通过对功能的完善和加入很多好玩的功能来使其可玩性大大增加。其用户群体开始向大众用户延伸，这意味着哔哩哔哩开始对大众市场进行拓展。

★★★★★	**该说什么呢五星** 作者： **王尼玛超级粉丝** 棒棒的 字幕弹也是非常有意思 哈哈	2015年5月14日	CN	4
★☆☆☆☆	**能不能测试稳定了在更新** 作者： **吃不到虫的鸟** 新版版Bug多，半天刷不出来视频，别跟我说是网速问题，动不动就闪退，缓存个视频也慢得要死.	2015年5月20日	CN	4.1
★★★★★	**看日剧的完美工具** 作者： **镜镜baby** 终于可以好好地看日剧了。喜欢这个软件	2015年12月3日	CN	4.8

图3.15 哔哩哔哩在第3阶段的用户评论详情

3. 运营情况

在该阶段，哔哩哔哩在App内的运营主要针对普通活跃用户，通过增加App的可玩性来增强用户的活跃度和黏度，已经慢慢走向了一个良性循环的状态，并且开始向二次元的大本营——日本进军。

在该阶段，哔哩哔哩在App外的运营主要如下。

- 2015年4月18日，在成都开展第1届“哔哩哔哩 Micro Link”线下巡演演唱会，之后又先后在广州、西安、北京进行了“哔哩哔哩 Micro Link”线下巡演，共计有4200名观众在现场与哔哩哔哩一起庆祝。
- 2015年4月25日，与知乎合作，成为唯一弹幕合作伙伴，全程直播知乎一年一度的盛大活动“知乎盐CLUB”。
- 2015年6月28日，与手机百度合作，手机百度在当天出现哔哩哔哩吉祥物，语音搜索“我要+哔哩哔哩梗”会跳出哔哩哔哩视频。
- 2015年7月3日，与虎嗅合作FM创新节，成为唯一弹幕合作伙伴，董事长陈睿上台演讲。
- 2015年7月9日，与国漫新势力《西游记之大圣归来》合作弹幕专场。
- 2015年7月25日，在上海大舞台万人体育馆举办“哔哩哔哩 Macro Link”大型线下演唱会（第3届BML），本届BML演出门票在45小时内售罄，共有8000位观众在现场与哔哩哔哩一起庆祝，网络直播总播放量突破700万独立IP。
- 2015年7月28日，主办第1届二次元游戏大会（AGC2015）。
- 2015年10月10日，为哔哩哔哩举办第1届萌节，共有10位明星、21位UP主、8位声优纷纷录制自己的卖萌视频，参与此次萌节。

- 2015年10月17日，创建“哔哩哔哩学园嘉年华”，首站为上海，之后分别到西安、广州、武汉、北京与各大高校的小伙伴们见面。
- 2015年10月31日，哔哩哔哩首届动画角色人气大赏开战。
- 2015年12月11日，联合新浪微博推出“国产动画月”活动。
- 2016年3月，携与腾讯合作的动漫项目登陆日本。

4. 阶段综述

在该阶段，哔哩哔哩通过对直播和视频功能玩法的丰富，进一步增加了哔哩哔哩的可玩性，并已形成良性循环，用户量也迎来了新的增长高峰，用户群由之前的二次元用户慢慢延伸到大众用户。

3.4 总结

从哔哩哔哩的整个迭代过程，我们可以看出其发展重心大致分为以下3个阶段。

- 第1阶段：移动端从零开始打磨产品，理清用户的需求和使用场景。
- 第2阶段：通过对UP主的运营并加入游戏中心和直播功能，激活了一大批二次元用户。
- 第3阶段：完善视频和直播功能，增加了很多新奇的玩法，吸引了一大批用户，用户群开始延伸到一些大众用户。

哔哩哔哩先有用户，再有产品。其核心是聚焦一批典型用户，并为他们提供了具有文化认同感的产品形态和社交空间，并且将某些功能做到极致，其产品操盘节奏也相当有谱，逐步实现了从PGC到UGC的转变。哔哩哔哩从PGC开始，营造了自己的社区文化，其逐步向UGC过渡的方式是值得我们学习的。

作为由PC端向移动端转移的产品，哔哩哔哩给我们的启示是，PC端和移动端的用户场景及使用需求是完全不同的，所以不能将PC端的产品逻辑照搬到移动端，而应该作为一个全新的产品重新审视用户场景和使用需求，这样才能弄清楚PC端的哪些资源可以利用，哪些资源不能利用。

04 ▶ 开创全民线上K歌时代的唱吧

唱吧是为社交而生的产品，但唱吧在大家都觉得有点没落的情况下，焕发了第2春，在这期间，唱吧究竟发生了什么？从其产品迭代的过程中，我们又可以学习到什么？

4.1 产品背景

4.1.1 产品简介

在传统的娱乐领域定位中，看电视、看八卦、看电影、K歌构成了整个娱乐行业。而唱吧作为KTV的互联网化及曾经的现象级产品，无疑是值得我们关注的。唱吧的CEO陈华说："我们在重新定义K歌，致力于为'90后'提供一个全新体验的K歌环境，至于这个地方的名字叫什么，是不是还叫KTV，我不知道"。

根据艾瑞的报告，我们可以了解到整个在线娱乐领域已拥有5亿用户，而用户的社交需求因人而异。唱吧则是一款典型的在线娱乐及社交产品，是为了解决用户的现实需求而诞生的，这也是唱吧一上线就爆红的原因之一。其产品页面截图如图4.1所示。

图4.1　唱吧的产品页面截图

根据唱吧目前的产品状况，我们分析出其有以下几种用户需求场景。

（1）场景一

- 用户：年轻麦霸。
- 需求：随时想唱歌，想有人听自己唱歌。
- 痛点：不能随时随地KTV；没钱。

（2）场景二

- 用户：女神、男神。

- 需求：秀歌、秀颜、求赞扬。
- 痛点：需要围观群众。

（3）场景三

- 用户：消磨时间听歌的人。
- 需求：听歌、看颜、与男神及女神互动。
- 痛点：平时难以接触比明星更真实的美女、帅哥、歌手。

（4）场景四

- 用户：热爱音乐的人。
- 需求：听歌，寻找共鸣。
- 痛点：不同的人对同一歌曲的演绎不同；同类人的音乐推荐；有共同偏好的朋友。

基于以上用户需求场景，唱吧的解决方案从核心业务逻辑和产品功能结构层面来看如图4.2～图4.3所示。

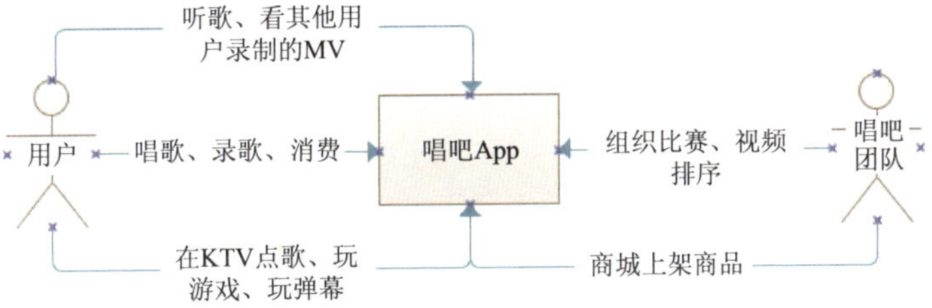

图4.2　唱吧的核心业务逻辑

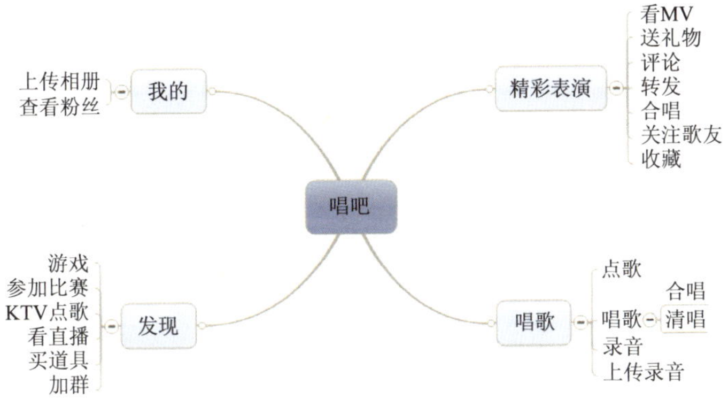

图4.3　唱吧的产品功能结构

4.1.2 产品发展历史大事件

我们知道陈华这个传奇般的产品经理在创立酷讯网的时候就已经做到了很大的用户量，唱吧则是他在产品上的造诣又一次升华的体现。下面我们来看看唱吧经历了哪些大事件（资料来源于IT桔子及网络）。

- 2011年2月1日，获得蓝驰创投的数百万美元的A轮融资；在App Store上线前在91手机助手、同步推等“越狱”平台上率先上线，积累了数万种子用户，并通过用户的反馈对产品进行完善。
- 2012年5月30日，在App Store上线第1天注册用户突破10万，上线第5天冲到了免费榜的第1名，上线第10天用户量突破100万。
- 2012年8月，用户量突破1000万。
- 2012年9月，陆续与湖南卫视、江苏卫视等展开合作，在此期间有信乐团等明星在唱吧里录歌。
- 2012年10月，与联通合作推出“沃·唱吧”，联通用户购买包月套餐后可以不限流量地使用唱吧App。
- 2012年11月，用户量突破3000万。
- 2013年1月1日，获得红杉资本B轮1500万美元融资。
- 2013年10月，用户量过亿，月活用户超过3000万。
- 2014年1月，“包房K歌”上线，开始探索直播模式，模拟线下KTV互动。
- 2014年3月，开始布局手游市场，并于该月18日获得红杉资本、祥峰投资Vertex C轮数千万美元融资。
- 2014年12月，与连锁式量贩KTV麦颂展开合作，推出KTV体验店，开始线下布局。
- 2015年8月19日，获得D轮4.5亿元人民币融资，投资芒果盈通，并称将与2016年度《超级女声》展开深度合作。
- 2016年1月初，完成E轮融资，据称何炅、谢娜、汪涵等名人参与投资唱吧，唱吧注册用户达到3亿人，月活用户3000万，唱吧用户录制总作品约15亿，每晚22~24点同时在线录歌人数最高可达400万。

- 2016年1月19日，获得新浪科技2015年度最佳个性社交奖。
- 2016年1月28日，推出3D直播间。
- 2016年3月，借着与“超级女声”合作开启造星模式，并且邀请《我是歌手》的洪涛加入唱吧。

4.1.3 竞品简介

唱吧同时拥有两种属性：唱歌的工具和基于唱歌的社交。从唱歌的工具的角度来说，其他KTV工具如人人爱唱等是它的直接竞品。但是唱吧的野心明显不是仅仅作为一个工具型产品。

笔者更愿意把它看作一款以“唱歌”为媒介的社交工具。对于任意一首歌来说，都是一个人唱，很多人听，这种社交形式天然是以歌曲为中心的：唱歌的人获得了听歌的人的关注与赞扬；听歌的人则通过收听、观看消磨了时间，同时获得了与真实的帅哥、美女互动的机会。

唱吧争夺的是那些能唱出被人关注的歌曲的人，以及其他用户的娱乐时间。根据这一点，笔者更倾向于认为其竞品如下。

- 小咖秀：2015年爆红的一款短视频UGC应用，用户可以选择名人的桥段、台词进行肢体模仿、上传，供用户点赞、评论和传播。
- YY：中国最早的秀场直播平台，以PGC为主，网红通过各种直播形式获得用户的青睐，用户根据直播的质量和个人喜好进行打赏。

4.2 发展历程

根据唱吧自上线以来截至2016年1月的数据，我们梳理出图4.4～图4.6。根据图4.4，我们把唱吧分为以下4个阶段来分析。

（1）第1阶段（2012年9月以前，V1.0～V2.0版本）：这一阶段的唱吧处于冷启动阶段，虽然用户量突破1000万，但是唱歌、听歌是全民都能接受的娱乐形式，这1000万的用户量对于唱吧来说其实是个很小的用户量。

（2）第2阶段（2012年9月～2013年5月，V2.0～V4.0版本）：通过频繁的运营动作及对产品的优化，唱吧在这一阶段真正圈到了一大批用户，这也是唱吧真正爆红的阶段。

（3）第3阶段（2013年5月～2014年3月，V4.0～V4.8版本）：这一阶段的唱吧通过丰富玩法来尝试提升用户的活跃度，试图延续活跃用户的增长速度。

（4）第4阶段（2014年3月至今，V4.8～V 7.0版本）：以涉足手游为标志，开始艰难的商业化之旅。

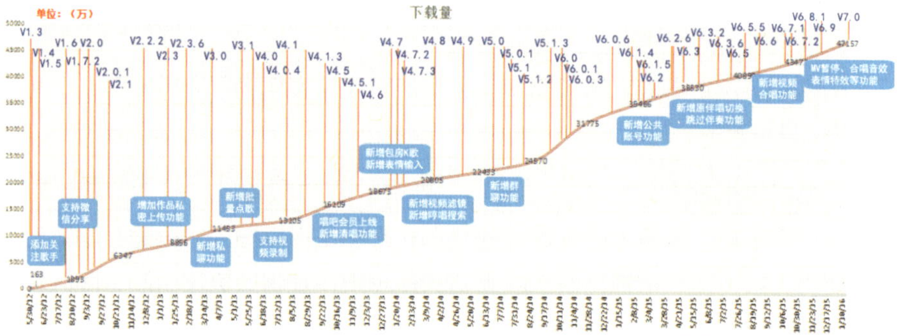

图4.4　唱吧在Android 端的下载量增长曲线及产品版本迭代路径（数据来源于酷传及网络）

如图4.5和图4.6所示，唱吧在App Store娱乐类别产品中的排名一直相对稳定，甚至曾经蝉联免费金榜第1名，就像陈华自己说的：“我不懂音乐，但是我懂人性”，用户对唱吧的评价也相对健康。

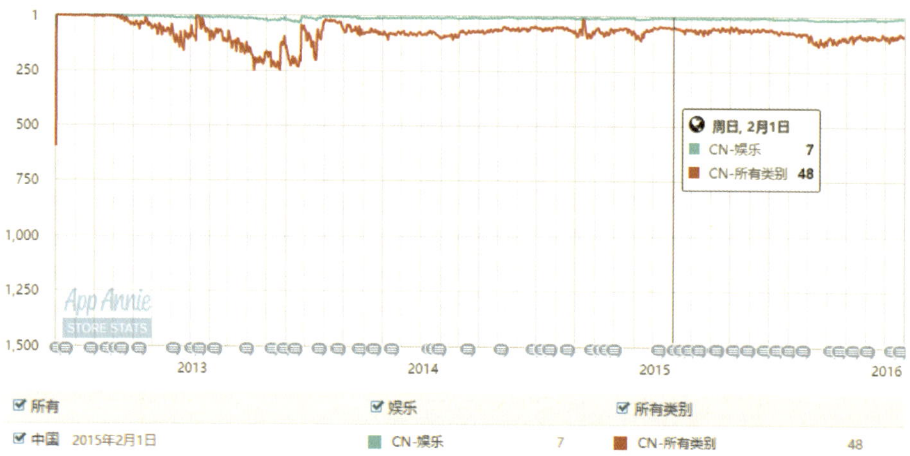

图4.5　唱吧在App Store娱乐类别产品中的排名变化曲线（资料来源于App Annie）

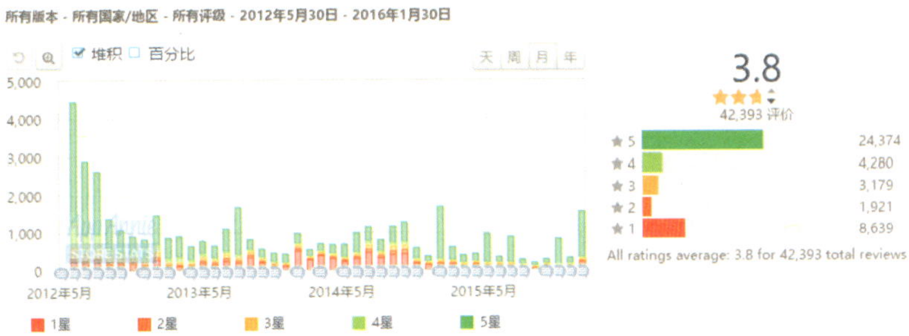

图4.6　唱吧在App Store中的总体评分情况（资料来源于App Annie）

「4.3　迭代分析」

4.3.1　第1阶段：冷启动阶段，打磨产品

唱吧在App Store中上线之前，就已经在“91手机助手”“同步推”等越狱平台上线，并积累了几万种子用户，这些用户帮助唱吧完成了对产品的基本打磨。

1. 关键版本解读

唱吧在V1.3版本（2012年5月30日）中上线App。如图4.7所示，V1.3版本是唱吧的最初版本，操作起来相当简洁，点击“话筒”便可进入点歌界面，这样的流程几乎完全复原了KTV的点歌场景，很容易让用户理解。打开App-点歌-选歌-开唱的足够简单的核心流程，降低了用户的体验成本，这对于唱吧来说是“磨刀”的开始。

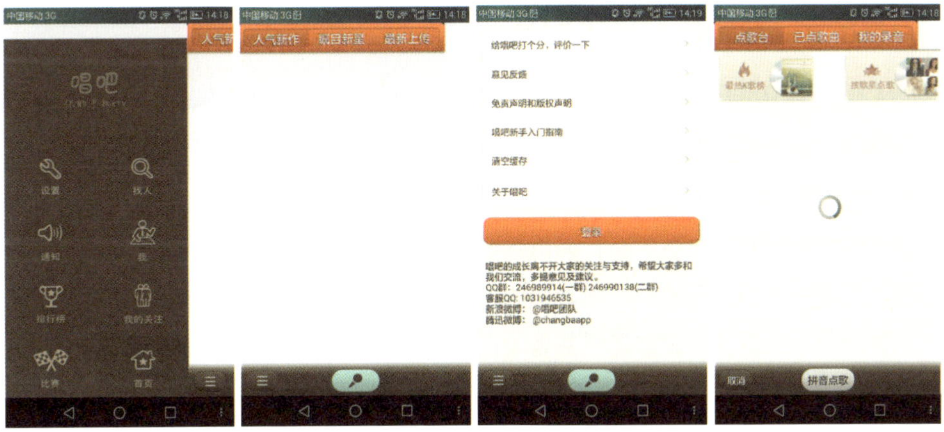

图4.7　唱吧V1.3版本的界面截图

2. 用户评价

如图4.8所示，在这一阶段，用户对唱吧的评价还是很好的，他们认为唱吧是一款很好的唱歌神器，好玩儿、好用，操作简单、音效很棒，并且App Store成了一个求关注的广告入口。

★★★★★	爱唱歌 作者： 蛛小美 唱吧是个很好的软件哈 让我认识到很多朋友	2012年5月30日	CN	Unknown
★★★★★	求关注 作者： 煙雨夕陽 挺好玩的，我艺名素丸子，求关注	2012年5月30日	CN	Unknown

图4.8　唱吧在第1阶段的用户评论详情（资料来源于App Annie）

3. 运营情况

唱吧在该阶段的运营主要是针对种子用户，通过种子用户的反馈对自身的产品进行打磨，由于一开始的产品基础就做得很好，使用起来足够简单、需求足够普遍，所以在没有做太多运营和推广的情况下收获了1000万注册用户。

4. 阶段综述

在该阶段，唱吧在3个月内发布了5个大版本，不断打磨自己的产品和流程，但并没有增加任何新的大功能。对所有互联网产品来说，流畅的核心流程、足够稳定的基础体验都是产品迭代的第1阶段最需要实现的目标之一。此刻的唱吧目标明确，为未来承接很大的用户量做好了准备，已是蓄势待发。

4.3.2　第2阶段：运营动作频繁，用户量暴增，产品不断优化

从2012年9月开始，唱吧开始了正式的运营和推广，这也是唱吧真正爆红的阶段。那时微信正在崛起，朋友圈开始从微博中抢走大量用户的时间，可能每个人都在微博或者朋友圈中看到有人发布通过唱吧录制的歌曲。

“依附于最大的社交平台，通过在该平台上提供某种内容的生产工具，增强曝光和吸引用户”的路数可能是唱吧最先发明的，后来的秒拍、足记、小咖秀，乃至于美图秀秀，都是这一路数的受益者。所不同的是，唱歌这一形式的用户参与成本如此之低，以至于唱吧的爆红在事后看来并不让人觉得奇怪。

而伴随着用户量的暴增，唱吧的社交属性初露端倪，合唱、搞笑调音、查看附

近作品、私密上传、微博@、查找好友、私聊、礼物等功能点纷纷增加，成为功能点增加最为密集的时期，而这一系列新增的功能点明显用于应对围绕着用户量爆发而出现的社交需求。

在这一阶段中，唱吧也建立起了社交体系的基本框架。

1. 关键版本解读

唱吧在V3.0.1版本（2013年3月28日）中新增了私聊系统，更新了礼物系统，新增了多种更有意思的鲜花；更新了等级系统；左右滑动可以删除收到的消息和通知；将新星榜改为推荐榜，榜单改为由用户决定，让用户有了更大的权力，增加了可玩儿性。如图4.9所示。

图4.9　唱吧V3.0.1版本的界面截图

2. 用户评价

在这一阶段中，唱吧依然是一款很不错的App，但可能由于在线人数太多而导致服务器压力过大，偶尔会闪退，如图4.10所示。笔者认为出现闪退的原因和唱吧对版本的管理不完善有很大的关系。唱吧的V2.1版本到2014年4月还有人在用，在此期间唱吧的最新版本已经是V4.8了，要管理V2.1～V4.8这么多的版本，对于服务器来说压力还是很大的，而且成本不会很低。

★★★★★	**非常好的应用** 作者：**billyang1999** 非常好！可以自己练歌！	2012年9月21日	CN	Unknown
★★★★★	**.苹果终于可以录MV了** 作者：**alone-** 不错的软件,下了好几个对比了下，唱吧的音质效果都比其他软件好，就是会员好贵哦！	2014年4月9日	CN	2.1
★★★★★	**不错** 作者：**kexin0685）** 个人很喜欢 只是有点儿卡 闪退	2013年9月22日	CN	2.3.6

图4.10　唱吧在第2阶段的用户评论详情（资料来源于App Annie）

3. 运营情况

唱吧在该阶段的运营动作频频，其运营重心如下。

- 促使唱吧的重度活跃用户及大V用户生产更多的优质内容和分享，拉动新用户进入唱吧。
- 品牌曝光，打造热点。

下面列举唱吧在该阶段的运营情况。

- 2012年9月，与新浪娱乐合作发起“我是唱吧大明星”图片征集活动。
- 2012年9月，借力“好声音”制造话题营销。
- 2012年9月，在App内进行有奖歌唱比赛。
- 2012年10月，与江苏卫视合作，推出“都来唱吧”电视节目。
- 2012年10月，借力电影“失恋33天”进行话题营销。
- 2012年10月，邀请信乐团等明星在唱吧App内录歌。
- 2012年11月，“唱吧首届全国校园麦霸争夺战”一触即发，奖品为和羽泉“在一起”圣诞万人演唱会同台演出的机会。
- 2012年11月，中央人民广播电台文艺之声FM106.6推出热线类互动节目《花儿为谁开》，通过唱吧报名；与联通合作，推出“沃唱吧”，办理套餐的用户在该月使用唱吧App不限流量；与丰田、可口可乐合作，推出唱歌比赛。

4. 阶段综述

通过该阶段的运营，唱吧的用户量得到了飞速增长，唱吧也成为互联网界家喻户晓的产品，这时的唱吧数据很不错。在增长的驱动下，闪退、版本管理不力等都是增长的阵痛。

4.3.3 第3阶段：丰富产品玩法，增加用户活跃度

相比于第2阶段，唱吧在该阶段增加的功能亮点并不多，仅有的亮点就是开启了MV模式和K歌包房。K歌包房最大限度地还原了线下的KTV体验，同一包房内的麦克风重新成为稀缺资源，所有人轮流获得关注。唱吧也从爆发式的增长进入相对平稳增长的阶段。

1. 关键版本解读

唱吧在V4.0.1版本（2013年5月30日）中的功能更新有：支持视频录制，在K歌时开启MV模式，可以边唱边录视频；支持视频播放，如果担心流量问题，则也可以选择传统图片轮播模式；支持歌曲转发，将给力歌曲直接转发、推荐给唱吧的好友；优化首页榜单，页面显示更清新，信息展现更直观；可以更方便地找到想要唱的歌。如图4.11所示。

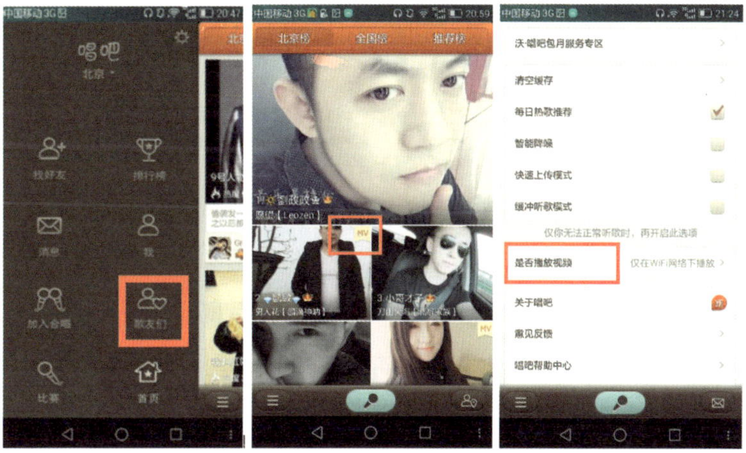

图4.11　唱吧V4.0.1版本的界面截图

2. 用户评价

在这一阶段中，用户评价唱吧是一个好的平台，但是版本管理不好的弊端依然存在，如图4.12所示。与此同时，会员功能引起了部分用户的不满。

★★★★★	**随时随地，唱享人生** 作者：**林北姓刘** 随身KTV，低调高端上档次，以歌会友	2013年11月7日	CN	4.0.1
★★★★★	**支持唱吧** 作者：**鸡鸡日BB** 唱吧是个很好的平台，让大家在手机里完成标准的录歌，也能更好地提升实力，还能结交歌友。	2013年9月7日	CN	4.1
★★★★	**唱吧，你能不设置为只有会员才能正式排行吗？** 作者：**臭屁雄** 以前开始玩觉得很不错呢，可以免去KTV的钱，在家能嗨翻天，可是现在居然设置个是会员才能正式发歌，我想说是在赚钱嘛？非常不满意就是这个了你说礼物花花话筒那些用钱买到是可以比较实在，可是连发个歌到排行里都不得了，气愤！！！！！！	2013年11月2日	CN	4.5.0

图4.12　唱吧在第3阶段的用户评论详情（资料来源于App Annie）

3. 运营情况

经过第2阶段的运营和推广，唱吧在第3阶段已经进入一个较好的良性循环状态。这个阶段的运营主要是在产品内提升用户活跃度，典型的代表就是K歌房功能，通过活跃用户拉动好友，使用户在K歌房内轮流获得关注，唱吧在尝试全面提升自己的用户活跃度。在2013年10月，唱吧做到了月活3000万，从此，月活也基本稳定在这个水平。

4. 阶段综述

总的来说，唱吧在这个阶段就是打造一个和线下KTV几乎一样的场景，将线下的场景搬上线上，并结合线上的场景为用户打造一个全新的K歌平台。

4.3.4 第4阶段：正式开始商业化变现

月活冲到3000万，这触及了唱吧用户量的天花板。当规模无可提升之后进军手游，标志着唱吧正式开始了自己商业变现的道路。毕竟每个产品总是要帮投资人盈利的。

而除了变现，唱吧在产品更新方面仍然在尝试着突破活跃天花板。不过，比起第2阶段的明确需求，该阶段的尝试明显出现了一定的盲目性：更新的功能更多、更频繁，但在用户活跃度上并没有什么起色。

对于成熟期的产品来说，这个天花板是其宿命，除非为用户贡献新的价值，否则是难以突破的。

1. 关键版本解读

唱吧在V6.0版本（2014年10月11日）中和之前的版本相比，做了一个大的“整容”，界面比之前更美观，增加了一些调音的小功能。如图4.13所示。

图4.13　唱吧V6.0版本的界面截图

2. 用户评价

如图4.14～图4.15所示（资料来源于App Annie），唱吧在V5.0和V6.0版本阶段的用户评分下降得很厉害，一是因为开始了商业化变现，二是因为枝节功能的凌乱。用户评分从V7.0版本开始才重新回升。

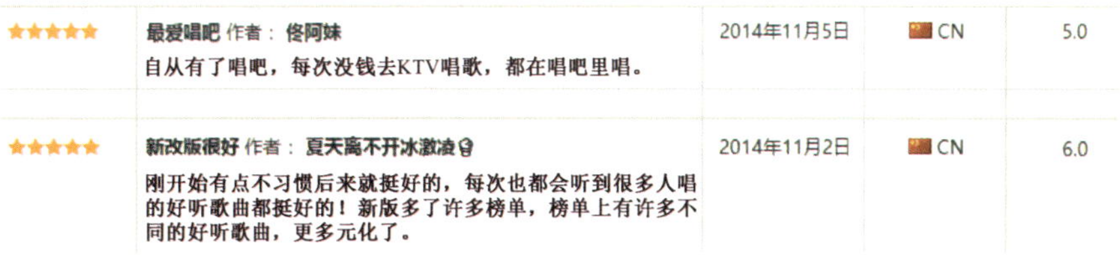

★★★★★	最爱唱吧 作者：佟阿妹 自从有了唱吧，每次没钱去KTV唱歌，都在唱吧里唱。	2014年11月5日	CN	5.0
★★★★★	新改版很好 作者：夏天离不开冰激凌 刚开始有点不习惯后来就挺好的，每次也都会听到很多人唱的好听歌曲都挺好的！新版多了许多榜单，榜单上有许多不同的好听歌曲，更多元化了。	2014年11月2日	CN	6.0

图4.14　唱吧V5.0和V6.0版本的用户评论详情

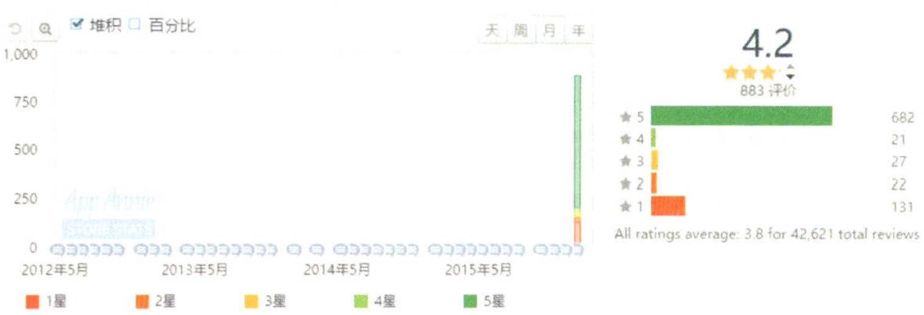

图4.15　唱吧V7.0版本在App Store中的用户评分截图

3. 运营情况

唱吧在这一阶段的运营主要围绕着商业化变现，开始以跨界合作模式探索商业化变现之路。比较大的运营事件有如下几个（资料来源于IT桔子及网络）。

- 2014年3月，与热酷合作推出“唱吧小飞侠”，开始涉足手游领域。
- 2014年10月，与麦颂合作“唱吧麦颂”，线下KTV开始对外营业。
- 2015年3月，与麦颂KTV在“众筹客”平台发起众筹。
- 2015年6月，推出首款硬件产品——唱吧麦克风C1，以及充电宝、麦克风支架等配件。
- 2015年12月，D轮融资估值43亿元人民币，并称将与2016年度“超级女声”进行合作。
- 2016年1月底，推出3D直播间，在未来想成为VR内容提供方，并有报道称唱吧想在2016年寻求上市。

- 2016年3月，与“超级女声”合作，邀请《我是歌手》洪涛加盟。

从唱吧的动作来看，唱吧对广告、门店、硬件都有涉及。但是，正如百度贴吧的价值是以一个个贴吧为核心来创造信息和用户互相连接的中心节点，贴吧的变现必然会打这个中心节点的主意。因为商业价值必然是产品价值的变现，百度搜索的价值是找信息，所以变现方式适合广告变现，也是一个道理。

那么唱吧的价值呢？一个以唱歌为中心点的社交，其天然更合适的变现方式是秀场和造星。不过，唱吧作为一个用户幅度很宽的社交平台，做秀场很可能会影响反感秀场的用户的沉浸程度。唱吧的秀场实际上并没有放在唱吧里，而是以一个新的App推出。为了留住月活而放弃了变现的效率，这也是唱吧的无奈之举。

造星、选秀则可能是一个周期更长但更可行的变现途径。不过，造星难免带来信息中心节点的过度聚集，可能会影响更广大的用户“被关注”的程度，由此带来用户参与度的降低。在一个全民都渴望被关注的平台，如果突然出现一个碾压一切的明星，那么对平台的伤害有可能是巨大的。

所以，唱吧更大规模的变现还是在利用广告、门店等手段，其实这只是流量、品牌的变现，也的确是唱吧的无奈之举。

4. 阶段综述

商业化是任何一个产品最后必须攻克的关卡，唱吧走得艰难。

4.4 总结

唱吧的发展历程可以说是一个从积累、爆发、触顶到变现的经典范例，它在每个阶段都目标明确，也取得了相应的收益。当然，社交类产品的商业化变现之路危险而艰难，让我们拭目以待。

05 ▶ 出行领域的王者——滴滴出行

滴滴出行作为互联网出行领域的独角兽,在短短4年内不仅击败了很多的国内产品，而且在2015年顶住了国外巨头Uber的攻击。目前其商业化又在有条不紊地进行中，不仅是世界上最大的互联网约车产品，也是行业性很强的产品。

滴滴出行从0开始，到现在已经成为一家可以媲美BAT的巨头公司，其产品之路尤其具有代表性。

5.1 产品背景

5.1.1 产品简介

在互联网的江湖上有这样一家值得人尊重的公司，叫作小桔科技。小桔科技的“小桔人”做出了为数不多的真正能和国外产品掰手腕的产品——滴滴出行。众所周知，中国的出租车行业服务态度差，拒载、乱加价的现象很普遍，甚至有人用“老司机”这一词来形容行业里老奸巨猾的人。互联网约车及租车服务就是在这样的背景下发展起来的。下面我们先来看看网络约车及租车领域的现状，如图5.1~图5.2所示（资料来源于艾瑞咨询）。

发现一	六成以上用户使用约租车软件意愿强，用户黏性高
发现二	乘客与出租车司机均存在转化为专车司机的可能
发现三	未来乘客端关注安全出行，司机端关注政策环境

图5.1　网络约车及租车服务在未来需求和服务供给上存在发展潜力

发现一	日均上路车辆数量减少28.3万
发现二	乘客私家车周出行天数减少0.7天
发现三	80.0%以上用户认为交通拥堵出现缓解

图5.2　网络约车及租车服务对交通状况的改变

而滴滴出行（见图5.3）作为互联网出行领域的独角兽，在自己的发展历程中不仅击败了很多的国内产品，而且在2015年顶住了Uber的攻击，目前其商业化又在有条不紊地进行中。滴滴出行不仅是世界上最大的互联网约车产品，也是行业性很强的产品。

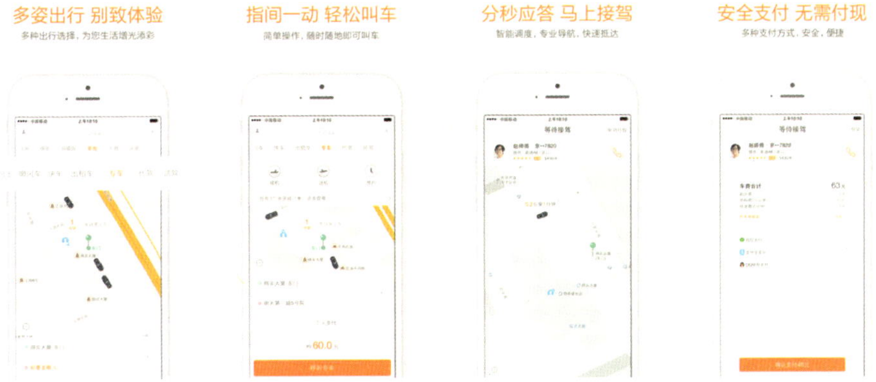

图5.3　滴滴出行的产品页面

面对用户的出行需求，滴滴出行将如图5.4～图5.5所示的核心业务逻辑和产品功能结构作为解决方案。

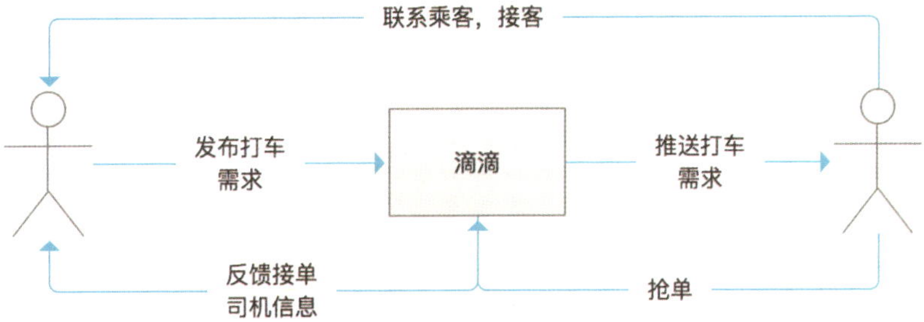

图5.4　滴滴出行的核心业务逻辑

图5.5　滴滴出行的产品功能结构

5.1.2 产品发展历史大事件

滴滴出行上线于2012年9月9日，经过3年的发展做到估值超过165亿美元，拥有超过2亿用户，其产品功能也从最初的叫出租车发展为后来的快车、专车、顺风车等，甚至在2016年4月推出飞机试驾服务。这样的业务门类拓展并不是一蹴而就的，靠的是小桔人3年多的努力才得以实现。以下是笔者为大家梳理的滴滴出行的一些历史大事件。

- 2012年9月，正式上线。
- 2012年12月，获得A轮融资300万美元。
- 2013年4月，获得B轮腾讯融资1500万美元。
- 2013年5月底，打车App市场份额占比第1名。
- 2013年11月底，覆盖32座城市，涵盖用户1000万。
- 2014年1月，获得C轮融资1亿美元（含腾讯跟投）。
- 2014年5月，产品正式更名为“滴滴出行打车”。
- 2014年8月，滴滴出行专车上线（开启商业化探索模式）。
- 2014年12月，获得融资7亿美元（腾讯领投）。
- 2015年2月，滴滴出行、快的打车合并，出租车市场占有率达99.8%。
- 2015年5月，推出快车业务。
- 2015年6月，推出顺风车业务。
- 2015年7月，推出代驾、巴士业务，滴滴出行快的融资30亿美元。
- 2015年10月，推出试驾业务。
- 2016年1月，推出跨城顺风车，参与春运。
- 2016年2月，融资10亿美元，估值超过200亿美元。
- 2016年3月初，滴滴出行巴士携手好大夫，启动关爱司机健康计划。
- 2016年3月24日，滴滴出行CEO在博鳌亚洲演讲中提到“十年后买车就像现在买匹马一样奇怪”。
- 2016年3月底，宣布日订单量破千万。

- 2016年4月9日，推出飞机试乘试驾服务。
- 2016年4月18日，推出伙伴创业计划，没有车也可以做车主。

5.1.3 竞品简介

滴滴出行作为中国出行领域的独角兽，其前几年的竞品如摇摇和大黄蜂等已经销声匿迹，而快的打车在和滴滴出行在经历补贴大战后，于2015年2月14日选择合并两大平台。目前来看，滴滴出行的竞品有如下几个。

- Uber：打车软件鼻祖，共享经济的代表者，在全球几十个国家有自己的业务，最新估值610亿美元。
- 嗒嗒拼车：号称目前最流行、最便捷的拼车神器，主要经营的业务为顺风车，目前服务的城市有北京、上海、广州、成都、深圳、重庆、天津、杭州、郑州、西安、南京等11个城市。
- 神州专车：定位于中高端群体，主打中高端商务用车市场，由文案“Beat U”进入大众视线。

5.2 发展历程

根据滴滴出行自上线以来截至现在的数据，我们梳理出图5.6～图5.8。

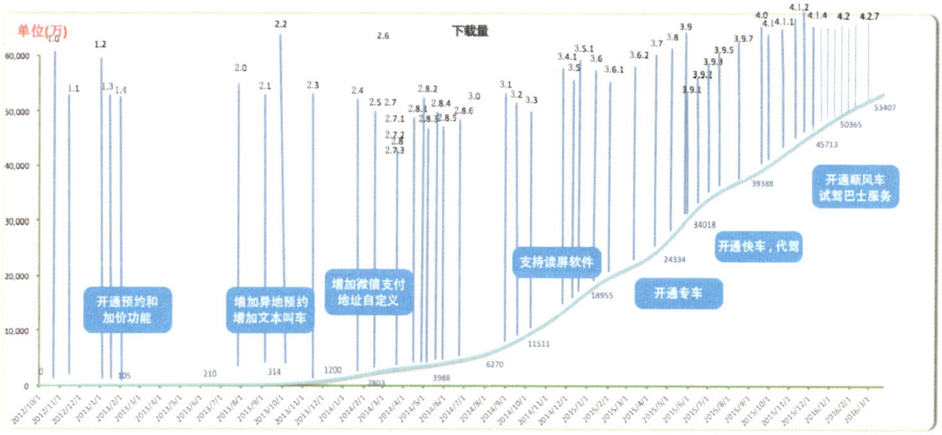

图5.6 滴滴出行在Android端的下载量增长曲线及版本迭代路径

图5.7　滴滴出行在App Store体育类别产品中的排名变化曲线

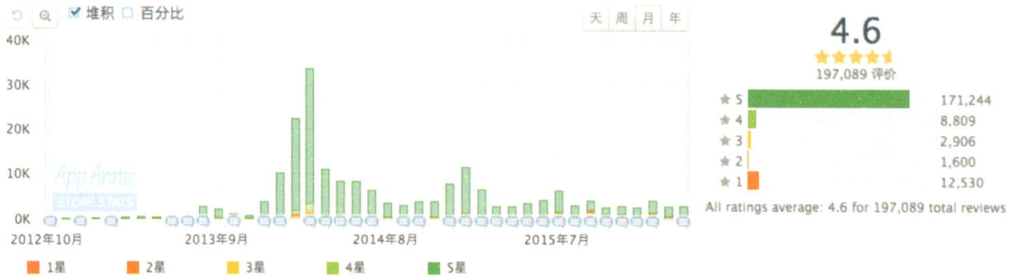

图5.8　滴滴出行在App Store中的总体评分情况

根据图5.6～5.8，我们基本上可以把滴滴出行的发展历程分为以下4个阶段来解读。

- 第1阶段：2012年9月～2014年1月，滴滴出行在此阶段的整体增长速度较为缓慢，基本处于市场培育期和探索期，其产品不断地做基于用户体验的功能迭代。到2013年年底，用户对滴滴出行基本没有功能上的负面评论，用户下载曲线平缓上升；同年4月，滴滴出行在Android市场的用户下载量以43.1万位居打车软件榜首，分类榜单排名趋势上行。
- 第2阶段：2014年2月～2014年9月，滴滴出行的用户量增长开始显著提速，完成了产品发展上的第1次突破和加速，其V2.0版本开启了微信支付功能，辅之以市场动作，使下载量明显增加。在2014年专车上线前，其Android用户下载量已达1亿，并一度在同类产品中居于榜首。
- 第3阶段：2014年10月～2015年2月，其用户量增长极快加速，与之前相比几乎翻了5倍，增长曲线的斜率也被拉到最大。这是滴滴出行的发展中最为重要的一个阶段，借由这个阶段的成功，滴滴出行一举奠定了自己江湖霸主的地位。在此期间，滴滴出行V3.1版本上线专车，市场动作依旧猛烈，展开了一些非常有热度的品牌活动，下载量几乎成倍增长，突破了一个质变的阶段，但同一时期的滴滴出行在同类产品中的排名有所波动，这或许可以说明在这一阶段，整个市场规模都在因为用户被教育而扩大。

- 第4阶段：2015年2月至今。在此期间，滴滴出行的增长速度开始有一定程度的放缓，同时其业务也开始多元化发展，由此继续拉动了用户规模的进一步增长。2015年2月，滴滴出行与快的打车合并，自此增长持续，但是速度有所放缓；滴滴出行在之后相继推出顺风车、代驾、快车、大巴等业务，借此，其用户下载量得以继续回归攀升轨道，截至2015年11月，其Android端用户下载量已累计7亿，在同类产品中居于榜首。

5.3 迭代分析

5.3.1 第1阶段：创业积累期

滴滴在这一阶段面临的挑战其实很多，一方面竞争对手比自己强大，另一方面软件叫车不为大众所知。其实最要命的还是，滴滴在这个阶段无论从技术层面还是从对用户的了解层面都是在摸着石头过河。

1. 关键版本解读

作为一款志在面向大众市场，解决“高频刚需痛点”式需求的产品，这一阶段对于滴滴出行而言可能是相当痛苦且至关重要的阶段。能否在这一阶段在诸多竞品中成功突围，完成对产品的第1轮打磨，并找到一条相对可复制的规模增长通路，则直接决定了滴滴出行将能走多远。

而在这一阶段，滴滴出行面临并成功克服了的最大挑战，是在一个全新的领域和一个运营难度极大的产品逻辑下（滴滴出行的本质是一个平台型产品），完成了对市场的第1轮教育和产品打磨。从一开始的可能N多人都打不到车、招揽不到乘客，到已经可以培育数百万的用户量，为数十万人在高效出行方面提供了实实在在的价值，滴滴出行踏出了它弥足珍贵的第1步。

在这一阶段，滴滴出行的产品增长主要源于其在市场运营上的稳扎稳打（大力推广，多方合作）和产品功能上的日趋完善，业务初步布局全国。我们整理出它的用户群体、用户需求和商业需求，如下所述。

- 用户群体：有打出租车需求的出行人群。
- 用户需求：高效打车（解决用户在高峰期、天气不好、半夜花很长时间打车甚至打不到车的需求）。
- 商业需求：满足出行乘出租车人群的需求，站稳市场脚跟，扩展全国市场。

其V1.0版本的界面截图如图5.9所示。

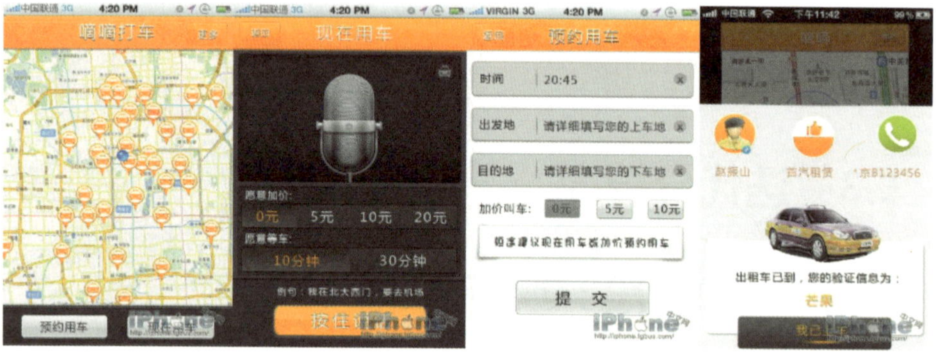

图5.9　滴滴出行V1.0版本的界面截图

2. 用户评价

滴滴出行为什么要在最早的产品版本中上线预约和加价功能，并省去注册、登录的流程呢？我们或许可以从滴滴出行当时的用户评分中窥见一些端倪。

滴滴出行V1.1版本的用户量不多，但是差评比例较高，如图5.10所示。

★☆☆☆☆	**联通iphone4s无法获得验证码** 作者：**jessiopp** 三天时间试了n遍。失败！失望！	2012年11月29日	CN	1.1
★☆☆☆☆	**很差** 作者：**Zjntt** 完全没人理我。非下班高峰的雨天	2012年11月22日	CN	1.1
★★☆☆☆	**电信号码无法注册** 作者：**bahaiyxl** 不知道是什么情况，电信的手机号码无法收到验证码、无法注册。看来这玩意尚不支持电信。不爽	2012年11月24日	CN	1.1

图5.10　滴滴出行V1.1版本的用户评论详情

我们发现滴滴出行V1.1版本的问题集中在打不到车和无法注册。打不到车的根本原因是加入滴滴出行的司机还很少，导致供求不平衡，在短时间内没办法解决，只能通过产品设计来缓解，并寄希望于后续的增长和业务拓展可以尽快跟上。推出预约功能是让用户提前找好车，加价肯定是为了提高司机的积极性，促成交易达成。那么如何解决注册不了的问题呢？干脆不注册就能用。

如图5.11所示，滴滴出行在V1.2～V2.0版本中的运营完全偏向于司机方。作为平台，唯有先保障了供给端的充裕，才会有消费端的其他可能性，滴滴出行的此举可以说不得已而为之。当然，其定位差的缺点也有所显露。

★★★★☆	**还不错！** 作者： **辰辰辰辰** 下载了快2个月第一次成功！不加价一般没戏	2012年12月28日	CN	1.2
★☆☆☆☆	**这不是哄抬物价吗** 作者： **吃没万象112** 加价才 有可能 有人接,那我不加价就没人接,真乱	2013年1月9日	CN	1.3
★☆☆☆☆	**新版非常烂** 作者： **seansky0718** 立刻叫车不支持文字定位非常差 300米误差	2013年7月10日	CN	2.0

图5.11　滴滴出行V1.2～V2.0版本的用户评论详情

在V1.2～V2.1版本这长达9个月里，滴滴出行在产品设计上并没有增加太大的新功能，因为其根本问题是用户打不到车，而打不到车的根本原因是司机太少，因此滴滴出行在此阶段的重心是通过运营来增加司机数量，暂时放下了产品设计工作。从这个角度来说，滴滴出行的产品设计很明智。事实证明，这段时间的运营还是有一定成效的，用户对叫不到车的差评逐渐减少并慢慢消失。

如图5.12所示是用户对滴滴出行V1.3～V2.1版本的整体评分及评价，可以看出用户评分相比V1.1版本有了显著的提升，其用户量也有了很大的增长，这得益于滴滴出行在这段时间内运营端的发力；同时，从上线“邀请好友加入”功能可以看出，滴滴出行在这一时期的侧重点已经开始渐渐转向用户量的增长方面。

★★☆☆☆	**App不错，就是会用乱用Apple ID发广告** App不错，就是会用乱用Apple ID发广告，差评，要是能上传图片就好了	2013年9月12日	CN	1.4
★☆☆☆☆	**垃圾软件** 会把你的信息卖给发垃圾短信的人，尤其是imassage	2013年12月11日	US	2.0

图5.12　滴滴出行V1.3～V2.1版本的用户差评详情

滴滴出行在V2.2版本中增加了文本叫车功能，这是为了缓解App定位很差的缺点，在定位很差的情况下可以让用户手动输入更精确的地址。

用户对滴滴出行的前期评论主要是叫车成功率低、不能文本叫车、无法取消订单、司机或者乘客爽约、管理不规范等，这些问题在滴滴出行的版本迭代中不断得以解决，促成了其产品的日臻完善。

3. 运营情况

滴滴出行在这一阶段的运营情况如下。

（1）稳扎北京、一线。在2012年6月开始地推，并于同年9月上线，之后继续围绕出租车运营商及机场、火车站的出租车司机进行有偿推广，并采用与96106合作等方式扎稳市场，同时扩展其他一线城市；在2013年3月，北京、上海、广州、深圳的出租车安装滴滴出行客户端的数量超过了3.5万，其中北京有1.2万，用户量在半年内突破40万。

（2）扩展二线城市。从2013年4月始，用类似于在北京推广的方式进攻二线城市，如武汉、天津、南京、大连等，截至同年11月底，覆盖了全国32个一二线城市、近35万出租车司机、约1000万注册乘客。

（3）跨界合作。在2013年4月与百度、高德的合作与产品功能优化密切相关，使地点定位精准化；在V2.0版本时与去哪儿网合作，上线异地预约功能。

4. 阶段综述

回顾滴滴出行在这一阶段的发展，我们可以看到，从人人可以较容易地发现Bug并提出需求，到用户被基本满足，滴滴出行的用户负面评论在逐步减少。

5.3.2 第2阶段：高速增长期

进入2014年，对于已经完成了第1轮产品打磨和初始用户培养的滴滴出行而言，摆在它面前的课题从“突破重围”变成了“如何能够尽快实现快速的用户量增长”，尤其是当快的打车这样的对手开始步步紧逼时。

而滴滴出行给出的答案是补贴及微信。滴滴出行在2014年年初开始正式接入微信，这无异于是一柄“大杀器”。与此同时，史上最猛烈的红包补贴也开始降临。

回顾这一阶段，整个打车类应用的用户量增长都异常迅猛，这与市场上的大力

“厮杀”不无关系。在这个阶段中，滴滴出行和快的打车总计20多亿元人民币的市场补贴，共同培育和挖掘了更大的市场，产品紧密配合市场和用户需求，培养出了较多大有裨益的新的使用场景，也为未来的发展做好了铺垫。这对滴滴出行来说，是一个市场大发力和产品日臻完善的阶段。我们整理出了滴滴出行在这一阶段的用户群体、用户需求和商业需求，如下所述。

- 用户群体：有打出租车需求的出行人群。
- 用户需求：高效打车（解决用户在高峰期、天气不好、半夜等花很长时间打车甚至打不到车的需求）。
- 商业需求：从可用的出行工具到常用的出行工具的转身（教育用户、培养习惯），占据更大的市场份额。

1. 关键版本解读

滴滴出行的V2.6版本开启了微信支付功能（见图5.13），告别找零时代，真正开始利用腾讯除资金外的资源，在方便用户的同时满足了企业的市场布局；同时，为补贴活动预热，用户在当时支付的钱是直接从其银行卡里扣的，所以用户的微信需要绑定银行卡。

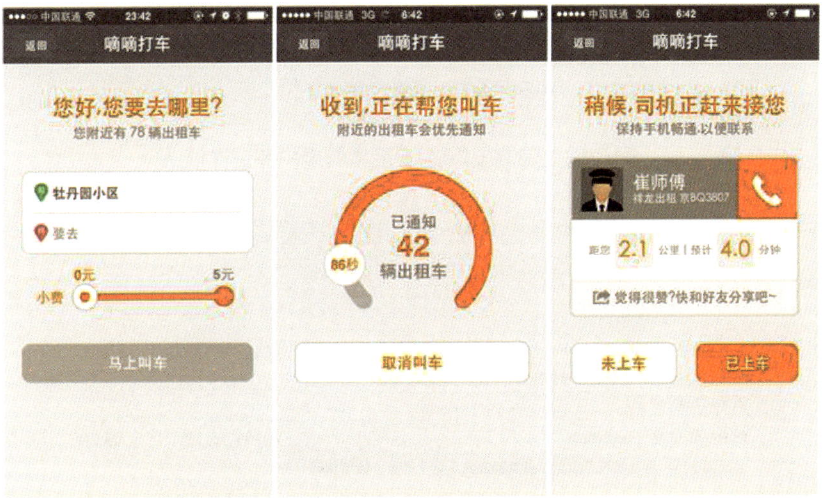

图5.13 滴滴出行V2.6版本的界面截图

滴滴出行在V1.0～V2.5版本中积累了数量可观的用户，而2014年的1月中旬临近过年，一年一度的红包大战即将开始，滴滴出行在这个节点选择接入微信支付，可将自己和红包大战的话题事件绑定起来借势营销。无独有偶，滴滴出行当时最大的竞争对手——快的打车也在同年1月8日接入支付宝，6天后发布的新版本更是直接绑定支付宝并通过送话费拉开补贴大战的序幕。

从V2.7版本开始，滴滴出行开始对微信支付进行补贴，甚至免单。滴滴出行在V2.8～V3.0版本中都是对支付功能的优化和小迭代，例如V2.8版本中的订单管理等。

2. 用户评价

结合产品的变化和用户评价（见图5.14），从整体上来看，滴滴出行在这段时间的状况如下。

（1）支付外的相关功能上的负面反馈越来越少。

（2）大量的用户涌入，起初很多用户不习惯采用微信支付功能，抱怨较多，随着双方补贴的增多，用户开始习惯采用微信支付。由于支付流程不够顺畅，所以产品也在不断地优化这个功能。

（3）补贴政策落差大，随着补贴力度的减少，用户量大量减少，且有较多差评。

★☆☆☆☆	**晚上12点还支付用户过多不能支付** 作者：**更深の夜** 有时候闪退就不说了。服务器太不稳定了。支付不了总是出错。无奈付现金	2014年3月15日	CN	2.6
★☆☆☆☆	**不能有效约束司机的行为，司机拒绝微信支付，要我付现金，白白多付10元！** 作者：**Bryantop** 不能有效约束司机的行为，司机拒绝微信支付，要我付现金，白白多付10元！	2014年1月15日	CN	2.6

图5.14　滴滴出行V2.6版本的用户评论详情

滴滴出行在这段时间的补贴方式有：送天天酷跑积分；直接补贴现金，如图5.15所示。

★☆☆☆☆	**没有酷跑积分礼包！！** 作者：**nirvana718** 一点诚信都没有 完全按照操作完成了却没有酷跑积分礼包 客服电话永远忙音!!垃圾！	2014年3月13日	CN	2.7
★☆☆☆☆	**嘀嘀打车** 作者：**teerdioli** 越来越小气，现在就减三块钱，高峰时候根本打不到车，建议卸载	2014年5月1日	CN	2.7.1

图5.15　滴滴出行V2.7和V2.7.1版本的用户评论详情

3. 运营情况

滴滴出行在这一阶段的运营主要是补贴和红包。

- 2014年1月，在融资成功之后，开启用户教育及与市场劲敌快的打车抢夺市场的补贴大战，对用户直接进行现金补贴，一直延续到同年5月。
- 2014年1月10日，滴滴出行打车乘客的车费立减10元、司机立奖10元。
- 2014年2月17日，滴滴出行打车乘客返现10～15元，新司机首单立奖50元。
- 2014年2月18日，滴滴出行打车乘客返现12～20元。
- 2014年3月7日，滴滴出行打车乘客每单随机减免6～15元。
- 2014年3月23日，滴滴出行打车乘客返现3～5元。
- 2014年5月，进行红包分享活动，进一步扩大知名度及用户群体的覆盖率；两大软件在该月17日对乘客的补贴归零。
- 2014年7月9日，两大软件司机端补贴降为每单2元。
- 2014年8月，两大软件对司机的补贴归零。

在此期间，滴滴出行也在尝试和一些项目进行跨界合作，例如与湖北卫视《我为喜剧狂》合作，开启快乐营销。

4. 阶段综述

滴滴出行在这个过程中与强劲市场对手快的打车以几乎同步和相似的方式回馈用户，在短短几个月内，市场上的其他叫车产品都已退出，滴滴出行和快的打车占据市场的比例没有大的变化，但市场份额扩大明显，培育了大量的新用户，巨大的造势让用户形成品牌认知，用户使用软件习惯也初步养成，但补贴并非长久之计，补贴过后用户量回落明显。在高补贴的时候，滴滴出行每日的订单量峰值达到530万单，停止高补贴后每日的订单量回落到300万单左右。

5.3.3 第3阶段：加速增长期

进入2014年下半年，滴滴出行又祭出了一个“武器”：专车，这无异于是通过“开发增量市场”的思路来解决市场上出租车和出租车司机数量不足的根本问题。

在这一阶段，滴滴出行对专车补贴近10亿元人民币，并且策划了多次知名、有规模的跨界品牌营销活动；在相互配合之下，用户量增长直线上升。该阶段的用户量增长速度甚至大大超出了前一阶段。我们整理出了滴滴出行在这一阶段的用户群体、用户需求和商业需求，如下所述。

- 用户群体：有乘交通工具便捷出行需求的人群。
- 用户需求：高效、有品质地出行（出行用户场景覆盖，例如接送宾客用专车等）。
- 商业需求：探索商业模式，瞄准出行行业的专车细分领域。

1. 关键版本解读

滴滴出行的V3.1～V3.6版本从可用到常用，培养了用户的习惯，吸引了大量的用户，并打通了出租车这条产品线的配置。滴滴出行也从V3.1版本（见图5.16）开始，迈出了商业化探索的第1步——滴滴出行专车，提供预约、车费预估的功能。

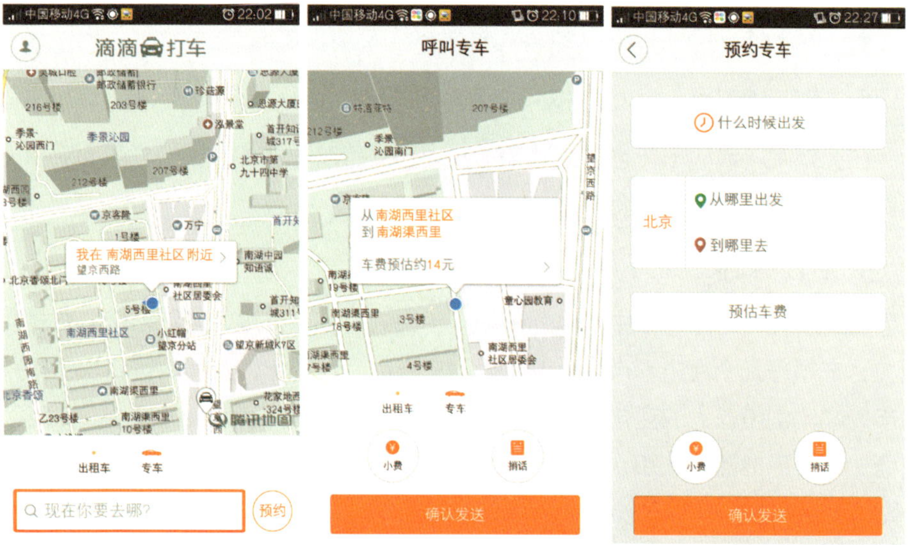

图5.16　滴滴出行V3.1版本的界面截图

在专车功能上，用户的体验和功能不断优化，比如在V3.4版本中新增分类推荐、预估花费功能；在V3.6版本中新增默认支付选取功能。

在通用功能上，持续提升用户体验，在V3.2版本中采用了优先文本呼叫。

2. 用户评价

此阶段的服务方涵盖专车司机，除了专车司机的一些专业程度不足，滴滴出行对这一群体的制度设定及系统匹配市场的动作均在逐渐探索市场的反馈，用户好评减少得比较明显。

而用户的差评（见图5.17）主要表现在：专车的优惠券问题较多，用户抢到后却在自己的系统里找不到；新加入的专车司机对路况的不熟悉等。

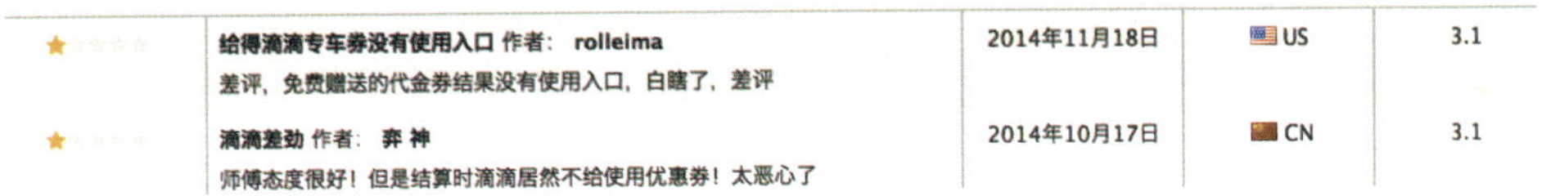

★	给得滴滴专车券没有使用入口 作者： rolleima 差评，免费赠送的代金券结果没有使用入口，白瞎了，差评	2014年11月18日	US	3.1
★	滴滴差劲 作者： 弃 神 师傅态度很好！但是结算时滴滴居然不给使用优惠券！太恶心了	2014年10月17日	CN	3.1

图5.17　滴滴出行V3.1版本的用户评论详情

3. 运营情况

这一阶段滴滴出行在市场上采用了与以往相同的方法：大量补贴红包，红包高达10亿元人民币；大量发放各种面值优惠券。截至2014年年底，在仅4个月内，滴滴出行的专车业务便覆盖了北京、上海、广州、深圳等16个大型城市，日订单已经突破15万单，按平均每单20元人民币计算，滴滴专车在1天内的消费金额就达300万元人民币。

同时，滴滴出行开启了大规模覆盖市场的TVC品牌营销战役，除众多一线明星外，滴滴出行还联合腾讯、联想、华硕、戴尔、京东等上百家企业进行跨界合作，建立品牌统一战线并展开联合营销战，堪称2014年度最大规模的企业跨界合作。

此外，滴滴出行还与《一步之遥》展开深度合作，与江苏卫视、微信平台共同发起2015年度最大规模的红包“彩蛋”活动，观众在同一时间段内在电视机前使用微信“摇一摇”创造了新的世界纪录，达1175万次。

滴滴出行在跨界合作的同时，也是其他企业品牌提升知名度的一个渠道，用别人的钱激发自己的用户，营销策略惊艳。

截至2015年5月，出行市场的整体格局已定，滴滴出行在专车市场所占的份额为80%。

4. 阶段综述

在该阶段前期，滴滴利用之前惯用的推广方法——红包补贴，迅速撬开专车市场，中后期通过利用自己庞大的用户群体与其他企业进行合作，让别人出钱发红包、滴滴出流量来提升企业的知名度，从而最终奠定了自己在专车市场上的地位。

5.3.4 第4阶段：增长放缓，二次增长期

进入2015年2月后，曾经厮杀得你死我活的滴滴出行与快的打车宣布合并，这一事件背后的助推，既有来自于Uber这样的庞大对手的压力，也有资本、市场策略层面的原因。持续补贴肯定不是一种最好的市场策略，但如果滴滴出行和快的打车谁也无法把对方打败，那么或许选择合并及共同培育更大的市场才是更好的选择。

在这一阶段，滴滴出行的用户量的增长速度在原有的基础上有所放缓，但还是实现了二次增长，原因可能有两点：一是市场已渐渐趋向于成熟和饱和，可开发的潜在用户越来越少；二是不可忽视的对手Uber也在发力，策划了一系列抢夺市场的活动，比如佟大为驾驶特斯拉扮演“一日Uber司机”等，也对市场产生了一定的冲击。

值得注意的是，在这一阶段，滴滴出行强大的数据系统也在产品上得到持续发挥，例如“合乘拼车”系统在未来将发挥更大的作用。除此之外，“推荐上车地点”功能也会在未来发挥更重要的作用，暗藏野心的功能点在不断出现。若这一阶段是每种业务类型的持续优化，那么下一阶段的产品将承接系统解决用户出行的需求，相信在该系统上会有更多的不可能变成可能，让我们拭目以待。

同时，滴滴出行在这一阶段的出行商业帝国布局也初现端倪，无论是巴士、快车还是顺风车，这些功能的上线都宣告了滴滴出行的野心和令人赞叹的未来的可能性。我们整理了滴滴出行在这一阶段的用户群体、用户需求和商业需求，如下所述。

- 用户群体：有乘交通工具出行需求的人群。
- 用户需求：高效、经济、品质出行（出行用户场景全覆盖 ，例如酒后代驾、接送宾客用专车、顺风车等）。
- 商业需求：继续探索商业模式，瞄准出行行业的所有细分领域，整合出行资源，打造一站式移动出行平台。

1. 关键版本解读

（1）V3.6.1～V4.15版本：在专车功能上持续优化，开通更多的车型来满足用户的需求；在通用功能上持续提升用户体验，例如在V3.2版本中提供了“优先文

本”呼叫功能，又例如在V3.8版本中可推荐上车地址，方便司机和乘客快速找到对方，这也是滴滴出行布局“滴滴出行车站”的重要埋点；在商业化功能上进行探索和尝试，例如上线“游戏中心”和“积分商城”，想增强用户黏性和经济转化，然而效果差强人意。

（2）V3.9版本：上线出租车、快车、代驾、顺风车和专车功能。在巴士上线之前，滴滴出行的很多功能也是在进一步稳定现有布局的功能设计，比如拓展更多的支付渠道。

（3）V3.9.7版本：上线“自动加价系统”功能，隐含了滴滴出行的多种可能性，不管是体现滴滴出行的大数据系统，还是对整个出行行业的一种潜在定义，通过这种看似简单的商业化探索，总能看出这款产品的野心。另外推出的“快车拼车”功能背后的支撑是滴滴出行的“合乘拼车”系统，未来能用于所有出行方式的底层，拼车服务变成1对多，车都可以成为用户的“公交车”。

（4）V4.1.0版本：上线“打车-巴士”，这只是预热，还没有具体的功能。

（5）V4.1.2版本：上线北京市的10条线路。

随着为期9个月的专车探索，滴滴出行在后面加入的这些车型已经有了比较稳妥的线上基础，所以迭代速度也越来越快。

2. 用户评价

从V4.1.2版本开始，滴滴出行的负面评论增加得很厉害，产品评分也大幅下滑，如图5.18所示。

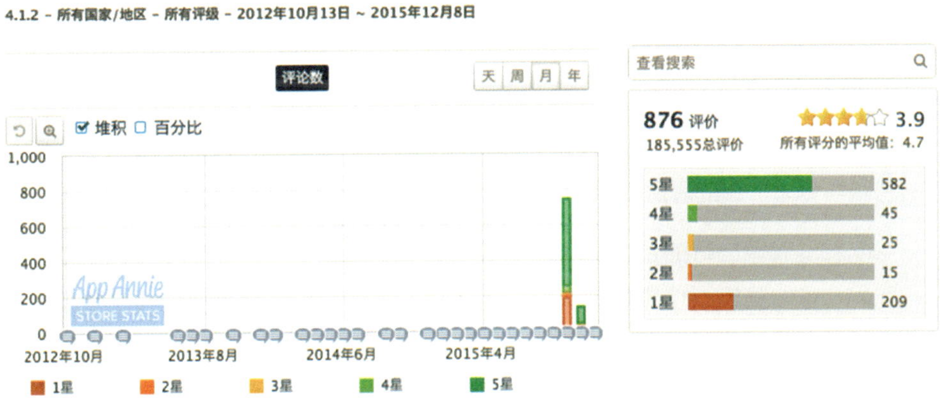

图5.18 滴滴出行V4.1.2版本在App Store中的用户评分截图

总的来说，这段时间内的用户负面评价增加，用户在评价中反馈的问题多样化，这是平台化功能更多、新功能迭代速度更快的原因。

- 优惠券设定较多限定条件，使得很多用户在使用优惠券时不能成功匹配条件而失败，虽然在后来的产品迭代上新增了自动选券功能，部分优化了这些不足，但是用户使用起来还是不方便。
- 新上线的自动加价功能带来了很多负面评价和吐槽，很多加价比较夸张，收取了用户过高的费用，滴滴出行的反馈算法还在优化中。
- 新上线车型也存在问题，比如代驾不守时等，滴滴出行对于司机端的规范需要改善。

3. 运营情况

滴滴出行在这一阶段的运营情况如下。

- 2015年5月，上线快车业务，用10亿元人民币补贴“全民免费坐快车”和快车券，与20多个城市的近百家出租车公司达成初步合作。
- 2015年6月，上线顺风车业务，举行“桔色星期一”邀请全民免费乘坐顺风车活动。
- 2015年7月，上线大巴业务，投资5亿元人民币，滴滴出行巴士与联想、华为等达成企业端合作，可企业定制巴士；上线代驾业务，首单免费。
- 2016年1月，上线试驾业务，一元试驾，多次试驾返现，并进行预热卖车，尝试将滴滴出行平台线上的巨大流量通过精准的方式引入消费环节。

4. 阶段综述

在上一个阶段的专车商业化市场探索的基础上，滴滴出行在本阶段对更多的业务的思路与专车扩展的思路较为一致，即跨界和补贴，在市场上初见成效。

可以发现滴滴出行的各个业务板块的营销逻辑基本上一致，就是不同形式的补贴和跨界合作，稳定一个市场后再推广到多个城市，或者直接展开对多个城市的推广。滴滴出行在出租车、专车、顺风车领域占领市场的优势明显，在其他领域如代驾、快车上还在持续努力，也取得了一些效果。同时，滴滴出行作为营销入口的功能没有削弱，很多公司仍旧与滴滴出行合作营销。

「5.4 总结」

滴滴出行在整个产品迭代的每个阶段均明确一个目标并且做到极致，这种产品思维值得我们借鉴。另外，在真实存在的需求基础上进行大规模的补贴来获得用户量并留存的方法是可行的。

当然，在未来的用车服务领域，滴滴出行能否颠覆传统出租车行业还是一个任重道远的过程。滴滴出行在开始大规模商业化探索后其用户体验在大幅下降，看来，如何权衡商业化探索和用户体验是一个值得探究的问题。

滴滴出行很有潜力成为一个一家独大的出行平台，但也没那么简单：首先，滴滴出行在未来的发展不会再是以往的线性模式了，未来是出行工具、出行一体化平台还是其他模式？其次，滴滴出行作为大而全的出行平台，投资国外市场无非是全球化趋势，或者制衡Uber的市场规模？然后，滴滴出行联手宇通，无非就是在短长途中构建完整闭环，滴滴出行车站无非是提高系统内部的匹配效率；最后，滴滴出行即便叫飞机、乘船甚至探索无人驾驶都是在堆量。不过我们不难从动态调价、拼搭合乘及基于用户的行为分析推出的上车地点推荐功能发现，该布局背后的利器是数据，这也是滴滴出行称自己要打造一个世界级的大数据团队的实际行动！

不难理解，数据的背后是指数级、非线性的发展。除此之外，滴滴出行打造的生态是开放的，滴滴出行与饿了么展开深度合作并打造物流系统，又计划了“双12”的卖车计划，不断尝试将滴滴出行平台线上巨大的流量通过精准的方式引入消费环节。滴滴出行是一个漩涡，在不断地吸纳，它所吸纳的万物会在这个生态圈里产生“化学反应”。

目前除了市场上的激烈竞争，滴滴出行扩大的速度导致了很多用户的负面评价，怎样利用好数据？怎样把体验做得更好？甚至，创造超体验才是滴滴出行成为大漩涡本质的逻辑。

柳青在被采访的时候答道：“靠市场补贴过日子是不可持续的，数据和用户体验在未来更是滴滴出行的发力点！”

从搜集资料复盘历史到现在落笔，笔者脑海中像是像过了一场电影，这场电影源于手机里的一个橙色的图标。不管电影接下来怎么拍，有多么宏伟，一切剧情都逃不过握在手里的几寸屏幕，屏幕里的滴滴出行说着它自己的故事，属于我们和这个时代的故事！也许滴滴出行或者互联网在很多人看来是一种工具和管道，但是我认为媒介或者工具本身有时就是某种内容，丰富而富有想象力！

06 ▶ 聚集了一亿人生活趣味的产品——豆瓣App

豆瓣是中国互联网领域内拥有很高人气、用户忠诚度和口碑的一款社区类产品，但进入移动时代后，其先后推出了很多款App，在移动端的发展却始终不顺利。

在此背景下，豆瓣在2014年正式上线了豆瓣App。通过了解豆瓣App的发展历程，我们或许可以从中全面窥见一款PC时代的成功产品在移动时代转型的困局和所要面临的一系列阵痛。

6.1 产品背景

6.1.1 产品简介

作为一款基于兴趣的社区社交类产品，豆瓣经历了PC端10年的发展历程，也见证了中国互联网产品的一个发展历程，豆瓣App更是作为中国基于兴趣社交做起来的产品代表。

在了解豆瓣之前，我们先来了解中国整个移动端社交领域的现状。2015年中国移动社交领域的核心数据如图6.1所示。

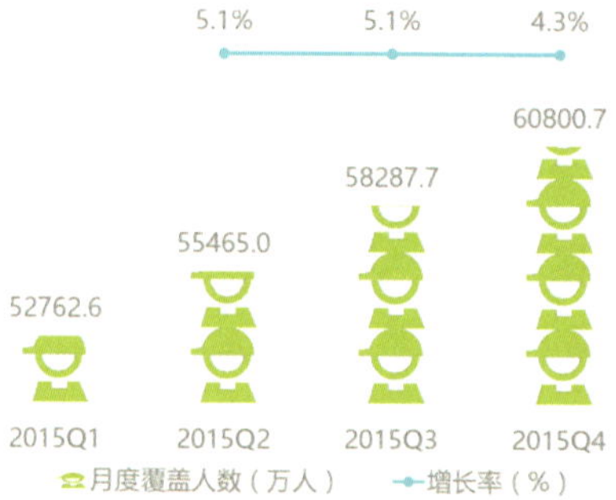

图6.1 2015年中国移动端社交领域通信App的平均月度覆盖人数

可以看出中国移动端社交领域的渗透率还是很高的，而豆瓣App作为一款社区社交类产品，它的发展和现状又是怎样的呢？下面我们就来介绍一下。豆瓣App的产品页面截图如图6.2所示。

图6.2 豆瓣App的产品页面截图

豆瓣App的定位和用户需求场景在PC端时就比较清楚了，其产品定位为有生活趣味的社交平台，其用户定位为生活较为文艺、喜欢追求生活趣味的80、90后。其使用场景如下。

（1）场景一

- 用户：电影观众。
- 需求：想了解观影人对新电影的评价。
- 痛点：不知道电影的质量，担心看到烂片。

（2）场景二

- 用户：读者。
- 需求：想看一些对自己有益的书。
- 痛点：市面上书太多，不知道怎么选；想看一本书却不知道这本书到底怎么样。

（3）场景三

- 用户：较为文艺，或者对某类新鲜事物、图书、电影、音乐等有强烈兴趣和深度爱好的年轻人。
- 需求：想找一批志同道合的人共同交流、分享。
- 痛点：在现实的圈子中很少接触到趣味相投的人；在现实中很难随时和趣味相投的人一起交流。

从PC到移动端，豆瓣选择了以下核心业务逻辑和产品功能结构来解决用户的需求，如图6.3~图6.4所示。

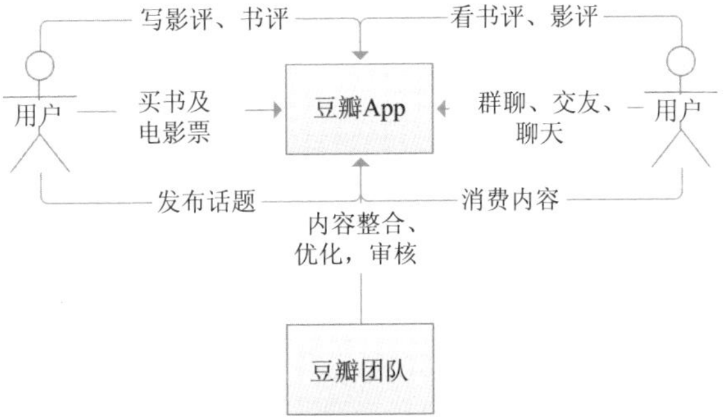

图6.3 豆瓣的核心业务逻辑

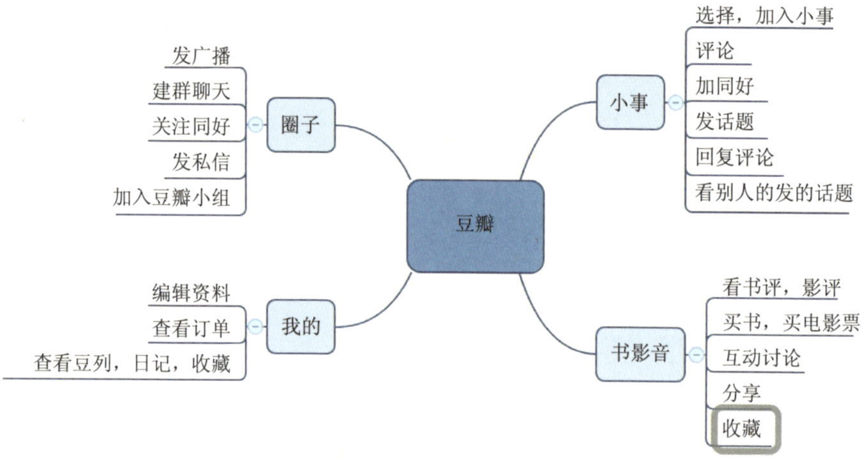

图6.4　豆瓣的产品功能结构

6.1.2　产品发展历史大事件

由于豆瓣自己的产品线很多，而豆瓣App是一个后来者，所以关于它的大事件能梳理出来的只有以下这些。

- 2014年8月，豆瓣App上线。
- 2014年12月，豆瓣App上线豆列功能，通过其开始做社交。
- 2015年11月，豆瓣App上线小事功能，开始对App内的社交系统进行打造。
- 2016年2月16日，上线首部品牌影片。
- 2016年4月2日，开始卖书。

6.1.3　竞品简介

而像豆瓣这样的以文青为核心用户的产品，还是有一些竞品的，比较典型的竞品有如下几个。

- one：每天一句箴言、一篇文章，在韩寒的监制中慢慢成长，已经有相当大的用户群体。最近貌似上线了音乐和电影方面的内容，并开始了对商业化变现的探索。

- 单读：一个专门为文青做的以文章、音乐、影像为核心内容的供用户消费内容的App，风格很文青。其中有个单向历的功能做得不错。
- MONO：文青必备App，属于一个聚集了很多文艺范的自媒体账号的PGC媒体平台。

6.2 发展历程

根据豆瓣App自上线以来截至2016年3月的数据，我们梳理出图6.5～图6.7。

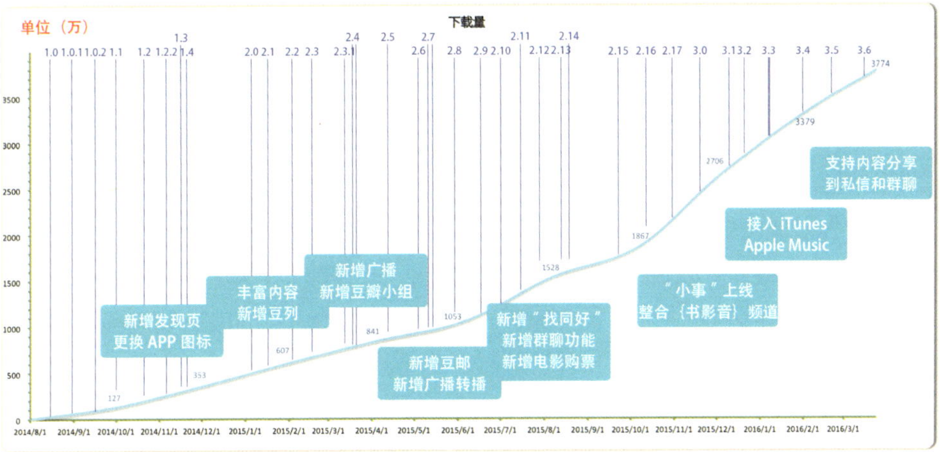

图6.5　豆瓣在Android 端的下载量增长曲线及产品版本迭代路径

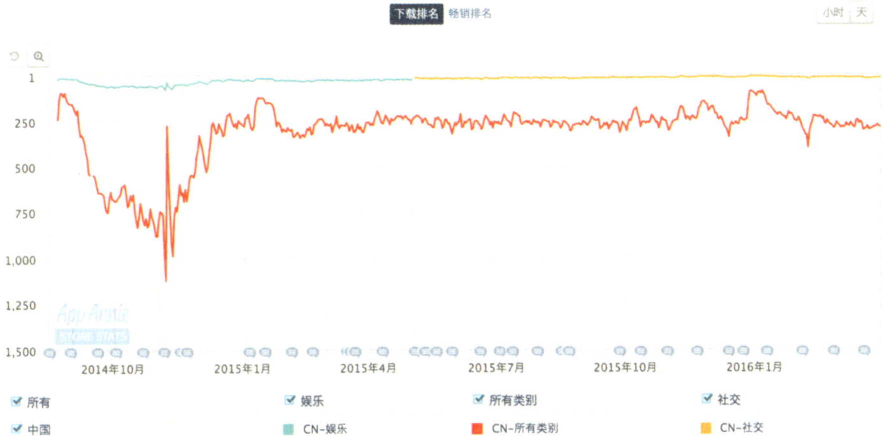

图6.6　豆瓣在App Store中的排名变化曲线

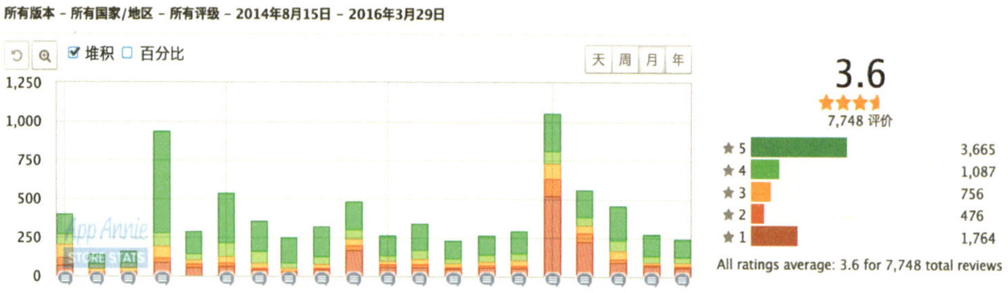

图6.7 豆瓣在App Store中的总体评分情况

作为一款迟到了最少3年的App，豆瓣App承载着豆瓣忠实粉丝的殷切期待。由于其有相对强大的PC端用户基础，所以豆瓣没有App冷启动的问题。对于豆瓣App来说，其可能面临的最大挑战是怎样将自己PC上的内容和体验移到移动端，并适应移动端的场景和体验。要知道，Web端的豆瓣App无论是内容的生成还是消费，都是比较“重”的，更多的是一个需要用户长时间浸泡的“社区”，但移动端的使用场景更加碎片化，与Web端存在着本质差异。

豆瓣App在这条道路上走得并不是那么容易：在V1.*X*版本中主打基于兴趣的聊天室；在V2.*X*版本中以豆列为中心对App进行了一次基于个人兴趣的内容重构；在V3.*X*版本中又进行了一次整容式更新，主打小事功能。我们以这些为线索将豆瓣App分为3个阶段来分析。

（1）第1阶段：2014年8月～2014年12月，V1.0～V1.4版本，主打基于兴趣的强社交探索。

（2）第2阶段：2015年1月～2015年10月，V2.0～V2.17版本，以豆列、豆瓣App小组、群聊为路径基于个人兴趣进行内容重构。

（3）第3阶段：2015年11月至今，V3.0～V3.6版本，主打小事功能，强化社交属性，整合、优化自身的媒体和工具属性。

「6.3 迭代分析」

6.3.1 第1阶段：基于兴趣的强社交探索

在豆瓣App出来之前，豆瓣已经有十几款垂直细分的App了，例如豆瓣电影、豆瓣阅读、豆瓣FM、豆瓣音乐、豆瓣小组等，如图6.8所示。但是由于产品线太多，使豆瓣App的业务没办法聚焦，在其产品线的各个领域都没有得到较好的发挥，导致在每个领域都可以找到比豆瓣App强的产品，比如在电影领域有猫眼、在音乐领域有网易云音乐等。碎片App对于用户来说始终不是一件好事，用户在使用时需要很大的切换成本，同时对手机内存也是一个挑战。在很多场景下，比如用户在豆瓣小组中聊到了一部电影，却需要回到豆瓣电影找到关于这部电影的影评和评分，这是很别扭的。

图6.8 豆瓣垂直细分领域的App

所以，豆瓣和用户都急需一款聚合类的App，可以把自己PC端的内容和体验全部打通。豆瓣App就是在这样的环境下应运而生的。

1. 关键版本解读

豆瓣App的V1.0版本上线后，和PC端的一个最大不同就是加入一个讨论组（也就是群组）。从逻辑上看，这应该是豆瓣尝试为PC端的豆瓣小组在移动端找到一个对应的实现机制和形态，属于一次新的探索。但从用户的反馈来看，这个功能并不讨喜。原因可能是已经适应了PC端豆瓣小组的老用户们大都觉得“群组”的形态没有意思，不能“泡”；而新用户们则又容易觉得这样的一个群组在本质上跟陌陌、微信等并无区别。所以，豆瓣App的V1.0版本上线后，受到了比较多的用户吐槽。

豆瓣App的V1.*X*版本并没有对其社交属性进行加强，而是更加关注和加强自己作为工具和媒体的属性，这个努力是比较正向的，也得到了很多用户的认可。特别是在V1.3版本中尝试加入的“豆列”这一功能，加强了用户基于自身的特定兴趣完成分享和社交互动的便利性，并在后续的V2.*X*版本中不断强化这一点。这些努力使豆瓣App在艰难中前进。

2. 用户评价

从用户评价来看，其实老用户们对于豆瓣App的期盼和期望还是比较高的。毕竟用户已经呼吁和期盼很久了，才迎来了豆瓣App的上线。然而，用户的期望如此之高，可能也加重了豆瓣App团队的负担——这很容易导致产品难以满足用户的期望。因而，产品上的功能设计问题没有满足用户对于“PC端使用体验平滑迁移”的期望，加上上线初期一直存在闪退等问题，所以在上线之初拉低了豆瓣App的评分。作为一款新产品，V1.X阶段平均3分左右的评分，应该说是不及格的。

在这个阶段，豆瓣App被用户所诟病的问题主要有三点：①太丑了，而且交互做得太烂；②功能太少了有些功能还有缺陷（比如没有评论及超字提醒）；③闪退，可能是由于服务器的压力造成的。如图6.9所示。

★☆☆☆☆	**真的响应速度太慢** 作者： **Ac...milan** 响应速度太慢，完全无法忍受。一分钟还刷不进去讨论组。豆瓣的移动端每一次都做得巨慢无比，还不如刷网页。你们的程序员到底是哪个学校毕业的？！	2014年10月20日	CN	1.1.0
★☆☆☆☆	**不能选择书籍影音状态差评** 作者： **ischoles** 连个点看过，想看，在看的地方都没有！直接退出程序奔来给个差评！要你何用！再来补一个，能写评论不能改状态！那算在读，想读，还是看过啊？！	2014年10月20日	CN	1.1.0
★★★☆☆	**图标太丑了 为什么不和网页版统一** 作者： **——5812** 因为图标实在没有办法给五颗星 换成豆字可好可好可好？？？！！！	2014年11月3日	CN	1.2.0

图6.9　豆瓣App在第1阶段的用户评论详情

直到豆瓣App的V1.4版本上线，完成了一次界面、样式等方面的优化后，豆瓣App的用户评分才有了较为明显的改观。

3. 运营情况

豆瓣App在上线之前由于有很大的PC端用户基数和一定数量的移动端用户基础，所以相对不存在其他内容和社交类产品普遍发愁的“冷启动”问题。

所以，这一阶段的豆瓣App并无大规模的运营动作，只是在App发布之前做了小范围的内测，正式上线后在网络上推出了几篇PR（公关）文章，也通过微博宣传了一下。相对来说，豆瓣App在这一阶段的运营可能更多地关注App内的内容运营，比如对优化内容分类、推出一些榜单、优化内容推荐算法、组织同城活动等。

4. 阶段综述

该阶段的豆瓣App在更多地试错和对产品进行打磨。用户量由于之前的积累一直处于一个稳定增长的阶段，用户评分偏低，在产品上还有很多的坑。事实证明，一款产品不是仅靠讲一个自己为这款App已经准备了3年的故事，以及用户对品牌较强的认同感就能得到用户的认可的。

6.3.2 第2阶段：回归工具与媒体属性，以豆列为中心扩展，以兴趣切入弱关系社交

在V1.X版本的讨论组功能并未取得成功的时候，豆瓣App在V2.X版本中开始通过自己强大的内容资源，基于用户的个人兴趣，以豆列为中心进行扩展，它强调兴趣标签，试图走上一条以兴趣为中心的社交之路。

1. 关键版本解读

豆瓣App在V2.0版本（2015年1月4日）中的更新为：加入更多的精彩内容，例如美食、旅行、时尚、居家；新增豆列；支持豆列；支持豆列编辑；全面支持想看、看过、想读、读过功能。其最大的变化是“豆列”，此外，原有的底部Tab也变成了顶部Tab，对原有的用户使用习惯也是一个较大的挑战。如图6.10所示。

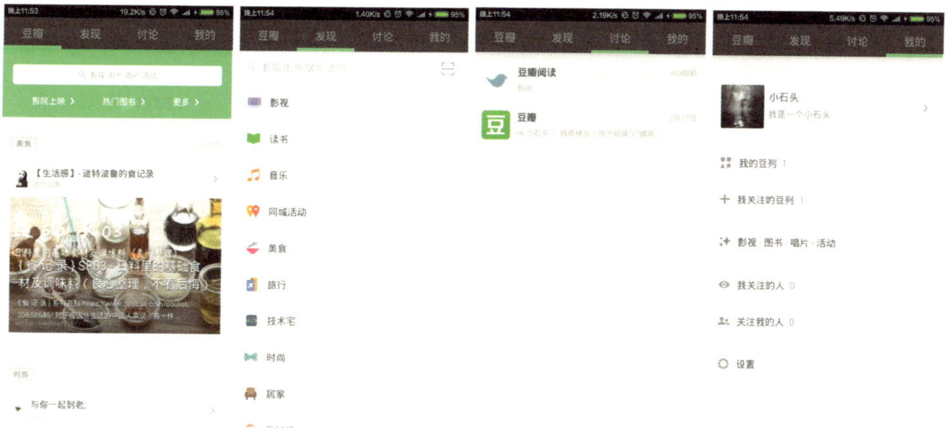

图6.10 豆瓣App的V2.0版本的界面截图

可以说豆瓣App中豆列的功能是在用户的强烈呼吁下加上的，这对于豆瓣App的用户来说是一个相当重要的功能。大部分文青都是收藏控，见到自己感兴趣的东西总会想办法收藏。而豆列正是一个可用于用户将收藏的东西归类整理的功能，而且很易于分享，便于用户之间基于彼此的关注和收藏更好地交互，从这个角度来讲，“豆列”是一种基于个人兴趣的社交润滑剂，它可能成为豆瓣App提供给用户的一个重要价值。

V2.2～V2.3版本在优化豆列功能的同时增加了广播功能，同时将之前的Tab“讨论”改成了“圈子”。笔者认为，圈子更适合基于兴趣社交的意图，而广播则是一条条的类似于朋友圈的东西，我们可以将其理解为豆瓣App版的朋友圈。在广播里，用户可以发自己的动态评论和评价别人的动态，各种动态信息被按照兴趣、分类等聚合和完成推送，看起来，豆瓣App在继续深化着自己的“兴趣社交”探索之路。

2. 用户评价

豆瓣App的V2.0版本在界面、交互等设计上并没有大的改善，受到了很多用户的诟病，但同时内容的丰富迎来了不少好评（见图6.11），内容一直是豆瓣App的核心价值所在。可能是因为V2.0版本相较于V1.*X*版本的改动较大，很多用户不习惯使用。而在这个阶段豆瓣几乎是在用户的反馈下进行迭代的，作为豆瓣的核心用户，文青的要求有的时候却不是那么容易满足的。

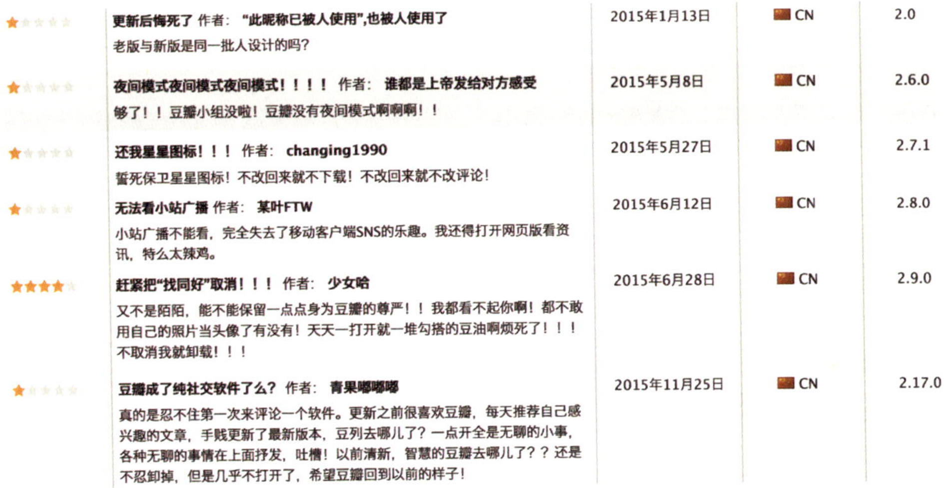

★☆☆☆☆	**更新后悔死了** 作者： **“此昵称已被人使用”,也被人使用了** 老版与新版是同一批人设计的吗?	2015年1月13日	CN	2.0
★☆☆☆☆	**夜间模式夜间模式夜间模式！！！！** 作者： **谁都是上帝发给对方感受** 够了！！豆瓣小组没啦！豆瓣没有夜间模式啊啊啊！！	2015年5月8日	CN	2.6.0
★☆☆☆☆	**还我星星图标！！！** 作者： **changing1990** 誓死保卫星星图标！不改回来就不下载！不改回来就不改评论！	2015年5月27日	CN	2.7.1
★☆☆☆☆	**无法看小站广播** 作者： **某叶FTW** 小站广播不能看，完全失去了移动客户端SNS的乐趣。我还得打开网页版看资讯，特么太辣鸡。	2015年6月12日	CN	2.8.0
★★★★☆	**赶紧把“找同好”取消！！！** 作者： **少女哈** 又不是陌陌，能不能保留一点点身为豆瓣的尊严！！我都看不起你啊！都不敢用自己的照片当头像了有没有！天天一打开就一堆勾搭的豆油啊烦死了！！！不取消我就卸载！！！	2015年6月28日	CN	2.9.0
★☆☆☆☆	**豆瓣成了纯社交软件了么？** 作者： **青果嘟嘟嘟** 真的是忍不住第一次来评论一个软件。更新之前很喜欢豆瓣，每天推荐自己感兴趣的文章，手贱更新了最新版本，豆列去哪儿了？一点开全是无聊的小事，各种无聊的事情在上面抒发，吐槽！以前清新，智慧的豆瓣去哪儿了？？还是不忍卸掉，但是几乎不打开了，希望豆瓣回到以前的样子！	2015年11月25日	CN	2.17.0

图6.11　豆瓣App在第2阶段的用户评论详情

3. 运营情况

这个阶段的豆瓣App依然没有做什么运营推广，而是把更多的运营放在了App内对用户的运营上。虽然自己的用户量一直在增长，但是用户对这款产品的评分并不高。

由于这一阶段的豆瓣App始终在探索和寻找着自己在兴趣社交方面的发力点，所以在发力点尚不明确的时候，运营商也很难介入，还是更多地关注站内的内容和氛围，以及对老用户的维系。

4. 阶段综述

在这一阶段中，豆瓣App的主要功能迭代路径为：豆列→广播→豆瓣小组→日记、豆邮→找同好→群聊→小事，通过这样的功能迭代路径来探索自己基于兴趣的社交之路。

看起来，豆瓣App在这一阶段明确了自己的“兴趣社交”的探索之路。

但是，豆瓣App始终没有找到“兴趣社交”方向的一个明确发力点，这也成为了豆瓣App的要害。

此外，不同类型的用户对于豆瓣App产品的需求不一致，也可能加剧了豆瓣App的迷茫，例如年轻用户希望通过豆瓣App来进行短平快的社交，老用户则习惯于把豆瓣App当作一个“精神世界”式的重度社区来看待，而年龄稍长的用户则更习惯于把豆瓣App当作一个工具来查阅自己感兴趣的书和电影……在面向用户不清晰，又背负着“豆瓣App”这个名字的境况下，豆瓣App的移动端兴趣社交之路走得颇为艰难。

从用户评价来看，截至这一阶段，豆瓣App的探索都不是成功的。

对于一款产品来说，在V2.X阶段花费了十多个版本的时间仍然没有找到一个用户口碑和用户增长方面的核心发力点，这无疑是一件可怕的事情，这也对后面一个阶段的豆瓣App提出了更大的挑战。

6.3.3 第3阶段：以“小事”为核心建立整个社交生态圈

我们的直观感觉是：这个阶段的豆瓣App更像一座城市，在这个城市里面陌生的人会迷路，而熟悉的人会理解这里的点点滴滴。

1. 关键版本解读

豆瓣App在V3.0版本（2015年11月18日）中的更新为：“小事”在首页正式上线，用户可以和喜欢相同事情的豆友一起谈天说地；增加热门话题；增加查看附近小事发言的功能；整合书影音频道；原今日推荐改为“精选”，支持查看历史内容；支持3D Touch；优化图标。如图6.12所示。

图6.12　豆瓣App的V3.0版本的界面截图

2. 用户评价

如图6.13所示，豆瓣App在V3.0版本中又进行了一次改版，并且改版的逻辑并不是面向老用户的，又引发了一波新的吐槽。豆瓣App的用户评分也因此在V3.0版本时期跌到谷底，在随后的V3.1、V3.2和V3.3版本中稍有好转，但未能从低分中幸免。

★☆☆☆☆	**我的日记里什么都没有！** 作者：**中华夜探红楼** 没法写日记	2016年12月9日	CN	3.0
★★★★★	**首次发言，请多包涵！** 作者：**觉战士** 第 1 次玩豆瓣，感觉豆瓣覆盖的范围比较广，其中涉及影视、文学、社会等，形形色色，五彩缤纷。而且给我的感觉是玩豆瓣的人素质都不差！赞同的顶起来	2016年1月4日	CN	3.2.0
★★★★★	**有写影评功能就是好** 作者：**导演1905** 终于有写影评的功能了，简直不能太赞，感谢程序员哥哥的日夜辛劳，还有首页的内容不再只是关于小事的那些了，加入了更加丰富的优质文章，继续五星支持	2016年1月31日	CN	3.3.1

图6.13　豆瓣App的V3.0～V3.3.1版本的用户评论详情

站在用户的立场上，我们真心觉得豆瓣App的调整实在是太大了，与之前的V2.17版本相比较又一次发生了大的整容，给人的感觉就像有一个全新的App呈现在用户面前。虽然用户很难接受，但是整体的产品迭代还是有章可循的。从产品定义和功能设置来看，豆瓣App的V3.*X*版本在启动之初，可能就已经明确了押宝“小事”的思路。整个V3.*X*版本都像在围绕“小事”来打造一个用户的生活社区，用户的任何诉求都可以在里面看到，甚至是买卖二手物品的诉求。豆瓣App好像要打造一个用户的生活孤岛，而岛内的社交生态正在慢慢成型。除了这些，豆瓣App在内容资源上收缩了不少，聚焦在了图书、影像和音乐方面。豆瓣App当时期望的产品逻辑应该是这样的：用户依靠“小事”来不断发布动态、构建关系和满足自己的各类生活需求；与此同时，“精选”和“书影音”则会推送一些优质内容供用户消费，并可在书、影音方面满足很多用户的“工具”诉求。只是这样的定位，可能离老用户所期待的“小众精神家园”还是颇为遥远。

如图6.14所示，这段时间的豆瓣App相比前段时间的评分有一些上升，现在的UI风格也受到用户的认可，看起来前一段时间在巨大压力下的坚持成效初显。但是，这一阶段的豆瓣App可能面临着另一个相对比较严重的问题，就是在广电的压力下，很多优质的音影、图书类作品被迫下架。

★☆☆☆☆	**曾经很喜欢豆瓣，但在天朝广电压力下依旧妥协了，很多电影都给和谐，失望** 曾经很喜欢豆瓣，但在天朝广电压力下依旧妥协了，很多电影都给和谐，失望	2016年2月20日	CN	3.4.0
★★★★★	**给五分不怕骄傲** 待了几年，豆瓣是最喜欢的社交App	2016年3月26日	CN	3.6.0

图6.14　豆瓣App的V3.4.0～V3.6.0版本的用户评论详情

V3.4.0版本又开始将“小事”作为一个单独的Tab拿出来。回归了原来V2.17版本的样子。可见在用户用评论投票的结果下，豆瓣App对自己的产品做了一定的调整，整体的迭代思路并没有受到太大的影响，还是以“小事”为核心打造一个基于兴趣的社交生态系统，正在慢慢地建造一个属于用户的城市。

从好的方面来看，豆瓣App终于开始坚定一个方向和一个产品功能点去持续发力和打磨。而从不好的方面来看，则是豆瓣App的口碑和评分因为这样的纠结状态而始终不高。

3. 运营情况

在2016年2月，豆瓣App完成了一波品牌传播：推出了一系列涉及各种图书、影像和音乐的年度榜单，这些榜单引发了各大媒体的竞相转载，帮助豆瓣App完成了一波品牌形象上的传播；另外，豆瓣App在2016年2月还第1次发布了发展11年来的首部广告片，这个广告片以“我们的精神角落”为主打，引发了一系列媒体报道和用户反响，在老用户中间普遍收获好评。

从目前的感觉上来看，这更像是一次与老用户的沟通和关系维系，也可能是在为接下来的一系列新动作做铺垫。

4. 阶段综述

从方向上来看，豆瓣App在V3.X版本中开始坚定了以“小事”为中心的思路，在产品和运营方面都在不断地进行尝试和努力，也取得了一些成果，其在应用商店中的用户评分得到了显著好转。

从用户量增长上来看，这一阶段的豆瓣App的用户量增长开始有轻微的加速趋势。

但从用户口碑和体验上来说，豆瓣App仍然未能达到一种“可以令用户尖叫”的状态，以前PC时代的那些传得满世界都是的优秀榜单和小组仍然未能从豆瓣App中再现，我们也没有在其他大型社区和媒体上看到有更多的关于豆瓣App产品和使用体验的信息。

所以，虽然无法看到具体的App用户活跃度等数据，但我们感觉豆瓣App仍然任重而道远。

6.4 总结

整体来看，豆瓣App的整个迭代路径走得很纠结、很困难，核心原因是：不同类型的用户对豆瓣App产品的需求和期望可能高度不一致。此外，PC时代的豆瓣是一个大而全的以图书、影像和音乐为中心的大社区，在PC端更强调用户深度阅读和沉浸的场景下，这样的产品是很有价值的，但是到了移动端，这样的社区是否真的能复现？这可能是个问题。

从迭代轨迹来看，豆瓣App最初就可能想要用基于“兴趣社交”的逻辑在移动端做一些尝试，但基于已有产品、用户的束缚，豆瓣App的尝试总是显得有点放不开手脚：稍稍一改版，就会被一群老用户骂得狗血淋头。或许，把新老用户们的需求区分一下，单独做一个名字与“豆瓣App”无关，无须背负豆瓣App老用户的期待且只专注面向新用户的产品会是豆瓣App更好的选择。

无论如何，作为无数人曾经沉浸其中并受益良多的精神社区，我们希望豆瓣App安好。

07 ▶ 想要垄断互联网+足球的野心家——懂球帝

懂球帝在2015年的足球类App中排名第1，其目标为垄断足球类App。懂球帝代表了典型的细分领域社区类产品的成长之路，其在早期能够在新浪体育、虎扑体育等传统的大型体育门户的夹缝中迅速成长的历程具有很强的代表性。

「7.1 产品背景」

7.1.1 产品简介

懂球帝作为足球类App中的第1名，已经将目标锁定为“垄断足球类App”。这一典型的细分领域社区类产品的成长之路有很多值得我们借鉴的地方，而且其早期能够在新浪、虎扑等传统的大型体育门户的夹缝中迅速成长起来，说明其具有很强的代表性。

懂球帝的功能界面截图如图7.1所示。

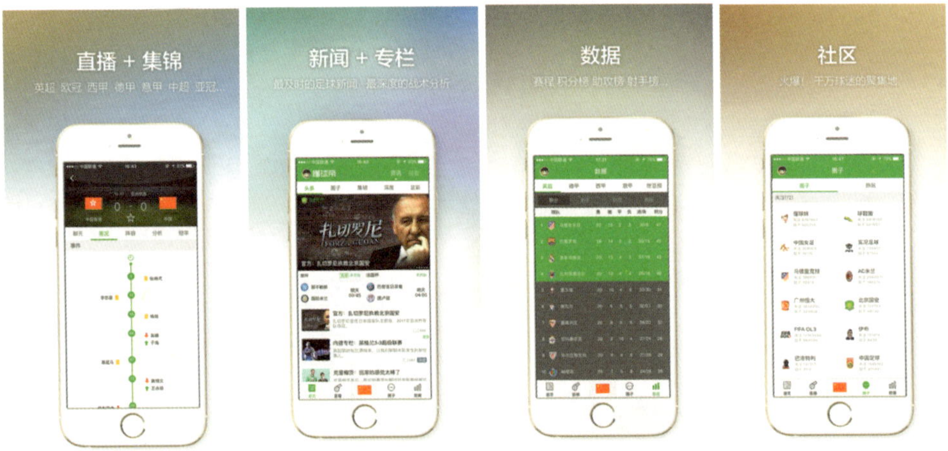

图7.1 懂球帝的功能界面截图

懂球帝的核心业务逻辑和产品功能结构都是围绕球迷而来的，如图7.2～图7.3所示。其创始人陈聪本身也是一名资深的球迷，深谙球迷的心理。

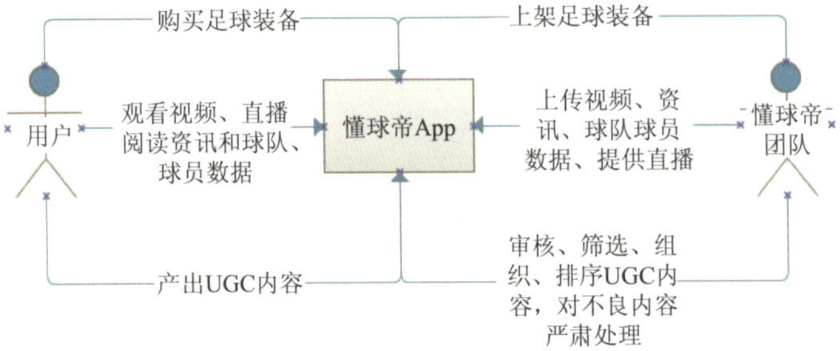

图7.2 懂球帝的核心业务逻辑

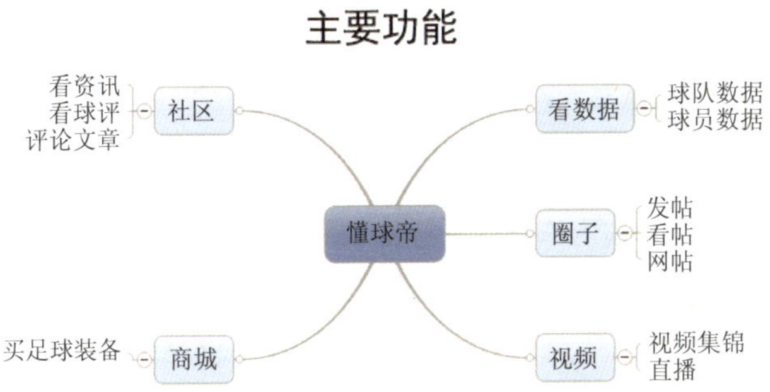

图7.3　懂球帝的产品功能结构

7.1.2　产品发展历史大事件

陈聪自离职百度并开始做懂球帝时，就立志于把懂球帝做成真正的足球迷社区。经过这两年多的发展，懂球帝已经做到了这一点，以下是懂球帝在发展过程中的一些大事件。

- 2013年12月5日，懂球帝App上线，在App Store体育类排名第1，当天新增用户1700人，留存率为80%。
- 2014年5月，获红杉资本数百万美元的A轮融资。
- 2014年10月，在世界杯过后斥资1000万元人民币，开始在CCTV-5恒大比赛中场投放广告。
- 2015年7月，开始在淘宝开官方店卖足球装备。
- 2015年9月17日，对外宣布已获千万美元融资，估值5000万美元。
- 2015年年底，用户量据称已超过1000万。
- 2016年3月底，国足出线，懂球帝上演教科书式运营。

7.1.3　竞品简介

在懂球帝出现之前，相对成熟的涉足足球资讯直播的产品不在少数。懂球帝典型的竞品有以下几个。

- 直播吧：聚合体育赛事的直播平台，有强大的球队和球员的数据库，为老牌体育直播产品，从PC端发展而来。

- 虎扑体育：中国资源优势明显及营销能力极强的专业体育运营平台，囊括直播、资讯、赛事组织等业务。
- 新浪体育：新浪旗下的体育赛事直播平台，拥有大量赛事的直播权，曾长期是国内第一体育门户，以评论员的评论见长。

「7.2 发展历程」

根据懂球帝从上线以来截至2015年12月的数据，我们梳理出图7.4～图7.6。

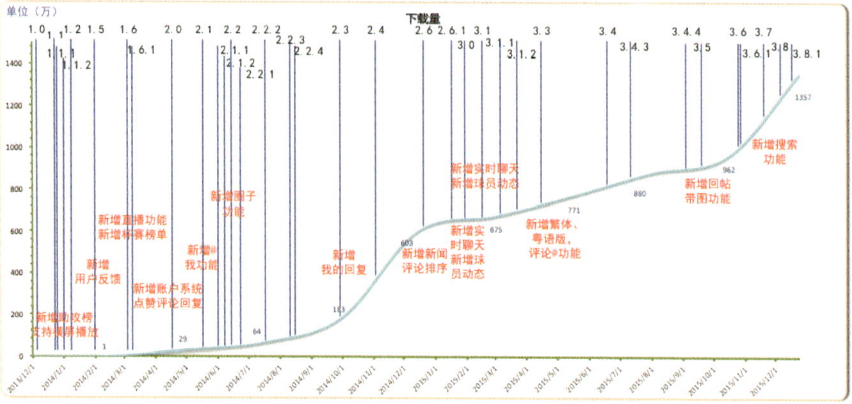

图7.4 懂球帝在Android端的下载量增长曲线及App产品版本迭代路径

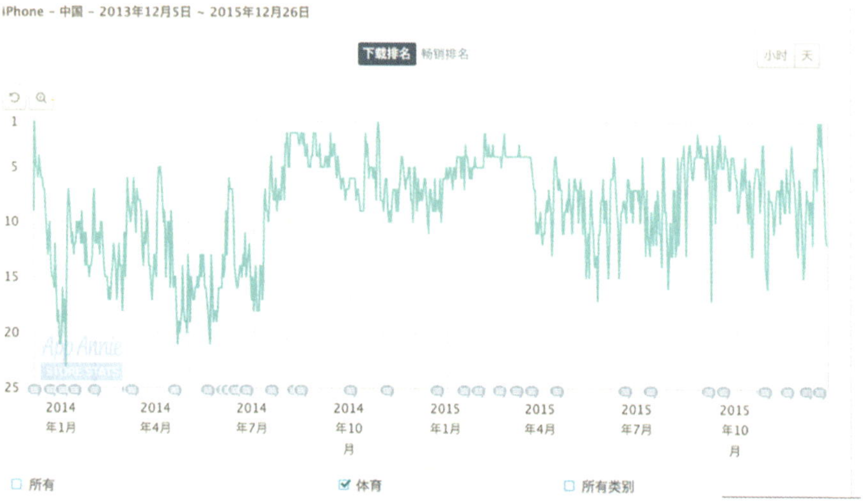

图7.5 懂球帝在App Store体育类别中的产品排名变化曲线

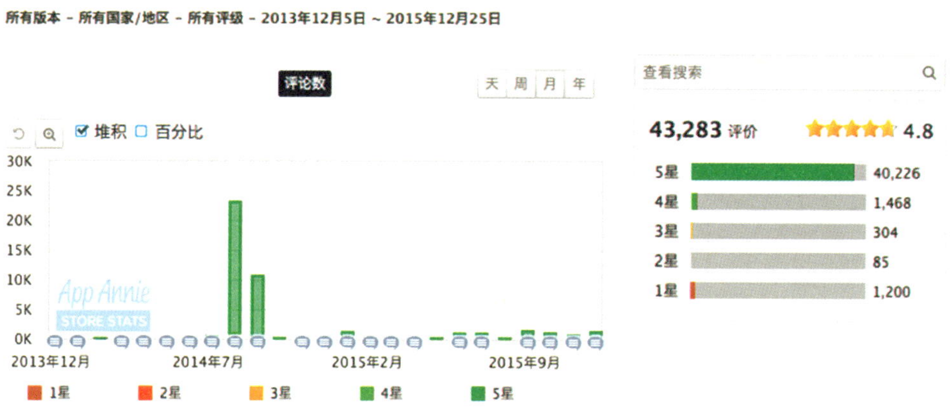

图7.6 懂球帝在App Store中的总体评分

从以上3张图可以看到，懂球帝在2014年7月之前并不存在明显的用户量增长，其用户量在极度缓慢地增长。这一时期的懂球帝明显属于探索期，为高频率小步迭代及低增长率。即使在2014年6月的世界杯期间，懂球帝的用户量增长也是有限的。

但是，懂球帝在2014年6月的世界杯之后进入了一个明显的高速增长期。这段时间从2014年7月持续到了2015年1月初，从图7.4中我们可以看到，这段时间内的用户量增长是在持续加速的。

而从2015年1月到2015年10月，懂球帝的用户量增长速度再次放缓。在这一期间，我们可以看到懂球帝的功能迭代并没有太大的变化，只是做了一些优化。所以据此猜测，懂球帝在这一期间更多地关注对社区环境的维护和打磨，对懂球帝而言，这段时间的运营力度远远大于产品的迭代力度。

进入2015年10月以后，懂球帝又迎来了一轮新的加速增长，截至我们的分析完成，这轮增长仍在继续。所以，笔者准备把懂球帝的发展分为以下4个阶段。

（1）第1阶段：探索期，2013年12月～2014年7月初。小步迭代，积极探索，从核心价值出发打磨产品。

（2）第2阶段：增长期，2014年7月～2015年1月初。懂球帝借助其探索期积累下来的良好口碑及优质的站内内容，辅以自己的运营推广手段，实现了一波快速的用户量增长，在移动端抢得了先机。

（3）第3阶段：打磨积淀期，2015年1月～2015年10月初。经历了上一波高速增长的懂球帝开始进入调整和打磨期，产品迭代频率显著下降。但是，懂球帝开始通过发布粤语版本、繁体版本等扩大其用户受众面，并具有显著的蓄力态势。

（4）第4阶段：二次加速增长期，从2015年10月到现在。借助其产品和运营的同时发力，迎来了新一轮的高速增长。

7.3 迭代分析

7.3.1 第1阶段

从2013年12月到2014年6月，懂球帝都在有条不紊地进行着产品的迭代和打磨，完成了对移动端球迷资讯社区类产品形态的摸索，并以高质量的内容作为切入口，获取了一批高质量用户。

1. 关键版本解读

懂球帝在V1.0版本（2013年12月5日）中正式上线App，具备资讯、比赛时间表、提醒、视频集锦、积分榜查询等主要功能。其版本界面如图7.7所示。

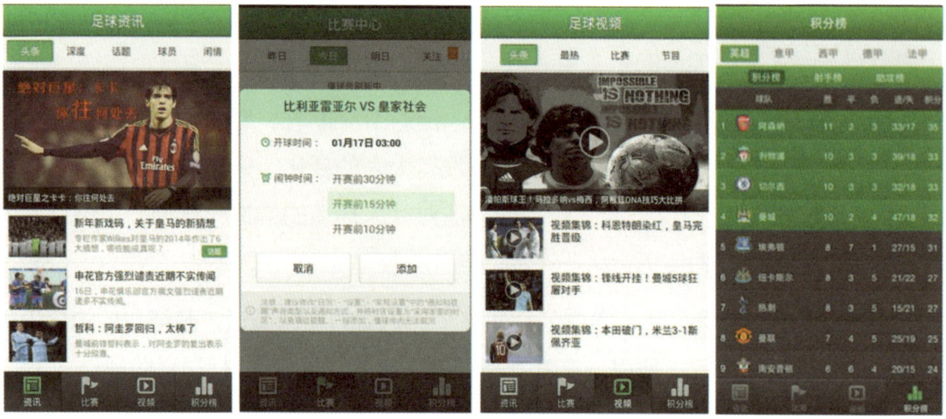

图7.7　懂球帝V1.0版本的界面截图

懂球帝的创始人陈聪是专业足球资讯网站爆棚网的站长，他是一名狂热的球迷，在足球领域有充分的耕耘和积累。而懂球帝的V1.0版本也是一个更偏重于资讯和视频集锦的版本，在该版本上线的当天，懂球帝就冲到了App Store体育类排行榜的第1名。懂球帝正是在这个时候钻了新浪体育和虎扑体育还没有真正开始重视移动端产品的空子，加上呈现给球迷的不仅是有态度、有深度的文字评论，还有一些精彩的视频集锦，所以大大超出了球迷们对这款App的预期，做到了一夜爆红。而懂球帝一开始提供的是视频集锦而不是直播的原因，可能是直播的版权相对于视频集锦来说要贵得多，而且很难谈下来。

自懂球帝诞生伊始，高度熟悉社区的懂球帝团队就开始有意地在知乎上露脸，并以持续性的有深度的足球评论迅速俘获了一批高质量粉丝。在我们的印象中，在2014年年初的时候，懂球帝曾多次刷爆知乎的足球类问答，并吸引了一大批粉丝的大量关注，这批粉丝在日后大都转化为懂球帝的种子用户。

而那种有深度、有态度的评论内容、足球分析和比赛视频集锦，恰恰是新浪体育、虎扑体育等传统体育门户还没有反应过来的。懂球帝为球迷提供了更专业、更有深度和有态度的内容，而且当时移动端的足球类资讯应用几乎还是一片空白，各种内因外力综合在一起，让懂球帝在诞生之时就占尽了先机。

懂球帝在App发布之初就受到了各界比较大的争议，其竞争对手质疑其App上的内容侵权问题，为此懂球帝还特别发出了声明，如图7.8所示。

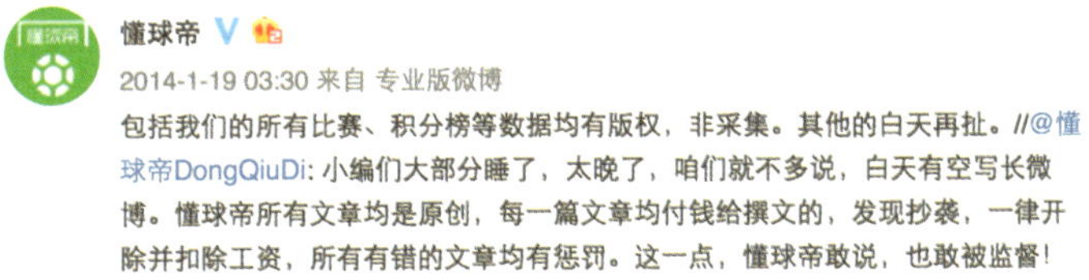
懂球帝

2014-1-19 03:30 来自 专业版微博

包括我们的所有比赛、积分榜等数据均有版权，非采集。其他的白天再扯。//@懂球帝DongQiuDi: 小编们大部分睡了，太晚了，咱们就不多说，白天有空写长微博。懂球帝所有文章均是原创，每一篇文章均付钱给撰文的，发现抄袭，一律开除并扣除工资，所有有错的文章均有惩罚。这一点，懂球帝敢说，也敢被监督！

图7.8　懂球帝发出的声明

该声明提到了App上的所有文字、资讯均有独立版权，文章均为原创，并没有提到关于视频集锦的版权，笔者推测经过这次版权争议之后，懂球帝越发开始注重版权问题了，这对于懂球帝来说不算一件坏事。

这一阶段的懂球帝已经拥有了一批比较可观的粉丝，也完成了初步的需求验证和产品打磨，所以进行账号注册以收集用户的数据是自然而然的事情。而尝试开通评论和互动功能也是增加社区属性的典型做法，从评论这个功能开始，懂球帝的社区化尝试初现端倪，所以懂球帝的V2.*X*版本应该是一系列以社区为中心的版本。

2. 用户评价

从用户评论（见图7.9）中可以看出，懂球帝V1.*X*版本的用户评价是很不错的，用户在评论内容中也重点提到了懂球帝的内容做到了全面、专业、深度和及时更新。懂球帝从一开始就明白自己的核心价值是专注于为球迷带来精良、有深度、有态度的资讯内容。这种专注是新浪体育和虎扑体育没有的，很有可能也是懂球帝在新浪体育和虎扑体育的全盛时期顺利杀出重围的关键所在。但是在V1.X版本上也存在一些问题比如闪退，以及一些个性化的问题比如有人抱怨界面太丑等，相对于用户的肯定，这些都是一个产品在早期的正常情况。

★★☆☆☆	**不能设置很不爽** 作者： **freezy.linqijia** 你们不能设置自己想看的内容实在不爽，我是德迷，就想把德甲的位置拖到前面	2013年12月13日	CN	1.0
★★★★★	**相当好用！** 作者： **蘑菇会炖汤** 相当专业！信息更新及时，期待加入更多功能	2013年12月6日	CN	1.0

图7.9　懂球帝V1.X版本的用户评论详情

整体来说，懂球帝V2.0、V2.1版本的用户评价（见图7.10）还是不错的，并没有因为增加了评论功能而引起大量的“喷子”[①]来破坏广大球迷的使用环境，这也可能是这时的懂球帝还比较低调、用户量不算很大的原因。

★★★★★	**懂足球，爱足球！** 作者： **liMbo WJ** 很不错的软件，独道的见解，有思想，下了很多足球软件就留了这个，真的很懂足球！	2014年5月14日	CN	2.0
★★★★★	**爆了！！！** 作者： **Harry Peter. 的** 在球迷圈的流行度相当高，有深度和独特分析，朋友说有比《足球周刊》还要专业的深度报道和分析。在接下来世界杯的旅程中，相信通过它，即使迷恋帅哥的“伪球迷”也能摇身一变成为高大上的“懂球帝”。	2014年6月7日	CN	2.1.2

图7.10　懂球帝V2.X版本的用户评论详情

3. 运营情况

懂球帝在该阶段几乎没有产品外运营的大动作，App的用户量属于自增长阶段。产品内运营的重心放在不断地将大多数用户可接受和认同的价值观提供给用户，以获取用户的信任。

4. 阶段综述

懂球帝作为一个足球迷社区，在建立之初就明确了自己的主题是做真正懂足球迷的社区，并为球迷提供有态度、有深度的专业足球资讯，提供被球迷普遍认同的价值观。在App发布之前，懂球帝在知乎上以持续性的有深度的足球评论俘获了一批高质量粉丝的信任，并让球迷明确它可以给自己提供的价值，从而迅速爆红。

① 即网络上蓄意说脏话或者恶意吐槽的网民。

总体而言，在探索期中，懂球帝依靠其独特和高质量的内容迅速在球迷圈内获得了很高的知名度和认同，获取了一批高质量的用户。同时，依靠在移动端抢得的先机，懂球帝的移动端产品也顺利完成了第1轮打磨，为后续社区等产品的上线做好了铺垫。

7.3.2　第2阶段

从2014年6月开始，借着巴西世界杯刚刚结束的东风，以及懂球帝App内上线的“圈子”等功能，懂球帝迎来了长达半年的用户增长加速期。

1. 关键版本解读

懂球帝在V2.2版本中增加了圈子功能，此后的V2.3～V2.6版本始终围绕着“圈子”迭代和优化，例如优化评论的排序规则等。

在2014年6月，巴西世界杯几乎是足球圈内最具有共鸣性的话题和最能吸引球迷关注的足球赛事，因而，懂球帝上线“圈子”功能，为球迷们提供了一个讨论世界杯的环境。这个功能的上线也是懂球帝去中心化的开始。从一个足球社区发展到去中心化，这是一个好的社区向成熟的社区迈进的重要一步，一个社区不可能依靠着少数几个人来支撑，这样的风险很大，一旦核心成员离去，社区就会变得很危险。所以，以此为起点，后续一直到懂球帝V2.6版本的运营重点和产品功能的迭代重点也是在做用户量、强化球迷社区的氛围和互动体验，例如新增“我的回复”、调整新闻的评论排序等。

2. 用户评价

从懂球帝这段时间内的用户评价（见图7.11）来看，其招牌式的精致、专业、有深度的内容依然得到了保持，但也在局部出现了闪退等问题。此外，从用户评论中我们还可以看到，在这一阶段的懂球帝社区中有一些管理员雷厉风行般地封号的事情出现，这表明懂球帝团队在对社区的管理和氛围运营方面是比较严格和重视的。

★☆☆☆☆	**是我见过最垃圾的软件** 管理员乱封号，各种不靠谱晒图，垃圾软件。	2014年7月14日	CN	2.2.1
★☆☆☆☆	**一点也不人性化** 在圈子里违规了可以封十天半个月或者提醒警告一次，动不动就直接永久封有意思吗？人性化一点不好吗？	2015年1月13日	CN	2.6

图7.11　懂球帝在第2阶段的用户评论详情

3. 运营情况

在世界杯结束以后，懂球帝花费1000万元人民币在CCTV-5恒大比赛的中场投放广告，以大大增加自己的曝光度。虽然恒大比赛相对于欧洲比赛的中超比赛水平较低，但毕竟属于本土赛事，加之欧洲赛事时差的原因，中超比赛的收视率相对于欧洲赛事可能会更高。懂球帝对广告投放的选择恰到好处。

该阶段的懂球帝全面发力社区，对于一款以内容起家且强调社区的足球资讯类App而言，运营相对于产品功能的设计和迭代更加重要：假如无法持续为用户提供高质量、有价值的内容，并且不能给用户提供良好、愉快的互动环境，那么整个产品将会失去最重要的增长助推力。

综上所述，我们愿意相信懂球帝在该阶段的产品内运营是高度偏向于高质量用户和大V用户的，并同时对谩骂、违规型用户进行了十分强硬的运营管理政策，这是很正确的策略。

4. 阶段综述

上线圈子功能、砸钱买广告、用户量实现快速增长、App运营偏向于高质量的用户和大V型用户，这些都是对懂球帝的意见领袖的运营，并且加强了对圈子中UGC环境的净化。

7.3.3 第3阶段

在V3.0～V3.5版本中，懂球帝的用户量的增长速度出现了明显的放缓，我们的判断是：已经是资讯及社区综合体的懂球帝在此时开始进入新一轮的打磨积淀期。一方面，经历了上一轮的高速用户量增长，懂球帝的社区文化需要更多的精力和时间进行培育和调整；另一方面，懂球帝也需要悄悄地为此后在足球链中的一些更大的野心进行蓄力，这一点或许可以从懂球帝V3.0版本上线的“彩票”购买功能中窥见一二。

1. 关键版本解读

懂球帝在V3.0版本（2015年1月28日）中的更新有：用户可以定制自己最爱的球队和关注的球队列表，并拥有炫酷的个性化主页；比赛新增实时聊天室，可在第1时间与全球各地关注相关比赛的球迷实时互动；新增Twitter、Instagram关注和订阅；新增球员动态和详细资料，比如球员的详细伤病史、球队荣誉记录等。如图7.12所示。

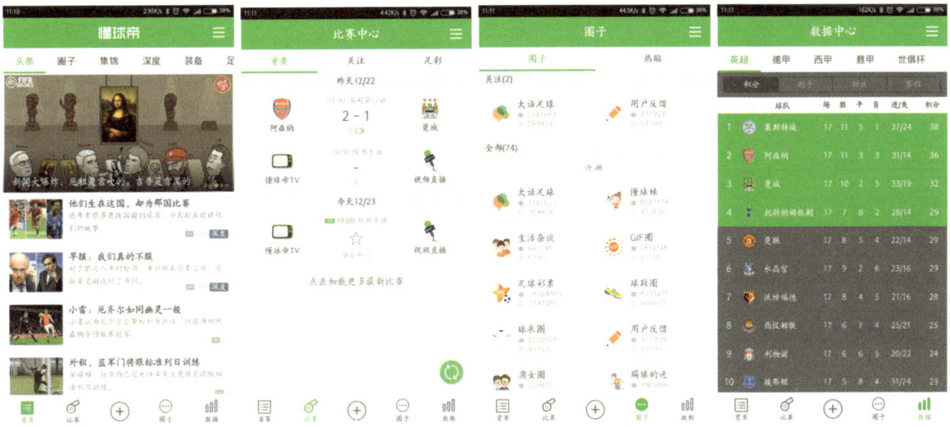

图7.12　懂球帝V3.0版本的功能界面截图

如果说懂球帝的V2.X版本是培育了社区的系列产品版本，那么懂球帝的V3.X版本就是不断强化社区并探索更多的可能性的系列产品版本。可以看到，从V3.0版本开始，展现形式得到了调整的懂球帝“圈子”已渐渐趋于成熟，而成熟后的“圈子”也成为了懂球帝的新兴业务的孕育温床，其圈子中的“球鞋圈”“球衣圈”“足球彩票圈”等的存在和火爆表明，所有这些圈子在日后都有望成为独立的业务线。

而从产品功能上来看，在懂球帝的V3.X版本增加的功能中，实时聊天和球员动态用于增加用户的互动性和黏性；增加足彩购买则是尝试开展新的业务；上线粤语、繁体字版本则是为了配套彩票等相关功能来开垦更广泛的用户市场，毕竟像足彩甚至赌球这样的事情在广东、港澳台等地区的受众更加广泛。

2. 用户评价

用户对懂球帝的V3.0、V3.1版本的评分并不高，其原因是有大量在懂球帝上遭遇了封号、违规处理等情况的人在给懂球帝App刷差评，我们也可以从中看出懂球帝在社区运营方面的“铁腕”。

泡过球迷论坛的人都知道，任何一个论坛总有一部分喜欢到处谩骂、发表极端言论的足球“喷子”存在，虽然这群人极度活跃，但对于一个社区而言，他们的存在会带来更多的危害。大量的球迷社区甚至是新浪体育、虎扑体育这样的知名社区，对于这群人的态度大多是睁一只眼闭一只眼，懂球帝却采取了截然不同的严厉措施——直接封号，哪怕为此导致懂球帝的App评分变低也在所不惜。

众所周知，评分是影响App排名的重要因素，在很大程度上取决于用户对于产品的评价，因此，为了维护良好的社区氛围而不惜得罪一批极端用户，是需要极大勇气的。在这个层面上，我们需要给懂球帝团队竖起大拇指。

除了一些用户一边倒式的差评，很多用户对懂球帝的好评是App环境很好，没有“喷子”横行的现象。这也慢慢构成了除有深度的优质内容外，懂球帝真正区别于其他足球门户、社区类产品的显著不同点。

3. 运营情况

懂球帝在该阶段的运营重点明显放在了对产品内容的运营上，进一步加强了专业资讯的深度和专业性，保持了以往的态度；并对产品内的用户UGC内容加强了一定的运营，查封了一大批“喷子”的账号，甚至引发了这些“喷子”的强烈反抗，但懂球帝并没有妥协，而是以强硬的态度与其斗争到底，和新浪体育、虎扑体育等大型体育媒体平台的做法完全不同，打造了一个相对干净的足球社区。笔者认为这也是懂球帝能在新浪体育、虎扑体育的夹缝中成长起来的一个重要原因。

4. 阶段综述

在该阶段中，懂球帝进入了一个“自生长”的阶段，大量UGC内容的产生让懂球帝的重心放在以下几个方面。

- 探索如何筛选优质内容并进行二次传播和更精准的推送。
- 梳理一套基于UGC的内容框架，帮助和引导那些零散的UGC内容更整体、更结构化和更具黏性。
- 做好一些社区内的活动，甚至把一些活动变得常规化、事件化。

7.3.4 第4阶段

进入2015年10月之后，随着懂球帝的内容丰富度愈发提升（各类资讯、赛事集锦等越来越多，与此同时，新浪体育开始在内容上节节败退，甚至连意甲的赛事集锦播放权都已丧失），再加上其运营上的持续发力，懂球帝迎来了新一轮的用户量的加速增长。

1. 关键版本解读

懂球帝在V3.6～V3.8版本中依次增加了节目列表、搜索功能和表情。从前两个迭代可以看到，这一阶段的懂球帝的资讯和内容开始呈海量增加状态，以至于需要给用户提供更多的导航入口，新增的海量内容也逐渐成为懂球帝的新的增长引擎。更为难得的是，懂球帝的足球资讯内容不仅多而全，而且速度很快，根据笔者的实际使用体验，同样一条国外资讯，懂球帝最快可以领先新浪体育1天发布出来，这对于时效性就是生命的媒体资讯类产品来说意味着什么，不言而喻。

同时，懂球帝没有丢掉其赖以起家的深度内容，而“圈子”也得到了进一步的蓬勃发展，聚集了大量知名俱乐部的球迷。这些都为懂球帝的二次增长和后续发展打下了良好的基础。

2. 用户评价

本阶段的用户评价（见图7.13）和总体评分已进入了稳定状态，懂球帝已经形成并稳定了一个内容精良、相对和谐的用户环境，产品已经走向了真正的成熟，而且已经有一部分国外用户在用这款产品了。

★★★★★	**资讯很新** 作者： 闫镇 很专业，最新资讯很快，但是建议出一个新功能，查找球员的功能，想看哪个球队大名单，可以搜索到，还有球员的具体资料，那么就完美了。	2015年11月29日	CN	3.7
★★★★★	**在懂球帝看评论是一种享受** 作者： John Forward 没有谩骂，个个都是段子手！	2015年12月7日	CN	3.8

图7.13　懂球帝在第4阶段的用户评论详情

3. 运营情况

该阶段的高速增长主要是因为懂球帝开始了对长尾用户的运营，伪球迷是懂球帝在该阶段的运营重心，其用户量突破了一千万。懂球帝还着重对女球迷进行了一定的运营，在论坛中有专门的“懂球妹”，该话题的热度不亚于其他话题。可能这类用户中有一部分的男朋友是真球迷，为了了解男朋友就加入了懂球帝。大量女球迷的加入也让懂球帝的男球迷们更愿意来这里了，形成了一个良性的循环。

值得一提的是，在2016年3月底国足出线当天，懂球帝以精准的IM推送和质量上乘的文章将国足、球迷和懂球帝紧紧地连接到一起，其流量大增，甚至服务器压力过大而引起App崩溃。而后续几天懂球帝又创造了“第1次庆祝国足出线 给球迷发百万红包”的运营事件，使懂球帝的流量出现了新的高潮。

4. 阶段综述

在社区环境得到良好的净化以后，懂球帝迎来了良性循环的高速发展期。这时的懂球帝有用户、有数据，加上B轮千万美元融资的到位，使其发展更加快速。

懂球帝在该阶段的重要迭代如下。

- 2013年12月~2014年6月，重心完全放在对自身产品的媒体资讯内容质量的打磨上，专注做有态度、有深度的足球资讯。
- 2014年6月~2015年1月，上线社区，借势巴西世界杯，在CCTV-5投放广告，加强运营，做用户量。
- 2015年1月~2015年10月，重点做好UGC社区运营，优化社区环境，奠定UGC内容的框架。
- 2015年10月~至今，和谐、良好的用户环境及精良、丰富的内容使产品更加成熟并迎来了新一轮的增长。

7.4 总结

回顾懂球帝的整个发展历程，我们可以看到，懂球帝之所以能在新浪体育、虎扑体育的全盛时期成长起来，或许有以下几个原因。

- 移动端足球综合资讯及社区类产品的空缺被巨头忽视，给了懂球帝机会。
- 依靠有深度的高质量评论站稳了脚跟，并吸引了一批高质量用户。
- 看准了新浪体育和虎扑体育在内容和社区环境上的不足，通过全力打磨这两个点，使自己能够在新浪体育和虎扑体育的夹缝中成长起来，并且处于一个高速增长的阶段。

在懂球帝的整个发展历程中，最令我们难以忽视的，就是其在社区运营方面对极端用户们坚决清理的态度，甚至不惜牺牲产品的短期利益。这样的决绝和果断，不是任意团队能够轻易做到的，尤其是在明知这样的作为必然会在短期内影响一系列产品数据的前提下。从某种意义上来说，懂球帝以活生生的事实告诉我们：坚持以用户价值为导向，是做产品和运营的准则。

懂球帝已经随着其社区氛围的成熟和用户量的持续增长而变得开放起来，在最近的一次采访中，其创始人陈聪也首次公开表示了要做一款“垄断级足球App”的野心。因而，在此后，无论是足球装备、足彩、游戏、周边产品、赛事营销还是用户增值服务等，都一定会是懂球帝的探索方向，我们不妨拭目以待。

只是，我们希望懂球帝永远保持面向用户价值的初心与良好、稳健的产品节奏。

08 产品如其名的汇率应用——极简汇率

极简汇率是一款典型的小工具、大市场的产品，它值得人们称赞的地方，正是在于其看到了大市场，但以小工具切入，不断强化工具的效率、提升用户体验，让大家感受到一款功能超强、在特定场景下一定会用到的“不可替代”的产品。而这款产品的迭代和发展之路，在产品操盘上堪称经典。

「8.1 产品背景」

8.1.1 产品简介

极简汇率是一款好用的汇率换算工具，把汇率查询和计算器合二为一，可切换全球160多种货币，既是专业的汇率查询应用，也是功能强大的货币计算器。它专为境外旅行、海淘购物而设计，致力于做一款真正满足用户需求的好看、好用的汇率应用。

对于喜欢海外旅行、海淘购物的人来说，同时掌握大量的不同国家的汇率并完成换算，是一件很烦琐的事。此前最好的做法是打开百度或者Google，通过搜索来满足需求，不仅流程复杂，而且数据不够精准。于是，虽然只是面对极少的人群，但仍旧有了这么一款专业汇率产品的生存空间。

极简汇率主要应对的场景如下。

- 用户在境外旅行或海淘过程中需要换算汇率。
- 遇到打折等活动。
- 在AA付款时需要计算器。

极简汇率主要解决的问题如下。

- 用户每次更换国家旅行，都要查询该国家的汇率。
- 汇率每天在变，换算时录入比较麻烦。

它的主要功能界面截图如图8.1所示。

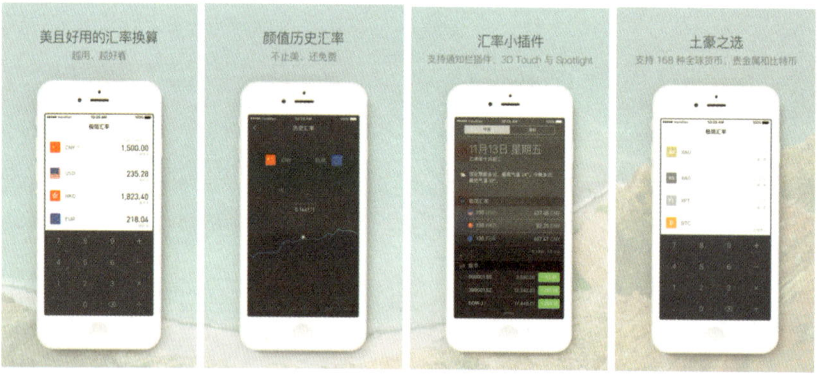

图8.1　极简汇率的主要功能界面截图

它的产品逻辑与架构如图8.2所示。

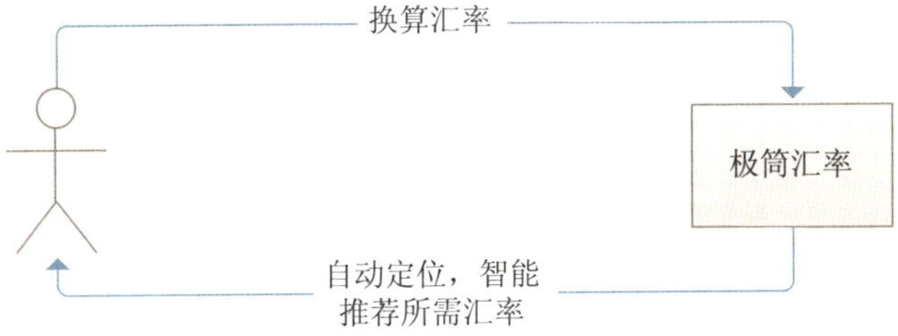

图8.2 极简汇率的产品逻辑与架构

不过，作为这样一款工具产品，前端业务逻辑的简单不意味着功能的单一，如何同步汇率的变化及找到用户需要的货币汇率等，仍然需要必要的功能支持。极简汇率的产品功能结构如图8.3所示。

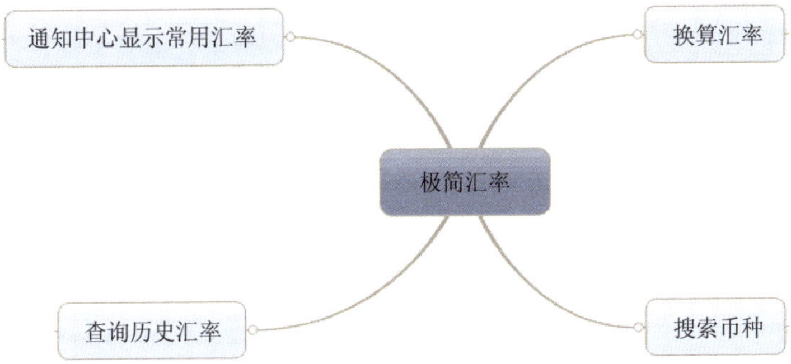

图8.3 极简汇率的产品功能结构

它上线以来在App Store中的整体评分如图8.4所示。

图8.4 极简汇率在App Store中的整体评分情况

作为一款简单、美观到极致的工具型产品，极简汇率在用户群体中，取得了不少好评。通过极简汇率的业务逻辑和功能图，我们也不难发现，这真的是一款极其简单的应用，为用户的流畅体验奠定了工具基础，这告诉我们：专注体验、专注用户需求，才是工具产品的正途，只要体验做足，即便不依靠任何运营手段依然可能取得体量上的成功。

8.1.2 产品发展历史大事件

极简汇率自诞生以来，经历了以下大事件。

- 2014年4月9日，极简汇率V1.0版本上线。
- 2014年4月26日，仅上线半个月便在App Store旅行类排名中冲到第16位。
- 2014年12月5日，再次冲到App Store旅行类排名中的第17位。

8.1.3 竞品简介

极简汇率主要有以下两种竞品。

- AnyRate-汇率换算：一款设计精美的汇率换算软件，设计风格简单，功能齐全。
- Imoney Air：一款极易上手且很实用的汇率换算软件。

8.2 发展历程

对于这样一款在业余时间研发，单纯追求简单、美观和恰好够用，没有做过任何运营手段和融资的应用，最大的事件也许就是它的诞生。

与此同时，我们看到，极简汇率增长曲线的每一次变化都与某些版本相关。这也是工具产品的特性，功能的增减直接影响了用户体验，进而导致口碑和传播速度的变化。

根据极简汇率从上线到2016年2月的历次迭代，我们整理出了如图8.5～图8.7的三张图。

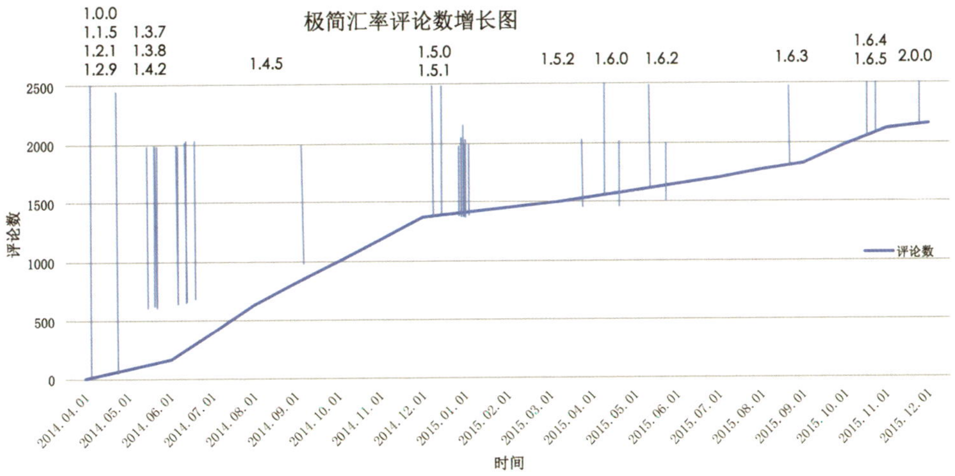

图8.5　极简汇率iOS版的用户评论增长曲线图

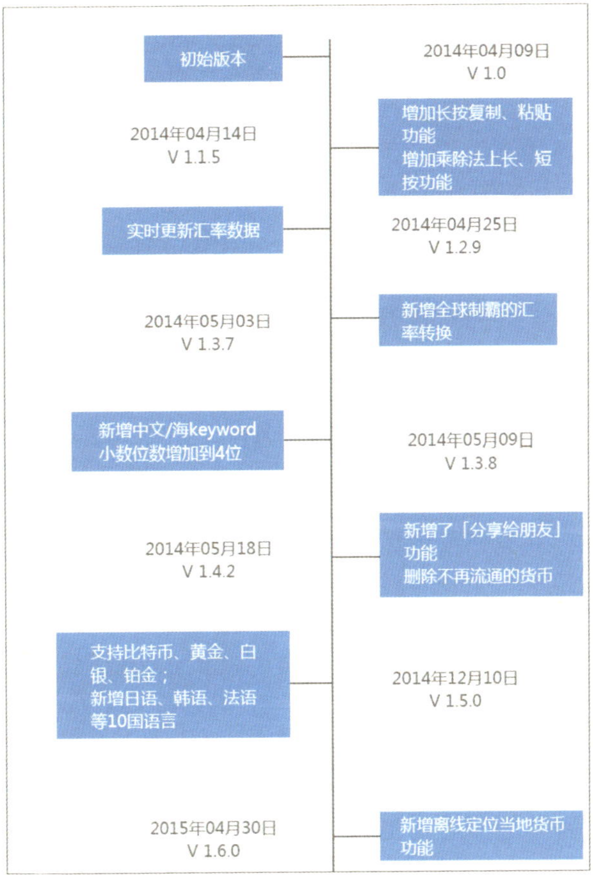

图8.6　极简汇率的产品迭代路径图

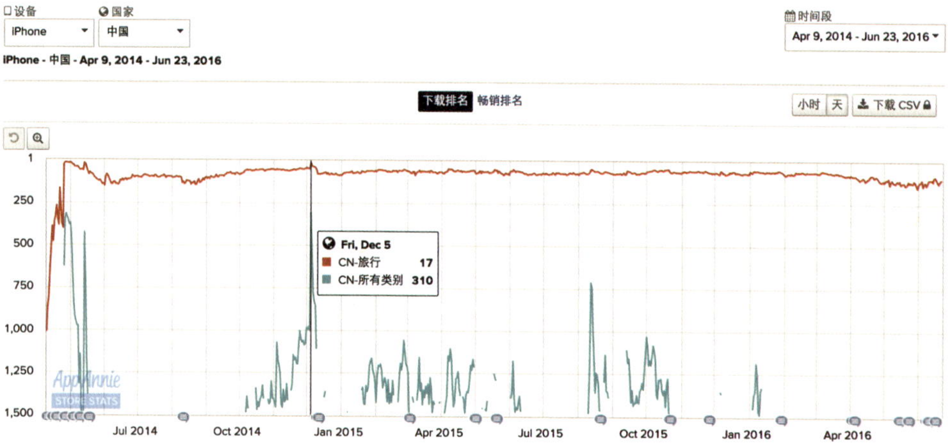

图8.7　极简汇率的历史排名变化图

「8.3　迭代分析」

极简汇率的用户量增长速度至今并未放缓，远远没有触及用户量的天花板。粗略地划分，目前极简汇率应该正处于快速发展期。

比起简单的阶段性划分，那些影响了它的用户量的重要版本其实更值得分析。

一款好的汇率换算产品，至少需要满足如下几个特性。

- 支持的货币要多。
- 货币多了，得好找（搜索、定位、收藏）。
- 汇率更新要及时。
- 操作简单、符合场景要求。

这些也正是极简汇率的迭代逻辑。

在极简汇率用户量的增长中，比较重要的版本阶段可以划分为如下三个，这也正是图8.5中几次拐点分割的范围。

（1）阶段一：V1.00～V1.4.2版本，2014年4月～2014年7月

在这一段时间里，密集的7次迭代占据了极简汇率到2016年4月为止总迭代次数的一半以上，在这些密集的迭代中，极简汇率建设了基本的功能结构：有了常见国

家的汇率；汇率可以实时更新；加减乘除同时用长按替代括号；满足了海淘的计算需求；可以将计算结果复制粘贴并发送给别人（比如淘宝代购店主）。这一系列功能完成了汇率换算的核心需求。

而随后带来的小爆发，无疑得益于“分享”功能的上线，给了基于口碑传播一个顺畅的路径。

（2）阶段二：V1.45～V1.6.3版本，2014年9月～2015年9月

这一时期持续了整整一年，在迭代速度放缓的同时，正如它的设计师所言：“还没有想好未来怎样发展”。任何产品，一旦其前期产品价值设计清楚，最早的功能设计便是水到渠成的。但此后，新的提升点必然伴随着为用户创造新的价值的过程。

在这个阶段，极简汇率值得一提的功能，只有搜索和定位——这两个功能减少了用户找到目标货币的成本，围绕核心体验做出了一些加分。

（3）阶段三：V1.6.4～V2.0.1版本，2015年10月～2016年2月

其实从V1.5.0版本支持黄金、白银、铂金开始，极简汇率就开始尝试扩展自己的用户价值。在V2.0版本中增加的历史汇率查询，更是明确地尝试将自己的目标用户从“旅行者、海淘者”逐步向“炒外汇、炒黄金”的用户扩张。

但是，笔者并不看好这样的扩张路径，所有炒黄金的软件及炒外汇的交易工具类软件，必然都提供对历史价格的查询功能。这些用户为什么会打开交易工具的同时，再打开一个工具呢？对于用户来说，这多此一举。而海淘者中有多少人会炒外汇？笔者并不知道具体数量，但直观感觉并不是很多。

在产品功能的扩展与转型中，更可行的道路是围绕已有的用户群体并满足其更多的需求。单纯地扩张群体，并不容易。

这里对极简汇率的整体发展历程做个总结。

- 从产品迭代来看，在产品上线早期快速迭代之后，极简汇率团队缓慢的迭代速度反映了这个团队在持续思考。无论这个思考的结果如何，简单、美观、流畅的体验在极简汇率这款产品上从未流失。这样不急不躁的专注，值得每一个创业者学习。
- 根据产品上线以后评论数量的增长和排名的变化，我们猜测目前极简汇率iOS版本的用户量可能已经超过500万，对于这样一款简单的工具来讲，已

经是一个不小的成绩了。

- 随着海淘市场的繁荣及中国经济发展带来的境外旅游市场规模的扩大，在未来一段时间内，极简汇率还会有持续的增长。不过，小众工具产品的瓶颈依然明显。如何扩充用户价值并带来下一阶段的提升，对于极简汇率来说，会是一个难题。

「8.4 总结」

当找到一个切实存在的需求，且能解决得足够好的时候，哪怕只是一款工具型产品，也是可以纯粹地凭借产品体验长大的。

极简汇率的纠结，则在于商业化和价值扩充的艰难。如果找不到进一步提升的道路，则被上游产品逐步切走场景便是它难以逃离的结局了。

这里，我们来做一些猜测。

- 对于海淘的人来说，计算价格是否可以链接比价，做成海淘领域的团购导航呢？
- 是否可以做海外资产管理、外汇理财呢？

让我们对极简汇率的未来拭目以待。

09 ▶ 优质的原创内容社区——简书

简书是一款很有格调的内容类产品。其简单、优雅的设计，给用户带来了前所未有的愉快感受，同时提供了富文本、Markdown及其他各种独特功能，使得分享和交流更加方便、快捷。

作为一款内容类App，简书荣获了2015年度ChinaBang最佳软件设计奖，并多次获得小米应用商店、豌豆荚、最美应用等官方推荐，在App Store的品类推荐榜单中被推荐多达18次。

「9.1 产品背景」

9.1.1 产品简介

简书是一款内容阅读类产品，它将写作与阅读整合在一起，致力于做最好的中文写作与阅读平台，集结最优秀的创作者与文字爱好者，在嘈杂、喧嚣的网络时代，重新沉淀并唤醒文字的力量，为写作者打造最优秀的写作软件，为阅读者打造最优雅的开放而友好的阅读社区。

简书有如下特点。

- 简单而优雅的设计给用户带来了前所未有的愉悦感。
- 提供富文本、Markdown及其他独特功能，使得分享和交流更加便捷。
- 拥有包罗万象的专题，使用户更容易发现自己喜爱的内容，并与同行交流。
- 荣获2015年 ChinaBang最佳软件设计奖，并多次获得小米应用商店、豌豆荚、最美应用等官方推荐。
- 在App Store品类推荐榜单中出现18次（截至2015年10月）。

它的主要功能有如下几点。

- 写作功能，提供富文本、Markdown等写作格式。
- 提供专题、杂文时政、小说诗歌、电影评论等信息给用户阅读。
- 实时关注作者及内容。
- 沟通、评论和分享文章。

它的功能结构如图9.1所示。

它的产品核心业务逻辑如图9.2所示。

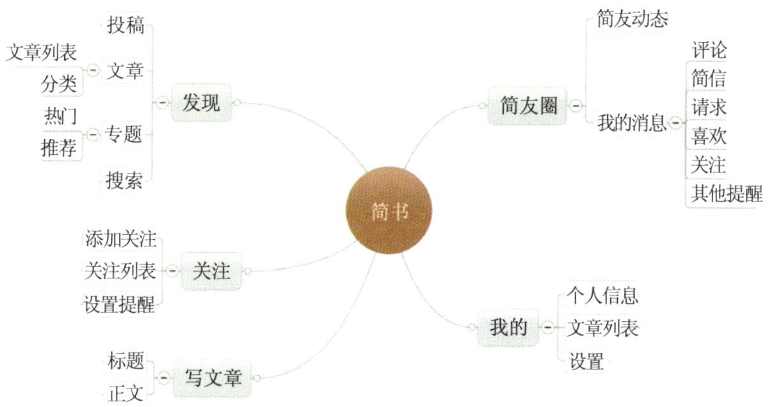

图9.1 简书的功能结构

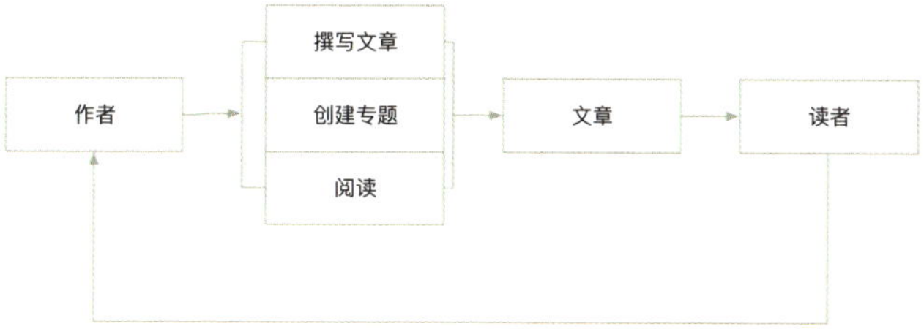

图9.2 简书的产品核心业务逻辑

简书的用户群如下。

- 爱好写作和喜欢自由浏览阅读的人。
- 以互联网从业者、文青和偏爱优质故事类内容的年轻人为主。

简书的使用场景如下。

- 通过文字记录下自己的思考、故事并想分享给其他人。
- 在各种碎片时间希望可以浏览到一些匹配自己的兴趣的优质内容并阅读。

简书所面对人群的需求为：即时笔记、沟通故事、写作交流。

简书的产品形态为：移动端App、Web网站。

在本章中，我们将梳理简书的版本迭代路径，对其整体版本迭代进行分析；了解简书的产品变化过程，对简书的运营方向进行分析；还原简书的发展路径，并反思简书在版本迭代中所遇到的问题及解决方法。

9.1.2 产品发展历史大事件

简书自诞生以来，经历了以下大事件。

- 2012年7月，简书的前身 MALESKINE诞生，这是一个基于Markdown 的笔记本。
- 2014年7月，获得500万元人民币天使投资。
- 2014年9月，将域名www.jianshu.io更换为www.jianshu.com。
- 2014年10月，简书App的Android版上线。
- 2015年2月，进一步确认产品定位，从“写作阅读平台”更新至“基于内容分享的友好社区”。
- 2015年3月，据非官方消息称，简书已完成A轮融资。
- 2015年10月，简书的用户量已超过百万。

9.1.3 竞品简介

目前，国内同类型的应用有LOFTER、豆瓣阅读、一刻等，但与简书相比还是存在差异，目前尚未对简书构成威胁。

- LOFTER侧重于分享和发现有相同兴趣的人，内容以图片为主，缺少纯文本；不适合深度创作和阅读，内容只是载体，依然偏向于社交。
- 豆瓣阅读侧重于书籍的写作和发售，类似于深度轻博客的写作内容则很少，这与简书有很大的不同。
- 一刻的内容则不及简书丰富，且无个人操作界面，无社交功能，也无法制作内容，只是一个单纯的内容聚合阅读平台。

9.2 发展历程

按照简书上线以来的发展历程，我们梳理出图9.3～图9.5。

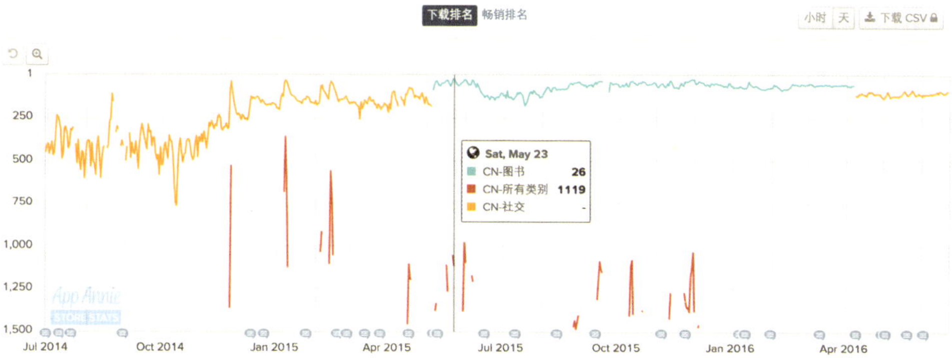

图9.3 简书在App Store中的历史排名（数据来自App Annie）

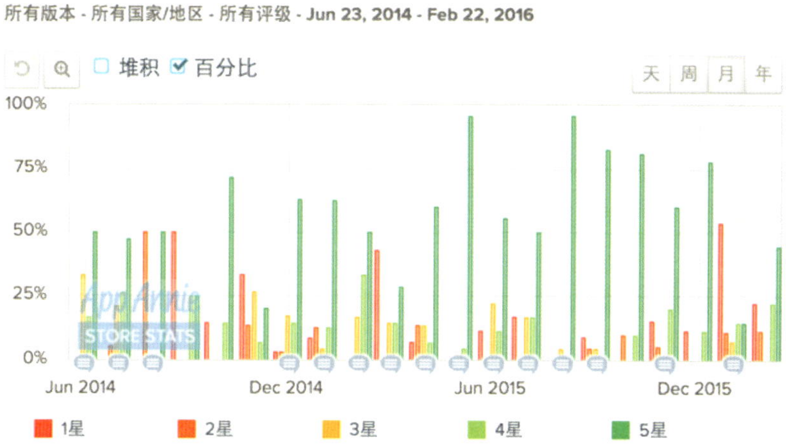

图9.4 简书在App Store中的用户历史评分

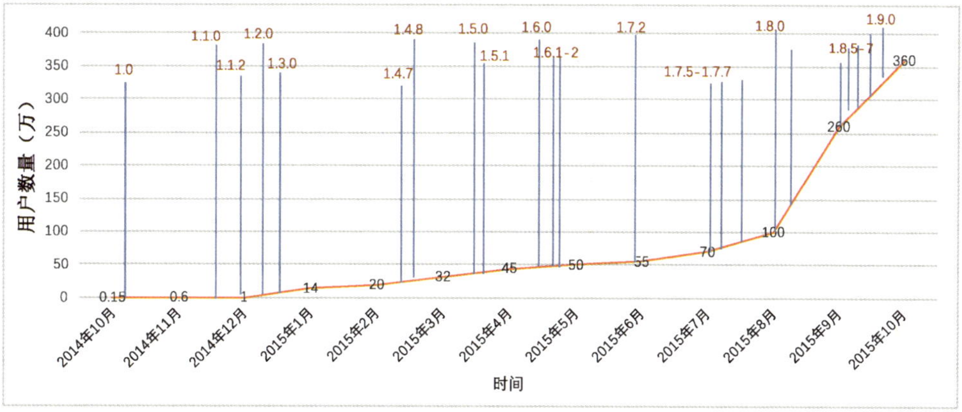

图9.5 简书在Android端的用户量增长曲线（数据来自于酷传）

根据图9.3～图9.5，我们把简书从诞生截至2015年10月的发展历程重点划分为以下三大阶段。

（1）第1阶段：探索期，2014年6月～2015年1月。

在这个阶段，简书的产品刚刚上线，还处于摸索状态，用户量增长极其缓慢。

（2）第2阶段：积淀期，2015年1月～2015年8月。

在这个阶段，简书的用户量增长开始有细微加速，但并未达到爆发的程度，还在持续积攒力量。

（3）第3阶段：加速增长期，2015年8月～2015年10月。

在这个阶段，简书的用户量增长骤然加速，在短短几个月内实现了较大的增长。

下面，我们将结合简书发展历程的三大阶段，对简书的发展情况进行解读。

9.3 迭代分析

9.3.1 第1阶段

1. 关键版本解读

简书V1.0版本的主要功能为内容浏览、用户订阅、点赞、评论等，其Slogan为“找回文字的力量”，从整体来看，V1.0版本应该是一个验证版本，如图9.6所示。在整个V1.0版本中，简书主要定位于做一款阅读工具，把简书作者们生产的优质内容输送到移动端供用户消费，其所展示的内容均为PGC产出。而简书在此前PC端上已有的用户和内容积累，使得简书App可以在上线之初相对不那么艰难地度过冷启动阶段，有很多可供用户消费的优质内容。想必也正是“已有积累在手”的心态，让简书团队在App上线后不着急去做拉新和刺激用户量增长，而是按部就班地进行自己的探索。截至2014年11月12日的V1.1版本发布时，简书App在豌豆荚的下载总量仅为1712次。

2. 用户评价

用户对于简书的V1.1～V1.3版本给予的评价还算中规中矩（见图9.7）。从评价的内容来看，好评主要集中在简书的“简洁”上，而差评则集中在一些细节体验和部分手机机型的适配上。

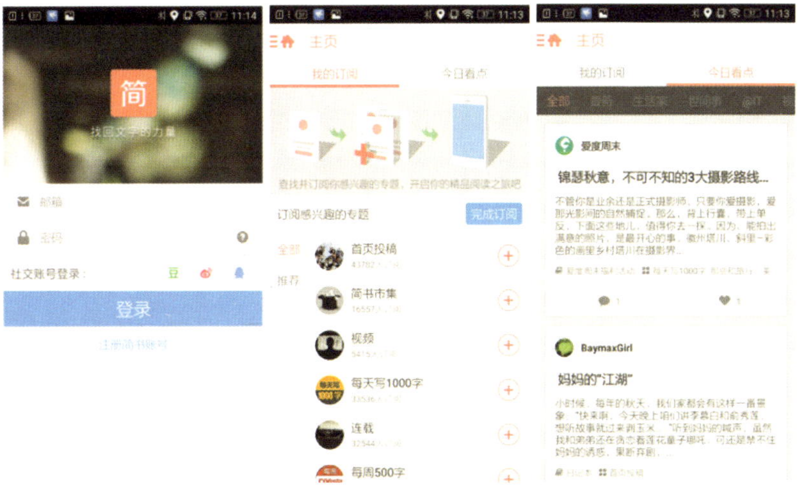

图9.6　简书V1.0版本的界面截图

★★★★★	阅读体验不错 作者： leeanz 希望能出个离线阅读模式	2014年8月28日	CN	1.0.4
★★	滑动不够流畅 作者： zablun 简书我下了删删了下很纠结，列表滑动在5s上确实有卡顿掉帧，不知是什么问题。就软件本身来讲还不错，可以尝试做64位优化	2014年8月18日	CN	1.0.3
★★★	网站好，app却做的不够用心 作者： 半杯茶 没有夜间模式（网页版都有），不能离线文章（safari都能）。说真的，使用体验真不如直接用safari上网页阅读。	2014年7月31日	CN	1.0.3
★★★	确实够简 作者： Buszhihy 简书的APP是我见过的最简单的应用，不，应该是简陋，侧边栏里就三个选项，设置里就一个退出登录，本来下APP是想在设备上写字的，结果没有这一项，只能在电脑上完成了，你们是想以此表达对＂低头族＂的不满么，想到这里我又把星级从两颗升为三颗了。	2014年7月26日	CN	1.0.3

图9.7　简书V1.X的用户评价详情

也可以看出，简书的早期用户其实对阅读和特定属性的内容消费有着更高的诉求，他们甚至会期待因为自己所处的环境不同，所得到的阅读体验也有一些差异（比如夜间需要有夜间模式，在阅读背景及色差等部分有不同的差异）。

3. 运营情况

这是简书App的起步阶段，在简书的运营上我们没有看到任何特别的动作，看起来早期的简书App只是在很低调地从PC端导入种子用户，并做好PC端的内容与移动端的内容的同步和组织（例如今日看点）。

4. 阶段综述

2014年10月，简书Android版App上线。

跟很多其他产品不同，在Android版App上线之前，简书在PC端已经有了一定的积累和用户量。其PC端的产品“简书网”在2013年上线之后，就吸引了一批优质的写作者，并产生和沉淀了一批优质内容。所以，简书的移动端产品应该是有其特定用户场景的，例如：写作者与用户和粉丝的交流、阅读者基于移动场景更加便捷地消费内容等。

在Android版App上线后的3个月内，简书通过连续几个版本的产品迭代，重点围绕移动端阅读体验的提升和优化，完成了第1波产品打磨和探索。

9.3.2　第2阶段

1. 关键版本解读

在V1.5版本中，简书在主页提升了热门文章的权重，弱化了今日看点，其主要用意是活跃社区的氛围，增强用户的参与感，变换文章的展示规则，提升用户整体的黏性（内容从官方推荐到对用户喜好程度的精准推荐，更加符合用户的心理预期）；提升文章内对作者的关注度，让用户与作者的互动性更强；优化文章的阅读体验；优化专题关注页的整体体验；增加搜索（属于用户体验提升类优化）功能，其中，最重要的更新是用户可以直接对文章进行评论，并且查看评论时不需要跳转至新的页面。如图9.8所示。

图9.8　简书V1.5版本的界面截图

2. 用户评价

在第2阶段，简书的App用户评分与第1阶段相比有了较为明显的上升，除了因为少量机型的兼容性问题而导致的差评，用户的评分普遍较高，如图9.9所示。而从V1.4.7版本上线到V1.5版本上线的一个月内，简书在App Store的细化分类排行榜中的排名上升了2000位，分类榜中的排名上升了40多位，可见在此期间的几次改版的效果不错，赢得了用户的认可。

图9.9　简书在第2阶段的用户评论详情

从用户的评论内容来看，简书在这一阶段中对产品体验的持续优化（如离线功能）和对内容运营的持续增强，赢得了大部分用户的肯定，初步形成了一个调性较为独特的内容社区。

3. 运营情况

在这一阶段，简书第1次在运营端做了一次较大的尝试——通过直接返现式的运营活动进行拉新。但从数据来看，这个活动的成效并不明显，我们尚未确定问题出在何处。

此外，在产品内部基于内容的组织和运营方面，简书也做了一些不同的尝试，如下所述。

- 一方面，尝试让更多的用户参与自己站内的生态塑造。比如，简书开始把“专题”这个机制开放给用户，允许用户创建和运营自己的专题。

- 另一方面，随着文章数量的增多，编辑无法查阅每篇文章，所以简书建立了一个用户向编辑自荐的通道（首页「今日看点」投稿专用）。

任何用户都可以向这个专题投稿并且给出处理意见，优质的内容会被推荐到首页。这个功能的上线极大地提高了编辑的效率，也给了所有用户一个自荐的通道，加速了简书App站内内容的流转、传播，并提高了用户消费的效率。

4. 阶段综述

在这一阶段中，简书进行了很多的尝试和探索，例如：加强社交关系的权重，尝试通过直接返现式的运营活动进行拉新，等等。

从用户评价来看，简书在这一阶段的产品体验臻于完善，也得到了大部分用户的认可。

但从用户量增长的情况来看，简书在这一阶段的增长并未有所突破，无论是改版后的产品、新增加的社交模块，或者是官方直接送出真金白银的运营活动，都未成为用户增长的核心驱动力。

9.3.3　第3阶段

1. 关键版本解读

简书在V1.8版本中的更新为：将之前的“今日看点”“热门文章”等直接聚合为“文章”，并将“TAB”改为“发现”，更符合简书现在的产品定位，并改变了整体的UI布局；合并了消息和简友圈；为了让用户生产更多的内容并且增强用户的活跃度，开放了用户生产内容的功能，由PGC完全转入UGC，并且没有内置编辑器。可能相对于简书的定位来说，编辑器阻碍了一部分用户对此功能的使用，但是普通的UGC不能保证优质内容的产出，而且后台审核工作量极大，容易造成内容混乱，进而导致用户流失；将“发现”按钮变更为“关注”；增加“简信”功能，由之前的弱社交向强社交进军。如图9.10所示。V1.8版本可以说是一个转折性的变化，应该说简书的整体策略在偏移。

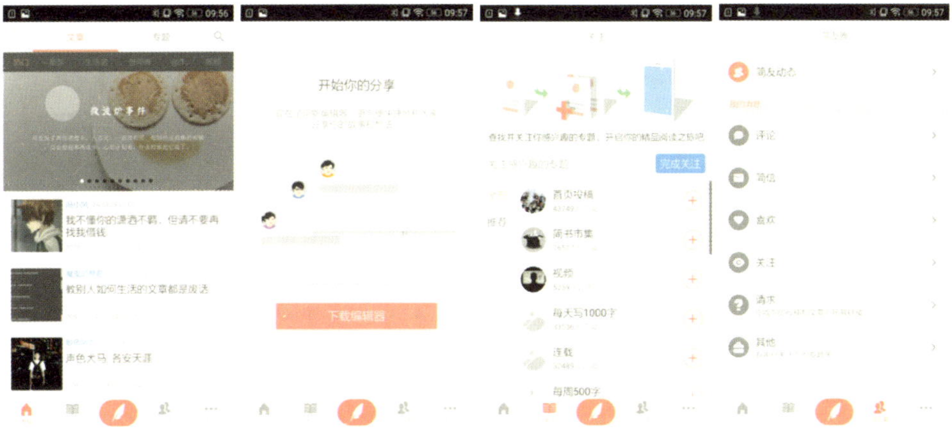

图9.10　简书V1.8版本的界面截图

从整体来看，V1.8版本不仅开放了自主写作功能，同时允许用户自己创建专题，允许用户直接关注作者，无须进入作者的个人中心进行关注；并且对专题文章进行了重新分类和布局，便于用户更直观地查看相应的内容；关注按钮颜色的变化，目的应该是增强用户的感知度，并且绿色容易让用户心安；增加了专题所属，强化文集。

从简书App来看，V1.8版本直接增加了写作功能，为什么简书要直接开放写作模块呢？原因如下。

- 简书在V1.5版本时，总榜排行在2000多位；而在半年之后，V1.8版本的总榜排行并没有发生太大的变化，分类榜单却提升了20多位。所以整体来说，在前面几个版本中新增的功能是有成效的，只不过成效并不明显。
- 根据下载量来看，截至2015年8月4日，整体的Android下载量达到了75万以上，与V1.5版本之前发展的半年相比，增长了3倍。这其中很重要的原因或许在于：简书的高质量内容的长期积淀，终于借由社交模块的引入而得到了一个小小的爆发点。

2. 用户评价

从这一阶段的用户评价来看（见图9.11），简书的内容及氛围已经相对成型，并且已经培育了一批忠实用户。用户评价趋于稳定，平均得分达到了历史最高分：4.7分。并且仅有的少量差评，大多与少量机型适配、更新后的账号的同步问题等细节体验有关，与产品的核心价值和核心体验无关。

★★★★★	**喜欢简书 作者： 秋水er** 趁着简书的文化气息还没有被大众稀释，喜欢现在的感觉和氛围，虽然对于简书自身来说，小众并非乐事	2015年10月18日	CN	2.9.2
★★★★★	**奢侈品批发 作者： +wei信 1377768256** ..高端大气，广州工厂仿各大奢侈品，包包，服装，表，皮带，鞋，支持退换，支持活到付款，招代理，看名字加微信	2015年10月17日	CN	2.9.2
★★★★★	**^_^ 作者： 雪妮5** 以前，看文章，可以说是没有给任何一篇文章评论过，但是，在这里我喜欢上了评论，大爱简书，丰富了知识	2015年10月16日	CN	2.9.2
★★★★★	**简约 作者： tashqi** rt，很少遇到这么单纯用来分享文字，纪录心情的软件了。诚然书本具有不可替代的魅力，简书给了我另一种纪录的方式	2015年10月14日	CN	2.9.2
★★★★☆	**内容有 作者： 这个人是很好的** 为何文章不发布个人中心写字的记录就为0呢？这点不科学，自己写写日记有个字数记录是很美的感觉	2015年10月14日	CN	2.9.2
★★★★★	**简书带给我们生活不一样的乐趣 作者： wx个g** 用了简书好几个月，感觉真的不错。能看到生活的一些趣事，世间生活的乐趣新闻。	2015年10月12日	CN	2.9.2
★☆☆☆☆	**你们也偷Xcode？ 作者： roudolfuoung** 下载一个官方Xcode这么难？	2015年9月23日	CN	2.9.2
★★★★★	**最懂你的往往是简书 作者： 神话放送中日两** 打开简书就会有一种很亲切的感觉，给人一种清新亮丽的感觉，内容的丰富度是你想象不到的，看你想看，学你想学，有专业的知识，有精彩的世间事，有七嘴八舌的评论，总有你喜欢看的文章。	2015年9月15日	CN	2.9.1
★☆☆☆☆	**更新后账号绑定没了 作者： Warvyvr** 更新了后 我之前绑定得账号都没了	2015年9月14日	CN	2.9.1
★★★★★	**特别喜欢，从下载那天开始 作者： 我是道彩虹** 偶然的看微博推荐这款软件于是乎下载了，发现真心不错，内容丰富，界面简洁，每次上面的文章看完后总有一种安逸的感觉 ID：我是小白马_茛豪	2015年9月14日	CN	2.9.1

图9.11　简书在第3阶段的用户评论详情

可以说，这一阶段的简书，真正具备了一款“优秀内容产品”的所有特质。

3. 运营情况

简书在该阶段第1次迎来了用户量增长上的小爆发点。

在下载量方面，在1个月内，简书的下载量增加了150多万。再结合图9.12可以看到，在此期间简书在其他应用市场的下载量都较为平稳，唯有在华为市场上出现了明显的增长。

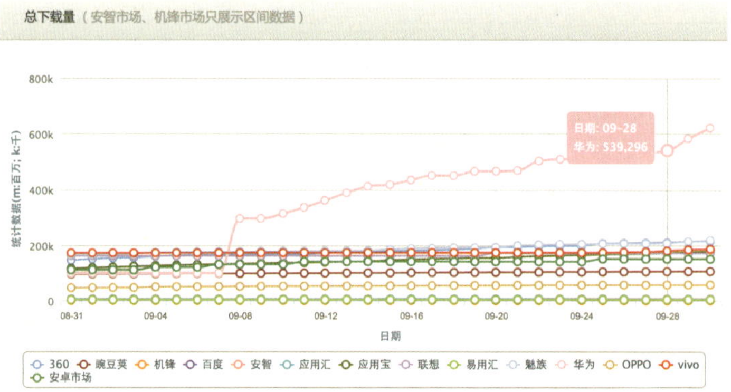

图9.12　简书在其他应用市场的下载量

仅从数据表现来判断，简书在这一阶段或许在华为市场上进行了针对性投放？而选择一个非主流应用市场进行投放，或许是为后续的大规模投放先进行一轮测试？

4. 阶段综述

在第3阶段，简书的用户量第1次出现了较为明显的增长趋势。但与此同时，我们并未在市场上查询到简书在此期间有较为明显的市场动作。

因此，我们猜测对于这一阶段的简书而言，存在两种可能性。

（1）简书长期积累下来的优质内容，与这一阶段得到了强化的用户关系链和社区属性产生了化学反应，迎来了一个小小的爆发点。

（2）简书在这一阶段可能在部分应用市场或其他垂直渠道做了针对性的推广和投放，目标可能是增加用户量，为新一轮的融资和运营做准备和铺垫。

9.4 总结

简书从2014年7月获得500万元人民币的天使融资，至今已有快两年了，在此期间，简书在Android端一直在进行小版本迭代，却未有明显的大版本迭代痕迹。而从iOS端总体的下载量来看，截至2015年10月，简书上线已有1年零4个多月，根据其10月31日的公开数据，简书的日活跃达到10万，注册用户量超过100万，可以说，简书的站内氛围已经非常活跃。但以一款内容类产品而言，100万的用户量级其实还很少，简书的下一步的动作和重点很可能需要放在推广和增长方面。

至少就目前看来，简书还没能完全找到自己成长路上的增长爆发点。

后续来看，简书面前的路可能有两条。

（1）通过用户量的增长，逐渐演变成一个较为大众化的内容社区（与知乎的轨迹相似）。

（2）变成一个高度垂直的小众内容社区，同时通过独特的社区氛围，尝试电商导流、付费阅读、内容出版、增值服务等各种变现方式。

无论如何，作为一个调性和氛围独特的内容类产品，简书是具备很高的识别度的，也是很容易让人喜欢的，我们希望简书可以安好！

10 中国农村互联网生活的缩影——快手App

快手App可被视作一款神一般存在的慢产品，低调奢华有内涵。其在用户量爆发增长期间，在产品推广上没有刻意地策划事件和活动，一直依靠短视频社区自身的用户和内容运营，聚焦于社区文化氛围的打造上，并依靠社区内容的自发传播，在对社区用户和内容的运营上也没有表现出特别的方法和手段。

然而，根据UEST MOBILE 2015年10月的调查数据，快手App在产品月度活跃用户数量和人均使用次数上都高于美拍，且三大主要短视频社区在App Store“摄影与录像”和“所有类别”的排名数据中，快手均领先美拍和秒拍这两大短视频社区。

快手的产品和运营发展之路，值得我们关注。

10.1 产品背景

10.1.1 产品简介

快手App是一个娱乐化的短视频社区，软件操作简单，可以十分方便地分享自己有趣的生活瞬间，也可以发现其他人的有趣生活。快手App自从2011年上线以来，历经4年多的发展，目前已拥有数千万用户，而且用户活跃度较高，发展态势良好。

快手App有如下特点。

- 它是一个基于GIF图制作工具发展起来的短视频社区，目前所有短视频的制作仍然是基于GIF图的。
- 它是一个有趣、搞笑、恶搞、接地气的短视频社区，用户记录和分享自己有趣、搞笑的生活瞬间，并发现其他人“逗逼”的生活。
- 它是一个神一般存在的慢产品，低调、奢华、有内涵。在用户爆发增长期间，在产品推广方面没有刻意地策划事件和活动，一直依靠社区自身的用户和内容运营。

快手App的主要功能界面如图10.1所示。

图10.1　快手App的主要功能界面

快手App的产品逻辑如图10.2所示。

快手App的产品架构如图10.3所示。

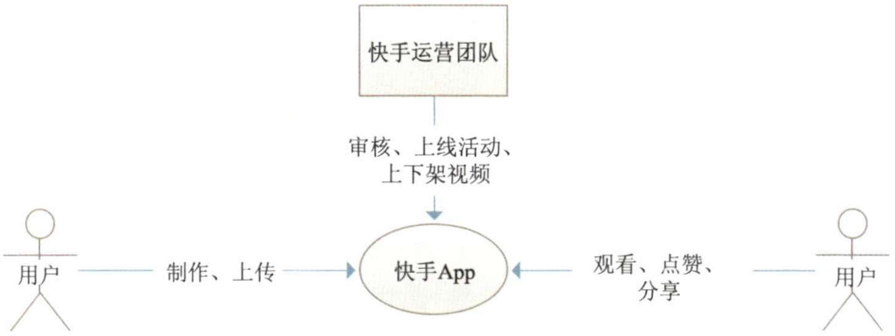

图10.2 快手App的产品逻辑

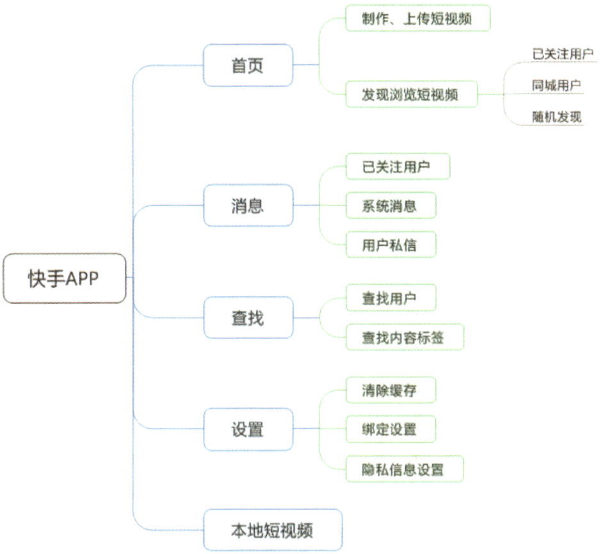

图10.3 快手App的产品架构

10.1.2 产品发展历史大事件

快手App自诞生以来经历了以下大事件（数据来源于比达咨询《2015年3月图片视频和GIF类App用户监测报告》）。

- 2011年10月，GIF快手发布。
- 2011年11月，北京一笑科技发展有限公司注册成立。
- 2012年4月，在A轮融资中获得晨光资本数百万美元的融资。
- 2015年1月，在B轮融资中获得晨兴资本和红杉资本数千万美元的融资。
- 2015年3月，在视频和GIF类App中，GIF快手App的运行次数荣居首位。

10.1.3 竞品简介

快手App的竞品主要是美拍、秒拍及小咖秀等。

- 美拍和秒拍的特色是走“高大上”路线的新潮短视频应用。
- 小咖秀是以对嘴型模仿为主的短视频应用。

根据UEST MOBILE 2015年10月的调查数据，快手App在产品月度活跃用户数量和人均使用次数上均高于美拍，其中快手App的人均月使用次数为50多次。如表10.1所示是2015年12月13日三大主要短视频社区在App Store中“摄影与录像”和“所有类别”的排名数据，快手App领先美拍和秒拍两大短视频社区。

表10.1 三大主要短视频社区的排名数据

产 品	摄影与录像	所 有 类 别
快手App	5	50
美拍	6	78
秒拍	8	101

「10.2 发展历程」

快手App自上线以来的相关数据可以参考图10.4～图10.6。

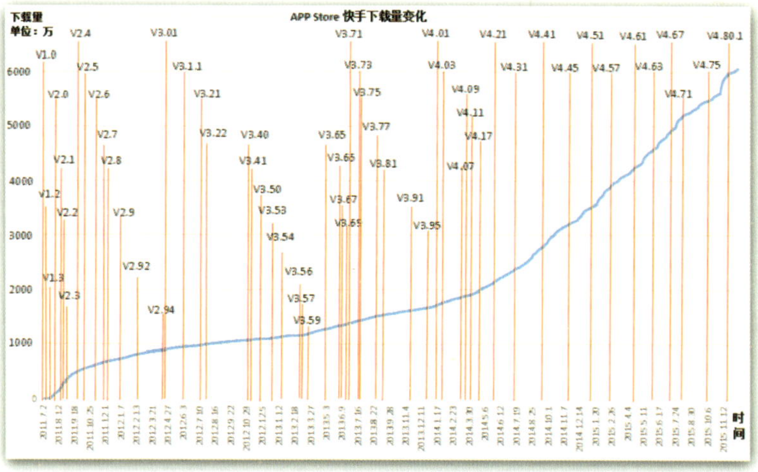

图10.4 快手App的App Store下载量及产品版本迭代路径

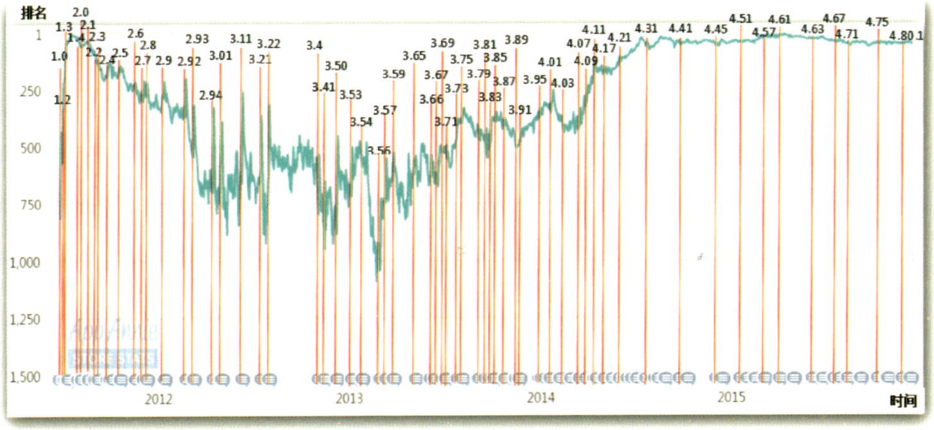

图10.5 快手App的App Store历史版本排名

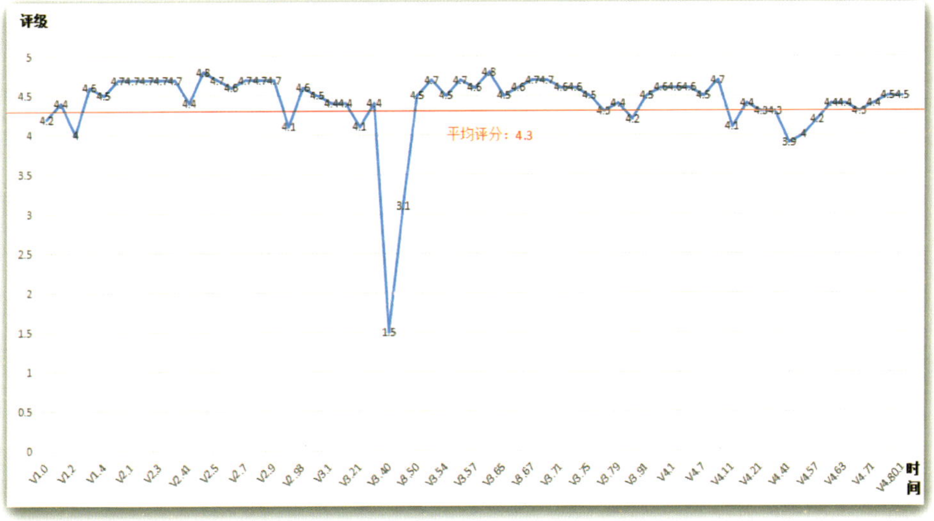

图10.6 快手App的App Store历史版本评分

根据图10.4～图10.6所呈现出来的信息，我们初步把快手App的发展历程划分为以下3个阶段。

（1）第1阶段：初始快速成长阶段，时间为2011年7月2日～2011年9月18日，版本为V1.0～V2.3。从图10.4中的曲线来看，该阶段的快手App发展和用户量增长速度都是非常迅速的。

（2）第2阶段：转型探索阶段，时间为2011年9月～2013年12月，版本为

V2.4～V3.95。在这长达两年的时间里，快手App进行了漫长而痛苦的探索，试图从单一的工具向社区转型。受困于在转型过程中遇到的各种问题，快手App在该阶段的用户量增长速度始终是比较缓慢的。

（3）第3阶段：二次成长阶段，时间为2014年1月～2015年11月，版本为V4.01～V4.80。快手App在该阶段顺利完成了转型，开始了新一轮的迅猛发展，用户量增长明显加速，相比之前两年的步履蹒跚，在这近两年的时间里，快手App的用户量增加了4倍以上，而且增长趋势未见放缓，后续仍有余力。

此外，从图10.6中我们也注意到，快手App的V3.4版本在2012年10月发布时，App Store评分曾一度出现了极大下滑，甚至跌落到只有1.5分的状态，这可以视为其在发展历程中遇到的一大波折。在下面的分析内容中，我们也会重点关注这个阶段。

10.3 产品发展历程分析

在下面的分析中，我们会按照以上对快手App的3个阶段的划分，结合快手App的产品和运营动态，对于快手App的成长进行解读。

10.3.1 第1阶段：初始快速成长期

1. 关键版本解读

快手App的诞生是伴随着微博、微信等社会化媒体（尤其是微博）的兴起而兴起的。作为一种动态图片格式，GIF图占用的存储容量极小，又经常可以做出各种令人捧腹的娱乐效果，是非常适合在微博、论坛等平台上分享的，但一直以来GIF图的制作成本高昂，需要通过专门的GIF制作软件来完成，而且各种效果实现起来比较麻烦。快手App正是在这样的背景下诞生的。

因为在定位上更加“接地气”，所以我们也可以看到，快手App的产品界面并不“高大上”，甚至有几分“山寨”，如图10.7所示。

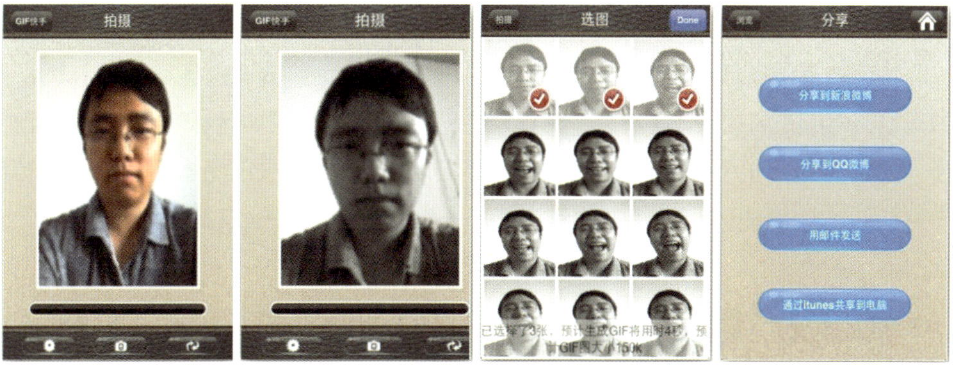

图10.7 快手App在第1阶段的界面截图

从上面的功能更新信息来看，在产品上线后的第1阶段，快手App的工具属性更强一些，产品功能的迭代几乎都围绕着如何使这款GIF图短视频制作工具更加易用、便捷、快速、顺畅来进行。提升用户制作GIF图的各种效果、提高GIF制作的速度和减少GIF图完成后的大小，是快手App在第1阶段的3个主要努力方向。

从图10.4的数据来看，快手App在该阶段的密集迭代和产品打磨取得了很好的成效，并得到了用户的认可。快手App在上线后的短短两个月内就取得了数百万下载量的成绩，成果喜人，可见GIF图的快速制作和分享是一个被压抑了多么久的需求。

2. 用户评价

早期的GIF快手App在GIF制作和GIF图上传等功能上的体验是不完善的，集中表现为在部分机型上存在Bug等，这也是早期快手App的V1.2、V1.3这两个修正版本频繁地进行快速发布和产品迭代的原因。

3. 运营情况

早期快手App在上线后的主要运营重心基本集中在新浪微博上。这也很容易理解：快手App这样的工具，本来就是为微博这样的社会化分享和传播场景服务的，但用快手App制作的GIF图在微博上的火爆传播，也会推动快手App的用户量增长。

可以看到，快手App拥有400多万粉丝的官方微博在早期曾发起话题“GIF快手App”，而且该运营活动取得了明显的成效。GIF图在微博上的传播推动了其用户量的迅速增长，而且这批热衷于制作各种搞笑GIF图的早期微博用户们，后来有相当一部分成为快手App社区的种子用户。

4. 阶段综述

快手App在早期的迅猛发展给我们的另一个反馈就是，对于这类离社会化媒体分享有着天然近距离的工具类产品，其早期的逻辑一定是产品的体验和需求的满足度重于一切。一个帮助用户生产社会化媒体分享素材的工具，只要产品体验足够好，确实是可能迅速火起来的。这样的故事其实在脸萌、足记等产品中也曾多次上演。

10.3.2 第2阶段：转型探索期

1. 关键版本解读

在该阶段，快手App在工具层面是得到了进一步加强的，其主要强化的点是：降低GIF图的分享成本，强化GIF图的制作功能。

快手App在保证GIF图的质量和清晰度的情况下，实现了GIF图上传流量的减少，在2012年甚至今天，在某种程度上手机流量都是用户的痛点。为了解决这个问题，快手App采取了以下措施。

- 在V3.01版本中将GIF图的大小改为原来的十分之一，让上传GIF图浪费流量成为过去式。
- 在V3.22版本中提高了画质，比上一版清晰但更小。
- 在V3.4版本中实现上传GIF图的流量仅为200KB，相当于两三张普通照片。
- 在V3.56版本中再次重写算法，在不影响清晰度的情况下，将图片大小缩小了一半。
- 在V3.66版本中优化视频的格式，使图片的清晰度更高，而GIF图并没有变大。

依靠以上一系列产品迭代和优化，快手App一步步地实现了GIF图制作的领导地位。但众所周知，工具的发展虽然轻快，但也极其容易被淘汰和替代，脸萌等工具类应用在一度火爆后的一蹶不振便是佐证。

所以，虽然经历了第1阶段的两个月的快速发展，快手App仍然是存在危机感的：如果只继续停留在工具层面上，则可能会很容易地被新的工具替代掉。我们推断，正是基于这样的思考和危机感，快手App进入了长达两年多的转型探索阶段。

而之所以选择社区作为快手App转型和探索的方向，也很好理解——毕竟作为工具的快手App更多地以微博、论坛等众多其他社区为应用场景，而各种趣味GIF图在微博、论坛的广泛传播和火爆也已经证明了：围绕着用户之间的娱乐、恶搞和趣味互动，GIF图是一种很好的载体。

但是，快手App的社区转型之路并不顺利，相反，如同每一个希望转型到社区的工具类产品一样，它的转型之路走得很艰难。

2011年10月前后，快手App上线“火热 GIFShow”功能，这可以视为其转型社区的第1步和铺垫。在之后的近半年内，快手App一方面继续通过V2.X版本继续加强自己的工具属性和产品体验；另一方面则在“火热 GIFShow”这个板块中投入了较多的运营力量。

但社区的运营难度毕竟是很大的，加上此前快手App的绝大多数用户早已习惯把快手App当作一个好用的工具来看待，所以历经半年运营后的“火热 GIFShow”表现平平，其人气并不高，排名靠前的几个视频的平均转发和评论数量均不到10个。

即便如此，快手App转型社区的决心依然坚定。在2012年5月发布了V3.01版本后，又经过5个月，快手App终于在V3.4版本中实现了强制转型，在毫无征兆的情况下首次开始把“社区”作为自己产品的主要功能来对待。我们可以从图10.8和图10.9中看到这两个版本的巨大差异。

图10.8　快手App V3.01版本的界面截图

图10.9　快手App V3.4版本的界面截图

而就像我们之前提到过的，V3.4版本是目前为止快手App历史上评分最低的版本。从用户评价和反馈来看，快手App的此次转型是十分生硬和粗暴的，甚至没有给用户任何前兆，由此导致恶评如潮，且集中在对快手App从工具转型社区的吐槽上。我们推测，快手App或许是带着一种近似破釜沉舟的决心来推动此次转型的。而快手App在V3.4版本发布前后的用户量增长速度到目前为止最为缓慢。从工具转型社区的挑战和困难，由此可见一斑。快手App在此后的7～8个月内迭代频繁，连续发布了十多个产品版本，结合运营对于其社区进行全力调整和优化，并最终取得了成效。

2. 用户评价

该阶段的用户评价，可以分为3个小阶段来看待。

第1个小阶段为V2.4～V3.3版本发布期间，快手App通过不断优化和打磨自己的工具的易用性和体验，赢得了用户的广泛认同。

从图10.10来看，第1个小阶段中各版本的评分都高于总评分的平均值，绝大多数用户对于该阶段的快手App持正面评价态度，觉得快手App简单、好用、好玩；少数用户持负面批评态度，主要是因为在使用快手App时出现闪退及不满意新版本后期的GIF图编辑效果。

图10.10　第1个小阶段的快手App在App Store中的用户历史评分

而从运营层面来看，快手App在该阶段经过媒体曝光后的App Store排名急速上升。

第2个小阶段就是快手App V3.4版本发布。从该阶段的用户历史评价来看，V3.4版本的用户评分达到历史最低，如图10.11所示只有1.5分，远远低于所有评价的平均分4.3分。

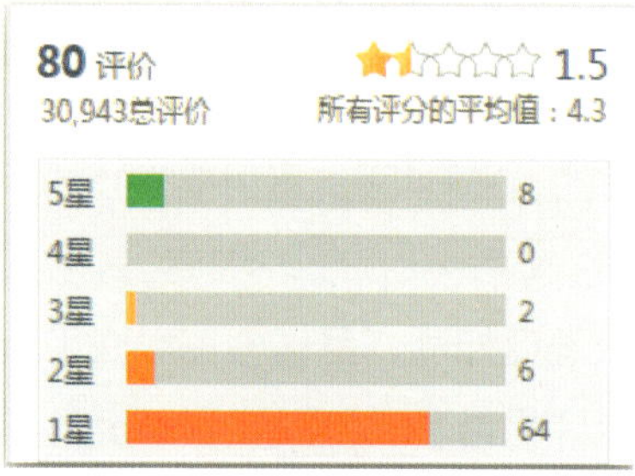

图10.11　第2个小阶段的快手App在App Store中的用户历史评分

从用户评论来看，差评主要围绕以下两点。

- 快手App在部分机型上存在闪退现象。
- 用户对于V3.4版本由工具转型社区的不适应。

这也是快手App在发展历史上最艰难的时期，一个App瞬间经历平均评分4.7分到1.5分的转变，不夸张地讲，假如应对不当，这将是事关存亡的。还好，快手App团队的应对是足够迅速的，这也让他们迎来了第3小个阶段，如下所述。

在V3.40之后，快手App又迅速发布了V3.41、V3.5、V3.53、V3.54这4个产品版本，而其努力也是显著的，从图10.12中可以看到，仅仅在V3.5版本发布后，快手App的评分就已经从1.5分提升到3.1分，而又经历了一个月的打磨，在V3.54版本发布后，其产品评分已经提升到正常水平之上的4.5分，产品发展重回正轨，之后的V3.*X*的每个版本的产品评分几乎都回到了平均分之上。

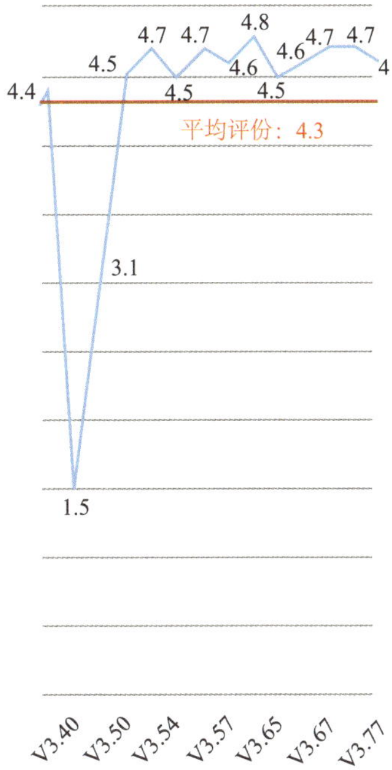

图10.12　第3个小阶段的快手App在App Store中的用户历史评分

3. 阶段综述

在不断的版本迭代中，快手App社区逐步成熟，用户活跃度有了显著提升。根据我们的观察，快手App主要从以下3个方面促成了社区的发展和活跃。

（1）确定社区运营的策略：低门槛、重内容、轻达人。快手App社区中所有人的作品有同样的几率曝光，社区没有小编，任何明星都不会得到快手App官方的特殊关照。热门图片采用“喜欢”数量的排序方式，分享的内容获得越多用户的喜欢，看到分享的用户就越多，保证图片好玩就可以上热门。

（2）改善社区中GIF图的浏览体验，毕竟GIF的浏览体验是GIF社区活跃度的基础。

（3）社区增加社交功能及强化互动体验，增强用户在社区内的黏性和活跃度。

从图10.13可以看出，V3.56版本增加的支持分享到朋友圈的功能加速了快手App的用户量增长；在V3.67版本中增加GIF图的声音功能后，快手App在App Store中的排名变化没有以前那么频繁，在快手App下载量增长率保持不变的情况下，这从某种程度上说明了快手App的用户活跃度在提高。

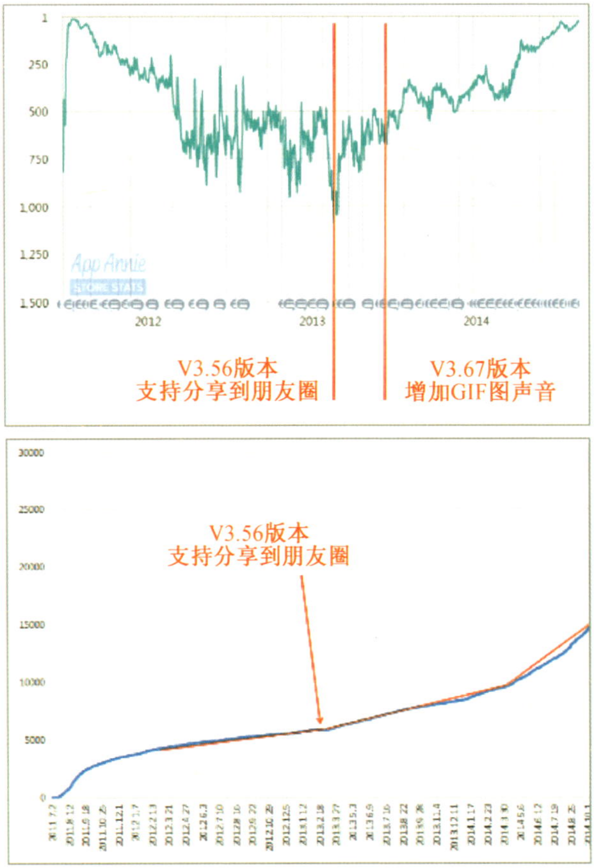

图10.13　快手App的App Store历史排名和历史下载量

10.3.3 第3阶段：二次成长期

1. 关键版本解读

经过V3.*X*版本中工具转型社区的阵痛，快手App社区终于被培育成熟，快手App的发展在该阶段重回正轨，用户量的增长速度开始被重新拉升。

在该阶段，快手App在不停地修复版本的问题并优化系统的性能，除了一些新增的功能，各个版本的迭代并无功能上的变化，但用户量得到了增长的爆发点。我们把产品功能和快手App下载量的变化曲线做了更为细致的对比，如图10.14所示，在快手App的V4.11版本上线QQ分享功能后，其增长曲线开始被显著拉升，可以推测，当快手App所制作的内容在任何一个社交平台开始得到传播时，都推动了其用户量的迅速增长。

图10.14 快手App的下载量

2. 用户评价

如图10.15所示，该阶段的用户平均评分为4.2分，低于整体评分4.3分。从低分用户评价（见图10.16）来看，社区用户的内容接地气的氛围朝着低俗方向发展。如何使得好社区的氛围接地气且不低俗，成为社区内容运营首要考虑的问题，这关乎短视频社区的存亡。

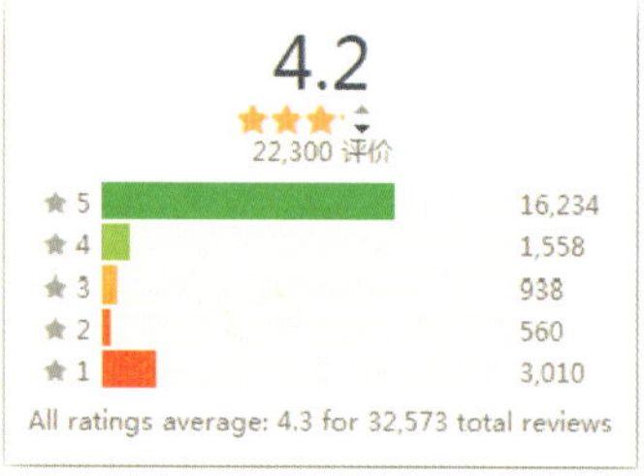

图10.15　快手App在第3阶段的App Store用户历史评分

★★★★★	**快手 八一兄 作者： 特种战士卫国亡** 玩快手已经快一年了，刚开始真的是一款很不错的软件，集聚搞笑、八卦等等很有趣的视频，慢慢成了生活的一部分，后来更新几次后，发现，那些低俗、涉黄、敏感的视频热门上随处铺满，可恶的喷子也到处是，希望官方能整改，趁我们还未卸载之前	2014年10月18日	CN	4.41
★★☆☆☆	**负能量太多，喷子骂人的人实在太多了 作者： 娆不是绕** 软件可以，但有的人素质实在太差！！有的资料都写了就是下载来专门骂人的，这也骂那也骂，实在看不下去了	2015年12月13日	CN	4.80.1
★☆☆☆☆	**垃圾软件 作者： 我自踏梦成歌i** 真是一款垃圾肮脏恶心的软件 什么都有什么都让传 色情的？真是无底线、无道德、卖肉的垃圾	2015年12月10日	CN	4.80.1

图10.16　快手App在第3阶段的用户评论详情

3. 阶段综述

在该阶段，快手App的社区开始趋于成熟，并具备了某种自增长的能力，其驱动力主要来源于“GIF+声音”的短视频工具和接地气的短视频社区，其中功能和性能优秀的短视频制作工具是社区发展的基础，优质的社区UGC能够起到传播、导流的作用，良好的社区氛围能够保证新用户的留存。

如图10.17所示，快手App的排名在该阶段重新回到了靠前的位置，而且从此以后持续保持在靠前位置，未有较大的波动。

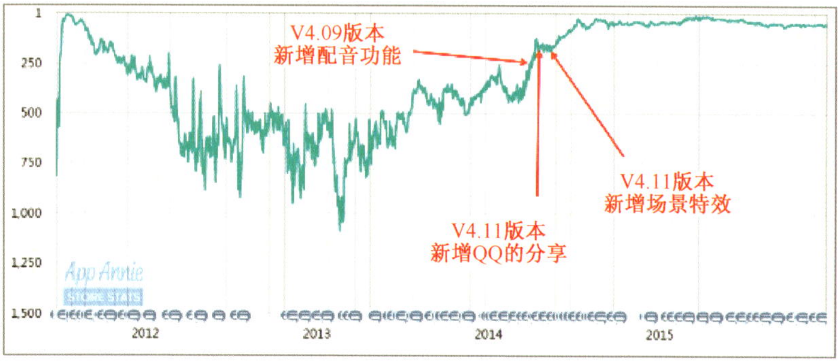

图10.17　快手App在App Store中的历史排名

10.4　总结

从整个发展过程来看，与美拍和秒拍短视频相比，快手App之所以能在众多的短视频App中突围，主要原因或许在于以下几点。

（1）与视频相比，GIF图的制作和传播成本更低，用户也更容易参与，这是快手App的一大优势。

（2）先发优势。早在2011年短视频发展时机不具备的时候，快手App实质上已经开始沉淀其短视频用户，并首先开始依靠社区驱动产品发展，美拍则是在2014年才发布其第1个版本的。

（3）定位上的差异化。就像我们之前所说的，与美拍、秒拍等着力于牵手明星、大V不同，快手App是一个更加“屌丝”和接地气、充满了“恶搞”“逗比”“杀马特”“乡村非主流”等次文化元素的短视频社区。

（4）与其他几个产品较强的工具属性相比，快手App真正做出了社区的感觉。目前在其热门板块中随处可见拥有几十万次播放、上万次“双击”点赞及上千条评论的火爆短视频，内容多以“演段子”“晒自拍”“秀才艺”为主。

可以说，到目前为止，坐拥数千万用户而且定位与其他竞争对手有显著差异的快手App，已经在短视频领域里站稳了自己的脚跟，而且从用户量增长情况来看，其增长曲线仍未见放缓，未来还将会有一段时间的快速发展，然后慢慢进入产品的全面成熟期。

我们预计在未来的产品迭代中，快手App会在进一步提升其社区活跃度和用户体验的情况下，开始进行商业化探索。

而快手App将会遇到的一个新的挑战，或许就是整个短视频行业迄今为止还未出现成熟的商业模式，广告、企业定制、增值服务等多种方式都有可能成为未来的盈利手段，但都未成熟，需要快手App付出更多的时间和努力去走出一条全新的变现之路。

11 职场八卦聚集地——脉脉

脉脉是一款真正的职业社交软件，区别于其他所有招聘产品，通过引入匿名模式有效地提升了用户的黏性，并还原了职场八卦的生活场景。脉脉在模式的探索、运营的发力和用户量的增长方面都有非常惹人注目的地方。

「11.1 产品背景」

11.1.1 产品简介

从LinkedIn开始，BSNS（Business Social Networking Service）的概念开始在中国盛行。事实上，BSNS的中国化产品层出不穷，从早期的若邻、天际到后来的大街网，都属于这类产品，但它们都没有成为中国的LinkedIn。究其原因，除了对中国的职场社交（商务社交）理解得不够深刻，其产品功能也不够性感，产品的使用场景也不够高频。

脉脉则不一样，它发迹于微博，很快便形成了自己的社交关系，同时通过职场八卦这样一个高频功能，让产品超越了招聘、求职这样的主题。这看起来是BSNS的一小步，但对脉脉来说是一大步。

脉脉很好地解决了一个问题：用户因为要找工作而安装了App，但因为找到了工作而卸载了App。在人脉这个主题上，脉脉超越了招聘求职，通过职场八卦拉升了用户的黏性。我们认为脉脉是这几年在职场社交领域凸显出来的一款“性感”的产品。

在不“性感”的招聘市场里，智联和前程无忧已经瓜分了接近54%的市场份额（见图11.1），且还有猎聘网、拉勾网、Boss直聘这样的新兴招聘网站也在崛起。

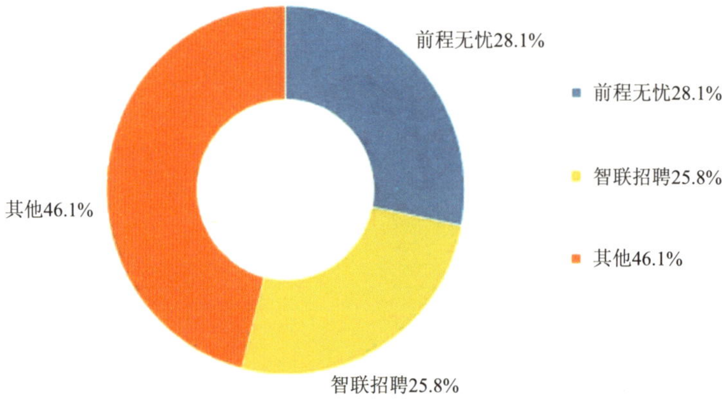

图11.1　2015年第4季度中国互联网招聘市场份额

看起来一个较为稳定的招聘行业格局已经形成，脉脉如果进入这个领域，则其压力可想而知。脉脉如果把自己定位成中国的LinkedIn，则会有不一样的感觉。

脉脉的产品页面如图11.2所示。

图11.2　脉脉的产品页面

脉脉的核心业务逻辑不是很复杂，就是两种动态发布和浏览及各种服务的发布与购买，其核心业务逻辑如图11.3所示。

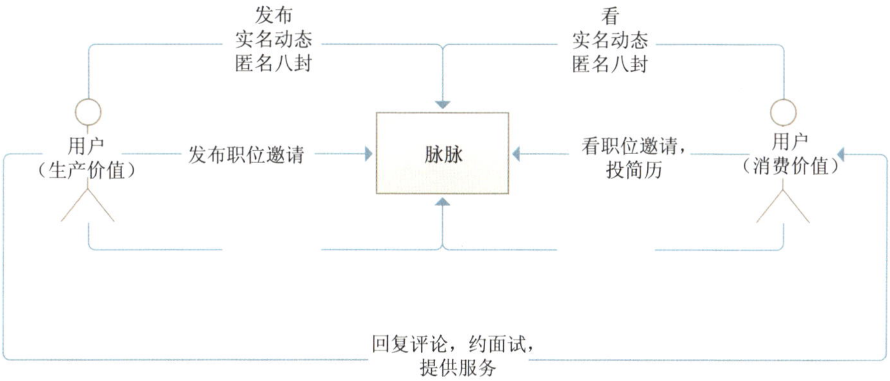

图11.3　脉脉的核心业务逻辑

其产品功能结构如图11.4所示。

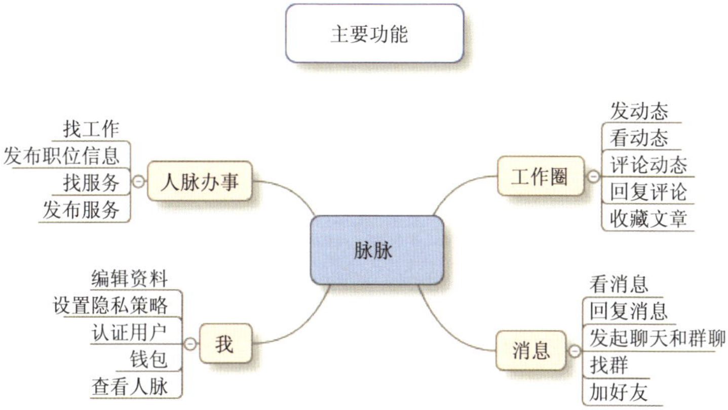

图11.4　脉脉的产品功能结构

11.1.2 产品发展历史大事件

脉脉在早期一直被当作中国版的LinkedIn，但是后来完全隐去了LinkedIn的阴影。以下就是脉脉在发展历史上的一些大事件（资料来源于IT桔子及网络）。

- 2013年10月，发布App，获得晨兴创投500万美元的A轮融资。
- 2014年7月，注册用户量达到80万。
- 2014年8月，获得晨兴创投2000万美元的B轮融资，估值1亿美元；宣布关闭新浪微博注册。
- 2014年10月，推出PC版，用户量达120万，日活用户为15万左右，已经形成超过400亿个的好友关系和两亿人的名片数据库。
- 2015年1月，宣布启动商业化，推出咨询付费服务。
- 2015年3月，投入6000万元人民币在楼宇、电梯、地铁等地方投入平面广告，当月用户量突破293万，日活44万。
- 2015年4月8日，注册用户突破500万，日活68万。
- 2015年10月，发布V4.0版本，首推找人办事。

11.1.3 竞品分析

在互联网招聘行业中，脉脉有以下典型的竞品。

- 拉勾网：互联网垂直领域的招聘网站，在近几年来几乎每年的招聘季中都是竞争的主角。
- Boss直聘：直接对接互联网公司Boss的招聘工具，省去了招聘中的很多环节。
- 赤兔：号称最懂中国职场社交的产品。
- LinkedIn：全球最大的职业社交网站。

「11.2 发展历程」

根据脉脉自2013年10月上线以来的相关信息，我们梳理出图11.5～图11.7（资料来源于酷传和App Annie）。

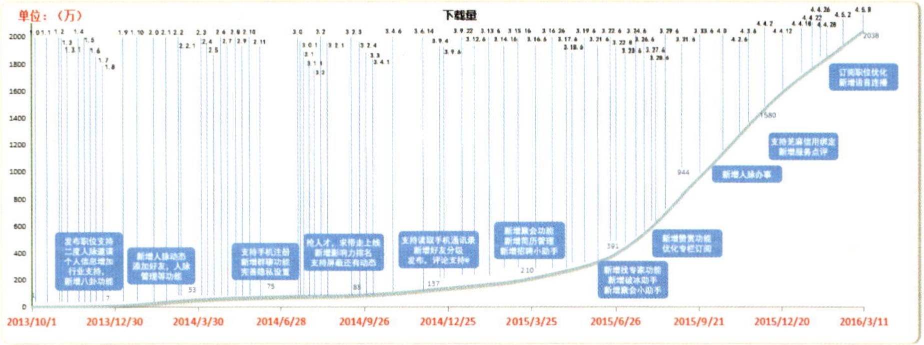

图11.5　脉脉在Android端的下载量增长曲线及App产品版本迭代路径

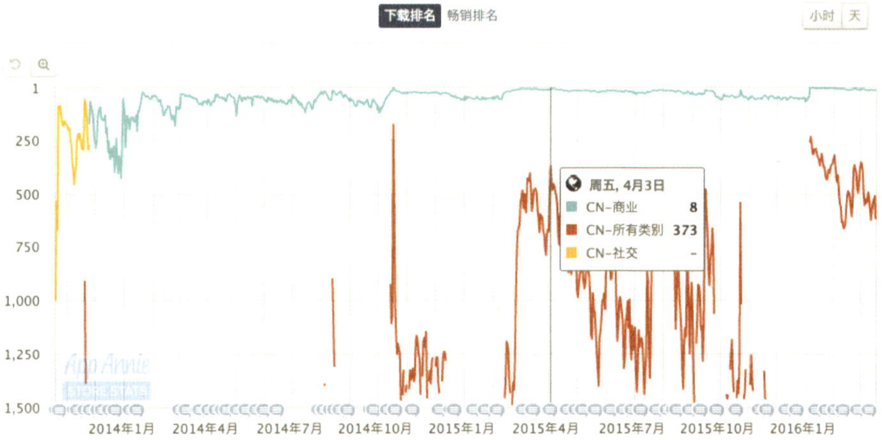

图11.6　脉脉在App Store商业类别中的产品排名变化曲线

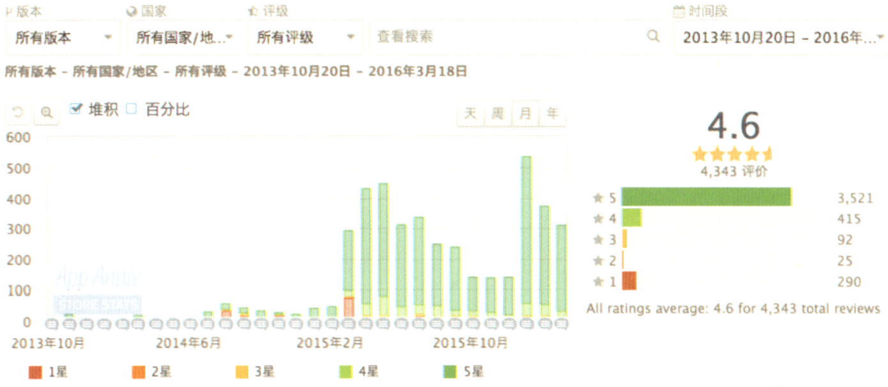

图11.7　脉脉在App Store中的总体评分情况

从图11.5我们可以看出，脉脉在2015年2月之前的用户量增长并不明显，更多地处于一个探索期，从2015年2月在该年招聘季开始之前就投入大量的广告，进入一个全面拉新的阶段，用户量开始有指数级的增长，而这样的增长仍在继续。脉脉在2015年10月发布V4.0版本，首推找人办事，更突出“找工作”“找人才”“找投资”“聚会活动”“找外包”“创业服务”“媒介采购”等模块的版式，领域覆盖求职、招聘、投资、乙方供应商、广告投放等，并开始了全面的商业化探索。所以我们将脉脉分为以下阶段来分析。

- 第1阶段：2013年10月～2015年2月，产品的探索期，主要是对自己的产品逻辑进行快速迭代和试错。
- 第2阶段：2015年2月～2015年10月，运营全面发力，进入高速增长期，实现指数级的增长。
- 第3阶段：2015年10月至今，在实现高速增长的同时全面开始探索商业化变现。

11.3　迭代分析

11.3.1　第1阶段：快速迭代和试错，打磨产品，探索产品逻辑

从2013年12月上线到2014年6月，脉脉都在有条不紊地进行着产品的迭代和打

磨，完成了对于职场社交类产品的基本形态探索，并收获了以BAT为主的一批高质量用户。

1. 关键版本解读

脉脉作为一个招聘工具，用户通过微博登录来发现朋友的朋友，通过关系网找工作或者招聘，而且可以以匿名的方式聊职场八卦，通过匿名用户可以在这里说一些平时职场上不好说的话，解决了在职场上不能进行吐槽工作的相关痛点。

作为一个职场社交产品，脉脉被认定为中国版的LinkedIn，其一开始的定位就不是招聘工具，而是职场社交工具。脉脉基于二度人脉关系的推荐机制引入了微博社交网站上的关系，通过后台算法自动推荐人脉。在职场上摸爬滚打了一段时间的人可能会碰到这样3个痛点：想跳槽，但是自己不知道哪里靠谱，希望有熟人介绍；想和某公司谈合作但是不认识该公司的人；工作上难免有烦心事想吐槽但没人听。基于这3个痛点，脉脉有了人脉拓展、职场招聘、职场八卦3个功能，相对来说职场八卦的需求比较高频，所以，脉脉在一开始就不仅仅是一款招聘工具。

2014年的招聘季是脉脉发布的第1个招聘季，脉脉在这个招聘季来临之前发布的V2.0版本（见图11.8）主打“人脉动态”功能，开始尝试做职场社交。做职场社交将面临两个挑战：一是冷启动期的用户量；二是维系用户的活跃度。

图11.8　脉脉V2.0版本的界面截图

对于脉脉来说，冷启动期的用户量由于之前已经有一定的积累，所以相对来说问题不大，而维系用户的活跃度是一个很难的问题，这个时期的LinkedIn类的国内职场社交很少有能处理好这个问题的，优仕、天际和大街网在这一方面都做得不太理想。其主要原因还是产品设计架构上的问题，仅仅靠招聘这个低频的需求来打造相对高频的职场社交难度很大。脉脉有一个职场八卦功能，而用户对这个功能的需求相对要高频很多，通过这个来做职场社交相对来说要容易，据林凡透露，脉脉最活跃的区域也是职场八卦。这时的脉脉已经有可以成为中国版LinkedIn的可能，并且拥有了30万用户。工具类产品要靠渠道来获得爆发性的增长，而社交类产品要靠口碑，而脉脉目前的爆发点好像不太明显。就连林凡自己也坦言："现在，我们确实还没有在产品运营商中找到一个爆点，所以，用户量并没有出现爆发式的增长。"

2. 用户评价

如图11.9～图11.10所示，在这段时间内用户对脉脉的正面评价比较多：一方面，匿名八卦满足了职场人士的一大痛点；另一方面，有很多人用脉脉找到了工作。作为一个招聘工具，脉脉是合格的；作为一个职场社交产品，脉脉的口碑正在慢慢积累，因为在这里几乎没有用户看不到的职场八卦，BAT的哪个高管离职了、各个等级的薪资是多少、各大企业的内幕等都有可能在这里看到。脉脉是用户了解职场潜规则的好去处，当然，脉脉这种基于二度人脉和算法推荐的做法也引起了一些人的争议。

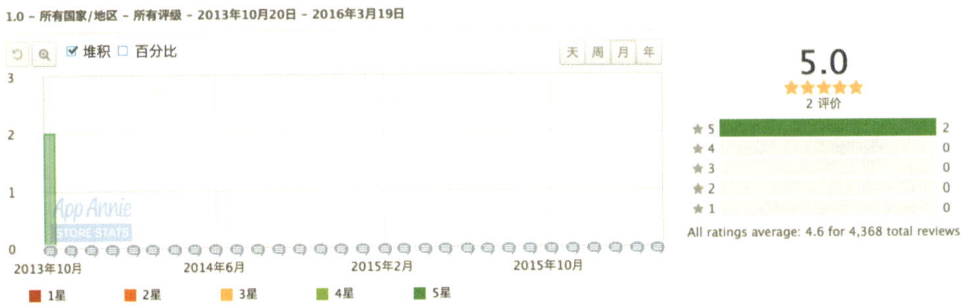

图11.9　脉脉的V1.0版本在App Store中的用户评分截图

★★★★★	**我在这里是桑飞虹，桑飞虹是谁** 作者：**桑飞虹** 好多内幕啊这里，赞	2013年10月23日	CN	1.1
★☆☆☆☆	**流氓app** 作者：**zhuzhx** 读取用户通信录等个人信息，看看服务协议，可免费使用大家隐私于商业目的。	2014年8月26日	CN	3.2.0
★★☆☆☆	**一天只能加三好友，靠你能拓展多少人脉？圈钱的玩意** 作者：**Kimiqqws** 一天只能加三好友，靠你能拓展多少人脉？圈钱的玩意	2015年3月12日	CN	3.14.16

图11.10　脉脉在第1阶段的用户评论详情（资料来源于App Annie）

3. 运营情况

脉脉的定位为“工作版微信”，作为一个职场社交产品，脉脉在V2.0版本中对自己的产品架构布局完成以后，由于并没有找到一个运营的爆点，所以并没有在这个时候做大的运营动作，即使在2014年8月融资以后，脉脉也没有因为有钱而开始任性。当然，这不代表脉脉在这段时间内没有进行运营，对于脉脉在V2.0、V3.0大版本中的更新，互联网媒体都做了相应的报道，而且脉脉在B轮融资以后与新浪微博终止了合作。

脉脉在用户运营方面的重点运营人群为BAT的员工，鼓励这些用户创造内容，其中的活跃用户的占比为40%。

4. 阶段综述

脉脉在这个阶段完成了从强工具到社交产品的转变，并开始试水商业化，为以后全面的商业化做了一定的铺垫。拿到B轮2000万美元的融资也是资本市场对其认可的表现。

11.3.2 第2阶段：精准的广告运营，用户量实现指数级增长

在2015年2月，求职季即将来临，这是招聘类产品必须争取的节点，脉脉通过精准的广告运营让用户量迎来了指数级的增长。

1. 关键版本解读

这一阶段的脉脉除了精准的广告运营，其实已经逐步在产品功能中由弱关系社交慢慢向强关系社交迈进。用户量高速增长的脉脉增加的聚会功能，就是把志同道合的朋友的朋友聚集到一个更小、更定制化的圈子里，并且开始通过聚会尝试一些线下环节。除此之外，脉脉强化了找工作和招人的核心功能，找投资这一功能则是脉脉在做一些商业化尝试，其影响力排行榜更是鼓励用户生产内容并提升用户活跃度的有效方法，也可以通过该功能来对用户进行区分，满足用户刷存在感的心理，方便以后针对不同的用户做出不同的运营策略，此时在百度上出现了大量的在脉脉中提升影响力的攻略。其界面截图如图11.11所示。

图11.11 脉脉V3.15版本的界面截图

2. 用户评价

如图11.12所示（资料来源于App Annie），脉脉对用户的影响越来越大，已经有不少用户在这里建立了新的社交圈子。脉脉的好评如潮，它在职场上起到的作用越来越大。它在做好招聘的同时做职场社交，不像很多其他招聘工具靠“撕逼大战”来赚取用户的眼球和刷存在感。

★★★★★	**脉脉** 作者：**jhonsonhe** 好用、实用、痛点需求抓得好、点赞	2015年6月2日	CN	3.19.6
★★★★★	**脉脉做的东西在交流之外有更多的思想** 作者：**樱花艳遇** 脉脉做的东西在交流之外有更多的东西	2015年6月20日	CN	3.21.6
★★★★★	**好用** 作者：**彭桂花** 朋友推荐使用；的确能找到不少职场人脉；至于对个人的影响，还要看个人对其的开发和利用了。	2015年6月26日	CN	3.22.6

图11.12 脉脉在第2阶段的用户评论详情

3. 运营情况

2015年的招聘季刚刚开始，正好又处于职场社交的爆发临界点，所以脉脉在这段时间狂砸6000万元人民币做平面广告。脉脉此次投放的广告密度非常大，覆盖了北京、上海、广州、深圳、杭州的主要办公楼、小区的分众视频广告和框架广告、主要电影院的贴片广告，以及北京、上海的主要地铁线路的车门和拉手广告。基本上，职场人士在上下班乘坐地铁的途中、等电梯的空当、乘电梯和周末看电影时，都会被脉脉广告“洗脑”。在短短两个月内脉脉就宣布自己的注册用户量突破500万（到2015年4月），与国内其他竞争者迅速拉开距离，并且通过这一轮广告树立了自己的品牌。

4. 阶段综述

这一阶段的脉脉可以说集结了天时、地利、人和，把钱用在了刀刃上，使自己的品牌度迅速提升，并且用户量开始有指数级的增长。

11.3.3　第3阶段 在高速增长的同时全面开始商业化

1. 关键版本解读

脉脉V4.0版本在推出人脉办事服务后，紧接着推出了各种各样的商业化变现尝试，如图11.13所示。除了之前的招聘内容，还推出了2C（to C，对C端个人用户）服务，其中包括“职业发展”“找单身”“同行服务”等；推出的2B（to B，对B端商务或者企业用户）服务有“企业级服务”“创业投资”“法律咨询”等，真正彰显了自己的野心：做工作版的微信。笔者认为脉脉对商业化的更多尝试是有必要的，不过最终可能还会聚焦到脉脉的核心竞争力如招聘及企业咨询顾问等业务上，而相亲这样的服务应该会慢慢弱化。

图11.13　脉脉V4.0版本的界面截图

2. 用户评价

如图11.14所示（资料来源于App Annie），用户对脉脉在这一阶段的评论并没有太大的变化，脉脉的商业化并没有引起用户的反感，这和脉脉自身在商业化中2C的业务属于C2C的模式分不开，它并不直接向接受服务的C端用户收费。

★★★★★	不错 作者： Tammeny 活跃度很好	2015年12月19日	CN	4.4.2
★★★★★	支持脉脉 作者： 墨TISSOT 脉脉不错 确实能很好的把自己身边的资源整合	2016年3月19日	CN	4.5.8
★★★★★	用了两年了，结实很多圈内朋友，赞一个。 作者： 航母大雷 用了两年了，结实很多圈内朋友，赞一个。	2016年1月31日	CN	4.4.22

图11.14　脉脉在第3阶段的用户评论详情

3. 运营情况

脉脉在这一阶段的运营重点主要放在了对一些大V、大咖用户的运营上，推出了类似于在行（一款可以通过付费约见业内的大牛为自己解惑的App）的服务功能，引来一大批高质量的在业界有影响力的用户加入，这些人通过售卖自己的咨询服务来赚钱，购买服务的用户通过付费解决自己的困惑等，但是由于中国网民还不太习惯这种付费咨询服务，所以成单效果并不理想，但还是引来了一大批有影响力的用户加入。

4. 阶段综述

脉脉在这一阶段开启了全面的商业化之旅，虽然动作多而杂，但是多一个探索也是可行的。可见一个产品的商业化探索要比做拉新留存难得多。

11.4　总结

作为一个职场社交产品，脉脉通过匿名八卦很好地解决了用户留存和活跃度的问题，并且能精准地找到职场社交的爆发点，在B轮融资已经过去很久的情况下还能拿出6000万元人民币做广告推广，以及到现在的全面的商业化变现。不得不说，脉脉有很多值得我们学习的地方，笔者总结为以下几点。

- 充分了解用户，结合用户的需求和场景打造适合职场人社交的模式。
- 以高频带低频，匿名八卦为高频领域，招聘和找人办事为低频领域，通过这一模式来解决用户活跃度的提升问题。
- 在拿到B轮融资后就开始尝试商业化变现，并且之后再无融资。早早地探索商业化，可以更快地脱离对资本市场的依赖，以达到专心做产品的目的。

12 有格调的交友社区——网易花田

网易花田在大婚恋网站、大平台的夹缝中找到了很窄的用户群，并努力完善和迭代，其用户量不一定很大，但其用户体验和用户口碑是值得我们研究的。大树底下并非寸草不生，反而能诞生非常艳丽的花朵。

12.1 产品背景

12.1.1 产品简介

婚恋是中国互联网几乎最早成型的领域之一，世纪佳缘、百合网、珍爱网等国内婚恋网站早已确立了自己的行业地位，世纪佳缘成立于2003年并于2011年成功登陆纳斯达克；百合网、珍爱网均在2005年上线；同样作为后起之秀的有缘网，在2007年上线时，明确地选择了一个与世纪佳缘、百合网拉开明显差异化的群体——农民与打工者；于2012年年末才开始公测的网易花田是绝对的后来者，比起世纪佳缘的成立时间，几乎晚了十年，它没有选择差异化的群体，切入的仍然是都市白领的正面战场。

作为这样进入正面战场的后来者，网易花田在上线至今的3年多里，却保持了稳定的增长，建立了良好的口碑，成为高质量婚恋交友的代表产品之一。

网易花田的主要功能界面如图12.1所示。

图12.1　网易花田的主要功能界面

网易花田是定位于高端（高收入、高学历等）用户的主流婚恋交友平台。主流婚恋网站的盈利模式来自于“对交流的阻断”，用户不花钱，便不能在网站发私信，也就不能与对方顺畅地交流。网易花田则免费让用户发私信进行交流，收费功能大多在推荐、匹配方面；除了其商业模式，在解决用户的需求方面，与其他竞品并没有什么差别。

其主要使用场景如下。

- 用户：高收入、高学历单身用户。

- 需求：相亲。
- 要解决的痛点：用户在生活中接触异性太少；在生活中接触到的异性与用户自身不匹配；与异性搭讪、攀谈、排遣寂寞，等等。

它的产品逻辑如图12.2所示。

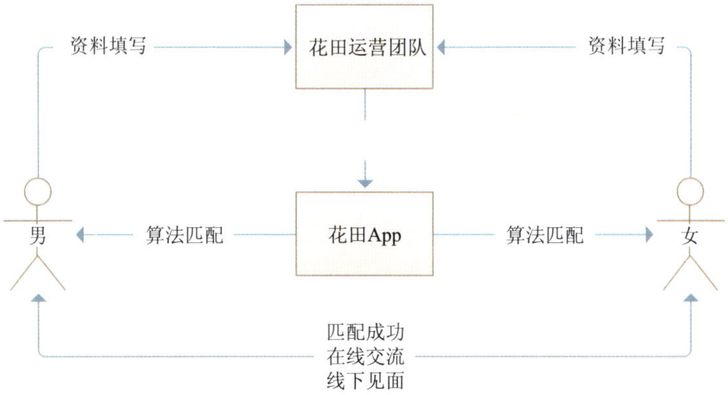

图12.2 网易花田的产品逻辑

它的产品功能结构如图12.3所示。

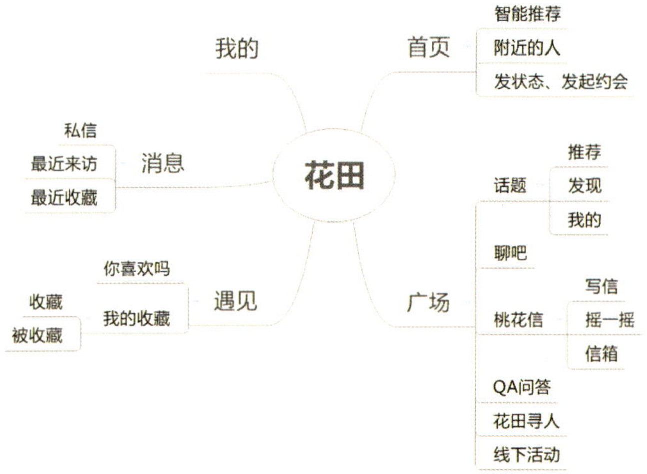

图12.3 网易花田的产品功能结构

12.1.2 产品发展历史大事件

网易花田自诞生以来，经历了以下大事件。

- 2013年7月，注册用户数突破100万，其中50%以上来自于北上广，56%为本科以上学历，月收入6000元以上的人数占到一半以上。
- 2013年8月，在北京地铁1、2号线及国贸站投放户外广告，历时1个月。
- 2013年11月，上线商业化运营的相关功能。
- 2014年4月，注册用户突破550万。
- 2015年5月20日，联合22家App推出520“放胆爱”活动，可在网易花田主站进行话题留言，可进行微博互动及挑战微信游戏，还可获得网易花田的“告白大礼包”。
- 2015年5月25日，注册用户首次突破千万。
- 2015年8月，接入芝麻信用，会员可以授权开通并展示芝麻信用分；联合多家App举办“京籍百人相亲会——寻爱记”“花田有约，情动七夕”“花田影聚”“#七夕来偶遇#”等一系列大型线下脱单活动。

12.1.3 竞品简介

网易花田主要有世纪佳缘、百合网、珍爱网和有缘网这4个竞品。

- 世纪佳缘的用户主体是高校研究生和都市白领， 主要婚介方式为：用户设置理想对象的条件，由网站后台进行检索、匹配。不过检索和匹配到并不意味着能联系，只有付费才能解除通信阻隔。通信阻隔和线下活动服务收费是世纪佳缘最主要的盈利方式。
- 百合网瞄准的同样是高学历用户，在搜索的基础上，婚介模式增加了基于星座等话题的匹配功能，获得了不少女性用户的好感。其盈利模式与世纪佳缘类似。
- 珍爱网的用户群体更加聚焦一些，倾向于服务工作繁忙的白领用户，用户群体的平均学历也比较高。针对用户工作繁忙的特点，珍爱网推出人工电话红娘服务，盈利模式更侧重于会员费用。

- 有缘网的用户群体以大众草根群体为主，典型代表是农民和打工族，用户年龄以19~28岁为主，盈利模式为会员费和增值服务费。

12.2　发展历程

婚恋与二手物品的业务逻辑类似：拥有足够数量的男女性用户，这样用户才有更大的概率找到彼此中意的对象。所以，只要用户之间的选择、匹配没有问题，则伴随着用户基数的增长，用户量的增长速度常常会越来越快。

而在产品逻辑上需要解决的核心功能则是这样的一个闭环：展示“我”是怎样的人→提出“我”的交友要求→在推荐、广场等中发现合适的对象→开启交谈→线下约见。

对于交友网站来说，不一定每个用户都知道如何展示自己，大多数人并不清楚如何描述自己对对方性格和相貌的要求（“温婉可人”或者“温柔帅气”太笼统了，人们对对方脸型的喜好也不一样），这又直接影响了匹配的准确率；如何匹配、推荐，才能让用户与被推荐给用户的人互相看得上；见到陌生异性，如何开启话题、说什么。这些问题可能会难住不少害羞的用户，所以平台还需要创造话题，协助破冰。

看似简单的闭环，其中的每一步都影响了产品的核心体验。这也是网易花田迭代的核心逻辑。

网易花田的用户增长曲线及产品版本迭代路径如图12.4所示。

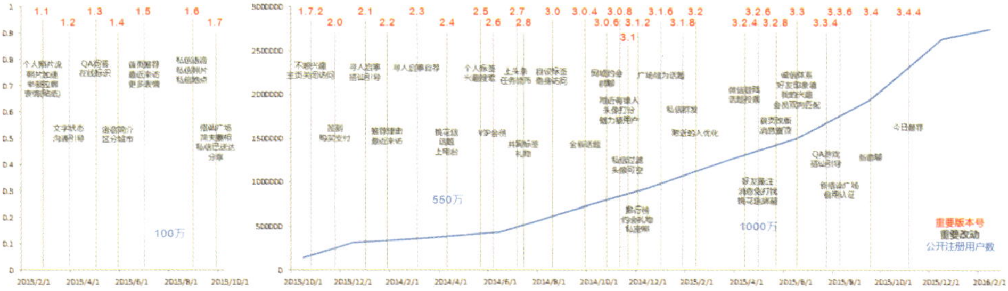

图12.4　网易花田的用户增长曲线及产品版本迭代路径图（数据来自酷传，2013年10月前的数据为空，所以只等比例标注版本的更新信息）

网易花田在App Store中的社会类别历史排名如图12.5~图12.6所示。

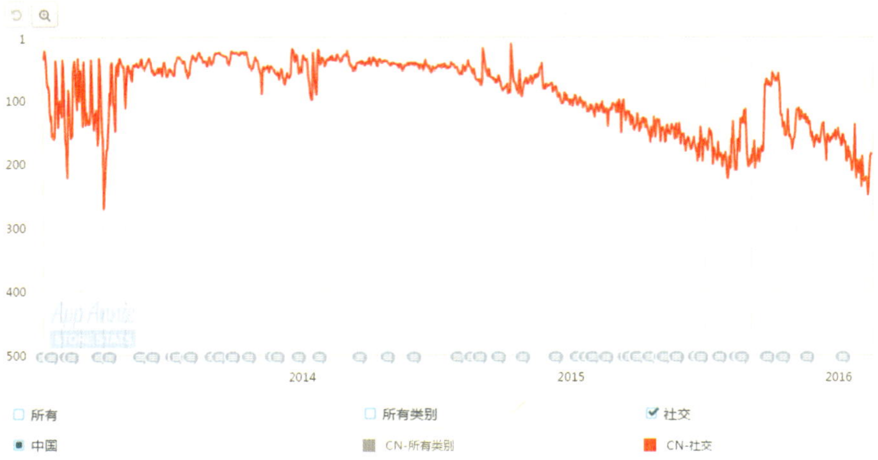

图12.5　网易花田在App Store中的社交类别历史排名

网易花田的App Store历史版本评分如图12.6所示。

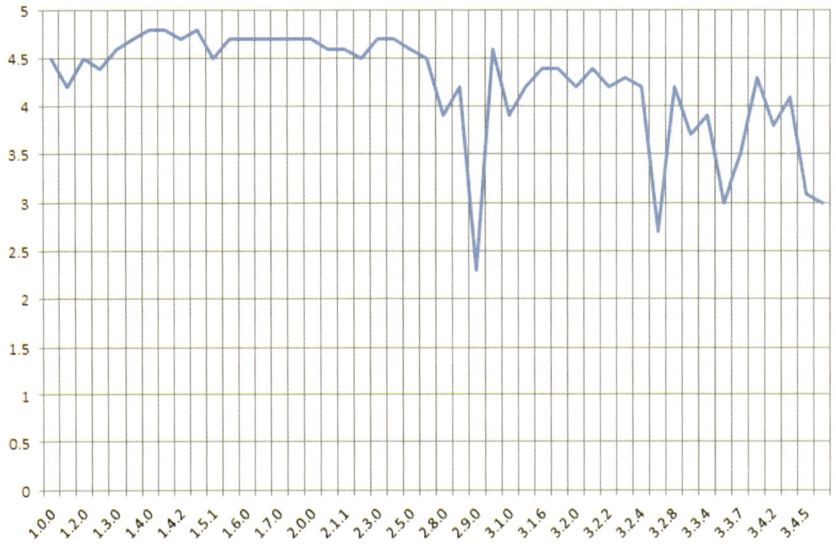

图12.6　网易花田的App Store历史版本评分

「12.3　迭代分析」

根据以上提供的信息，我们将网易花田的成长历程划分为以下三个阶段。

（1）第1阶段：为基础探索阶段，版本为V1.0 ~ V1.7.2，建设基础业务闭环。

（2）第2阶段：为商业化实现阶段，版本为V2.0 ~ V2.8.2，进行搭讪引导与商业化探索，全面商业化运营。

（3）第3阶段：为增长阶段，从V3.0.0版本发布至今，探索大用户量下的运营与产品策略，扩大用户接触范围并净化信息流。

下面对这3个阶段的关键版本、用户评价、运营情况展开分析。

12.3.1　第1阶段：基础探索阶段

1. 关键版本解读

在该阶段，网易花田的主要产品功能变化如图12.7所示。

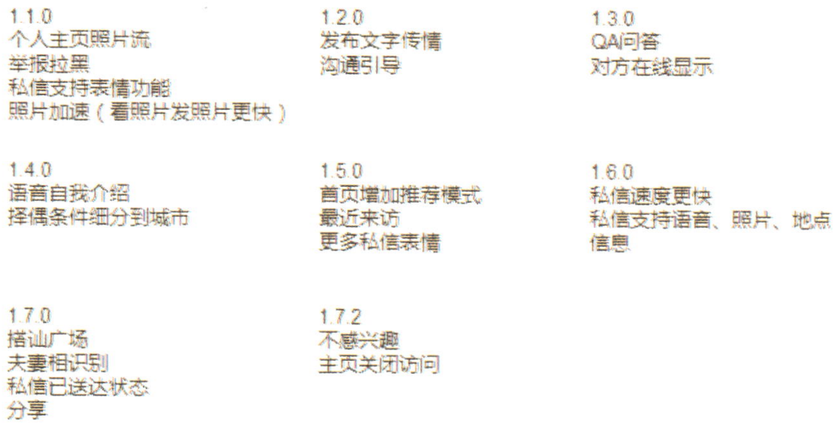

图12.7　网易花田的主要产品功能变化

在该阶段，网易花田主要完善了婚恋交友方面的基本功能，包括自我展示功能和基本的用户筛选、私信等相关功能。在自我展示方面强调照片展示及浏览体验，增加更适合移动端的语音自我介绍，重点上线并推广了QA问答功能，用户可以通过对既有问题的回答来完成对自己的深度个性化展示。其中，QA问答的方式与百合网的“心理测试”“星座交友”类似，在获取推荐所需要的信息时，降低了用户完善信息的心理成本。在此基础上，通过“在线标识”“智能推荐”“最近来访”“不感兴趣”等功能帮助用户更高效地寻找心仪的对象。

值得一提的是，在该阶段的8个版本中，有4个版本对私信功能进行了调整。可以猜测，与其他婚恋网站的付费私信相比，用户在网易花田上聊得更多，也更尽兴，自然需要一个更快、更稳定的私信和更加丰富的聊天元素。于是在增加了表情功能（后改为贴纸）之后，网易花田增加了对语音、照片、地址的支持，除了为搭讪和沟通做引导，还做了已送达标识。

在该阶段，所有迭代都围绕着婚恋交友的核心流程——自我展示、筛选、交流。而为什么在私信中投入如此大的精力呢？我们猜测其中的原因有两点：其一、提高搭讪者的趣味性，从而提升被搭讪者的响应率，可以最大限度地避免用户将搭讪的失败迁怒于产品的倾向；其二，“谈恋爱”当然要靠“谈”，可是如何做一个有趣的聊天者，则是一个很难的课题——帮用户谈得有趣、舒心，成功率也会有所提升。

2. 用户评价

不受阻隔的私信功能不出意料地受到了用户的好评（见图12.8），而如何聊天也是所有用户共同的“痛点”，这也得到了网易花田团队的重点“照顾”。一些用户反馈在评价中的体验问题，也都在后阶段的版本中迅速得到了优化。

图12.8　App Store中用户对该阶段的网易花田的评论详情

3. 运营情况

该阶段后期，即2013年7月，网易花田注册用户的数量突破100万，根据官方公开数据，其中50%以上的注册用户来自北上广，56%的注册用户为本科以上学历，月收入6000元以上的注册用户占到一半以上。这也和网易花田预设的用户群体一致。

在冷启动阶段顺利完成后，网易花田采取的手法以对高质量用户的拉新促活为主，重点是拥有高收入、高学历的用户。2013年8月，网易花田在北京地铁1、2号线及国贸站投放户外广告，历时1个月。这标志着此时网易花田认为自己完成了对产品的基本探索，正式全面开展运营推广。

4. 阶段综述

综上所述，该阶段是网易花田在发展过程中打基础的阶段，免费而优良的私信体验为网易花田建立了最早的用户口碑。

12.3.2　第2阶段：商业化探索阶段

1. 关键版本解读

在该阶段，网易花田的主要产品功能变化如图12.9所示。

2.0.0
新增贴纸
签到
购买支付

2.1.0
注册流程简化
每日男女推荐
搭讪引导

2.2.0
首页推荐理由
最近来访提醒
找回密码

2.3.0
寻人启事自荐

2.4.0
桃花信
花田话题
用户上电台

2.5.0
生成个人标签
兴趣搜索
线下活动

2.6.0
花田VIP会员

2.7.0
上推荐头条
任务奖励花田币

2.8.0
新增官方账号
查看共同标签

2.8.2
礼物

图12.9　网易花田的主要产品功能变化

不挣钱的婚恋模式没有意义。从V2.0版本发布后，网易花田就痛快地推出支付功能，正式开始收钱。

寻人启事（用户个人专题）和对应的自荐功能、上电台节目、桃花信（摇一摇+漂流瓶）等，与其说是在扩大用户的交友范围，不如说是在为“通过推荐、偶遇收钱”做好准备。不过，网易花田在一开始时对收钱的尝试并不激进，免费的产品突然收费了，一旦做不好，很容易引起用户的反感。

在产品体验上，在该阶段围绕核心功能的提升比较少，虽然有基于QA的标签和兴趣搜索功能，不过最值得关注的是搭讪引导和话题功能。网易花田开始帮助害羞的单身男女们说好最关键的第1句话。搭讪成功是交友成功绝对的第1步，也是最大的门槛。

笔者还是忍不住将其与百合网类比，后者的“星座”是非常适合搭讪的话题。

在初步探索完成之后，网易花田便开始了全面商业化运营。会员功能只是一个开始，上头条、礼物等增值服务的功能很快上线。

正如网易花田团队所说的，网易花田采用游戏式的付费模式——基础功能免费，但高级用户（VIP会员）会用得更好、更爽。让用户量的增长和收费的更精准匹配相互促进，是网易花田在该阶段进行迭代的主要思路。

2. 用户评价

从全面商业化运营开始直到V3.0版本发布，网易花田的整体评分有所下降，在V1.0版本阶段稳定在4.5分以上，在V3.0版本之后便下降到4～4.5分了。在V2.9版本上线后，评分大幅度下降，原因是对违规行为的大规模封禁，这里只摘录部分具有代表性的差评（见图12.10）。不过，任何一款免费的产品，在进行收费的最初，总是会遇到各种反对的声音，用户也会因此对产品提出更多的功能性要求。

图12.10　V3.0版本中批评网易花田的声音

从评论中可以看到，消息的送达与已读功能曾取消，后来又重新提供。网易花田团队一直在探索免费与收费的边界，试图在收入与体验之间达成平衡。

3. 运营情况

在V2.0～V2.5版本阶段，网易花田的运营是平静的，只是默默地探索着收钱的道路。

唯一值得一提的动作，是在V2.6版本VIP功能上线前夕即2014年5月20日，网易花田发布了《2013～2014年情感调查报告》，展示了网易花田对国人婚恋状态的调研结果，提及了网易花田的用户分布情况和状态，并且现场分享了一个用户爱情故事，安排歌手郝云隔空送来新婚祝福。调查报告是艾瑞咨询及各种金融、招聘企业惯常的运营手段，网易花田也将其拿到交友圈里玩儿了起来。

4. 阶段综述

在商业化探索阶段，网易花田的主要目标是尝试商业模式，在基础产品体验上没有什么亮点，比较亮点的功能只有话题和搭讪引导。相比之下，在付费功能的探索方面则尝试了大量的形式，用户的反应也褒贬不一。

12.3.3 第3阶段：增长阶段

1. 关键版本解读

在该阶段，网易花田的主要产品功能变化如图12.11所示。

3.0.0 首页改版 推荐和动态合并 隐身访问 自行设置标签	3.0.4 全新话题功能	3.0.6 同城约会 叨叨群聊
3.0.8 附近有缘人 头像打分 邀新奖励会员 魅力星用户	3.1.0 搭讪广场改版 私信过滤	3.1.2 排行榜 约会礼物 私密照
3.1.6 广场缩编为话题	3.1.8 精选话题头图 私信群发	3.2.0 优化查看附近的人
3.2.4 微信登录 话题投票	3.2.8 首页改版 消息置顶	3.3.1 诚信体系 好友印象墙 我的兴趣 会员双向匹配
3.3.4 QA游戏 搭讪引导 推荐倒计时	3.3.6 新搭讪广场 芝麻信用认证 线上虚拟影院	3.4.0 新群聊功能

图12.11 网易花田的主要产品功能变化

在V3.0版本之后，网易花田重新加大了在基础功能上的投入比重，商业化与体验并重。在该阶段上线的付费功能主要有星用户、排行榜、约会礼物、会员双向匹配和今日最推荐。在体验上，网易花田的迭代思路愈发明确，主要围绕以下三方面进行。

（1）扩大用户的接触面，让用户接触更多的人，更有把握成功，相关功能有“同城约会”“叨叨群聊”“附近”“私信群发”及对广场的改版。

（2）但在扩大接触面的同时，用户被垃圾信息及不合适的人打扰在所难免，所以网易花田开始同时净化用户的信息流，相关功能有“隐身访问”“私信过滤”“消息面打扰”“桃花信屏蔽”“芝麻信用”等。

（3）对于有交往可能性的用户，为其做进一步的交流创造话题并提供帮助，相关功能有“QA游戏”“附近有缘人”“头像打分”“好友印象墙”等。

网易花田的思路是明确的：接触更多的人，找到其中有戏的，只要再帮助用户互相沟通，交友体验就会有所提升。

2. 用户评论

在该阶段，网易花田的评分一直在稳定下降，平均为4分以下，而且时常有大规模的差评出现。网易花田的V3.2.6版本出现了严重闪退。从差评内容来看（见图12.12），除了用户惯有的对收费和功能的不满，在该阶段后期，不良用户对正常用户造成的伤害越来越多。不过，这也是用户规模、行业影响力扩大后无法避免的问题，所以网易花田在该阶段的迭代伴随着大量的认证、净化信息的操作，这也是网易花田对以上问题不得不做出的响应。

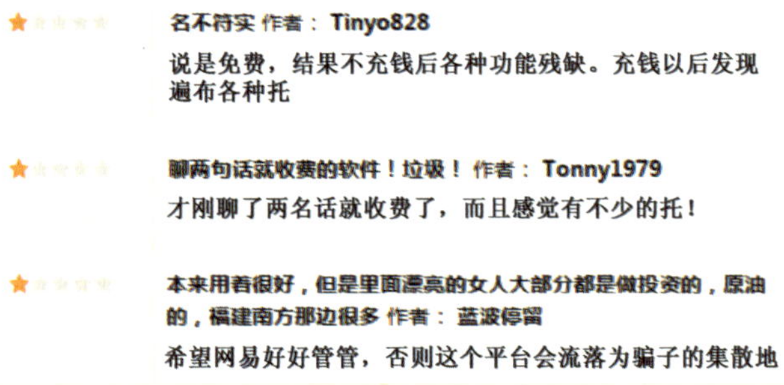

图12.12　网易花田在第3阶段的用户评论详情

3. 运营情况

在2015年5月20日，网易花田联合22家App进行了520“放胆爱”活动，并在2015年8月联合多家App举办了一系列大型线下脱单活动，这些都是网易花田在通过换量的方式拉新。

与此同时，App内的推荐、广场、话题等功能的完善，也为运营团队提供了大量的App内的促活工具。就如“热门搜索”“热门话题”是微博最主要的运营工具一样，对话题的编选、引导及App内的活动渐渐成为网易花田运营的常态。

4. 阶段综述

在该阶段，网易花田同时在商业化和用户体验之间不断地寻找平衡点。随着产品的成熟，网易花田的迭代思路也从这个阶段开始，愈发明确。

12.4 总结

在大部分游戏中，付费用户是游戏最主要的收入来源，普通用户则为付费用户提供游戏环境。因此游戏既需要找到更多的让付费用户付费的理由，也需要照顾到普通用户，不断给他们新的刺激，保证他们的活跃度。

在用户规模和产品形态基本成型后，参考了游戏模式的网易花田也面临着相似的运营要求：既需要保证大部分普通用户的基本体验，让他们能够找到更多的目标，可以将交友行为稳定地持续下去；也需要不断为付费用户带来更多的让他们付费的理由，让他们能在付费后不断拥有新的体验，利用对付费用户的刺激来为产品带来持续的收入。

网易花田现在面临的最大问题，也许不是来自付费用户的，毕竟交友作为刚需，收钱从来不是太难的事情。难点反而在于如何守住体验，守住作为“收费基础”的普通用户。而普通用户面临着用户规模扩大导致的垃圾信息的增加，也面临着与付费功能对比时难免会出现的阻断、不畅及由此产生的心理不平衡。

体验是商业的基础，但商业与体验难免会出现矛盾。

相比之下，世纪佳缘倾向于解决“有钱人找老婆”和“女性用户找有钱人”的问题；珍爱网卖的是红娘和高效的相亲，它的成长完全基于用户的自发生长；与其他婚恋网站相比更有社交味道的网易花田，商业与体验的矛盾将尤其难以平衡。

13 听音乐有态度的网易云音乐

音乐和音乐播放器是两个概念，网易云音乐正是将音乐从播放器里剥离出来的“有味道”的产品。在网易云音乐之前，大部分音乐产品都是工具，直到网易云音乐的出现，音乐回归了感性、有味道、随心情的本位，我们可以一起来看看网易云音乐是如何探索“音乐的味道”的。

13.1 产品背景

13.1.1 产品简介

网易云音乐是一款在音乐内容的个性化和社交化上不断探索并成果斐然的产品。它将音乐播放器模式往前推进了一大步，让音乐回归内容和感性的本质，而不是技术化的播放器。

在2013年年初，网易云音乐正式面世，此时的音乐市场早已挤满众多产品，而且在经过了数年的打磨和竞争后，老牌产品都已相当成熟。然而网易云音乐上线后发展速度极快，仅在一年半内就达到了5500万的用户量，在2015年7月宣布用户量过亿，超出了大多数竞争对手的初期增速，是一款极具特色的音乐类黑马产品。在一连串数据的背后，是一款有气质的音乐播放类产品从播放工具向音乐文化社区转型的成功。

本文将根据网易云音乐的迭代路径，复盘其产品设计和运营思路，了解其成长轨迹，重点发掘其个性化推荐和社交化分享两个模块。

网易云音乐的产品主界面截图如图13.1所示。

图13.1　网易云音乐的产品主界面截图

本着发现好音乐并通过音乐表达自己的感悟，以及分享音乐背后的故事的产品理念，网易云音乐将其产品定位为一款搭载多种找音乐和社交功能的音乐工具产品，以音乐播放功能为核心，提供发现音乐、音乐社交等功能。网易云音乐的用户定位、用户需求及使用场景如下。

（1）用户定位：主要是有一定音乐欣赏习惯和经验的18～35岁的青年用户。

（2）面向需求：找到更多的自己喜欢的音乐。

（3）使用场景如下。

- 当下对具有某种特征的音乐有需要、兴趣，想集中找到此类音乐。
- 想与有同好的人就音乐进行交流。
- 想要用听的方式直接获取信息、知识等内容。
- 想听些不一样的但又不会与自己的喜好相差太远的音乐。
- 听听热门的音乐等。

可以看出，网易云音乐以音乐播放和管理功能为基础，以发现新音乐和音乐社交为主要的亮点功能。

网易云音乐的产品逻辑架构如图13.2所示。

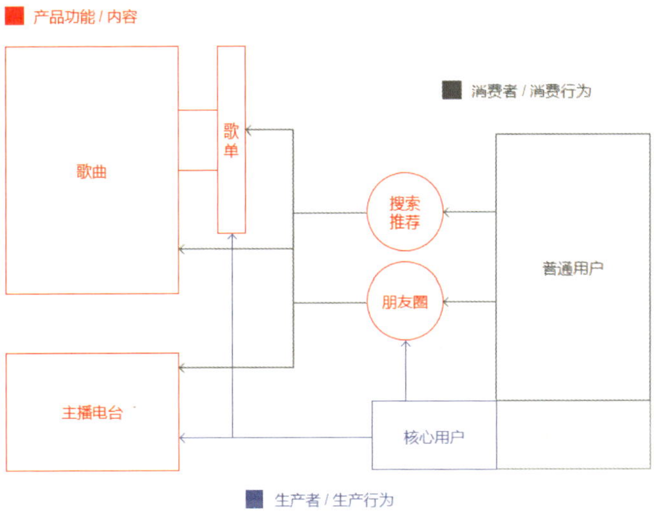

图13.2 网易云音乐的产品逻辑架构

作为一款偏重内容的工具类产品，网易云音乐有以下两个核心业务：一是保证内容的质量；二是内容的组织与分发。保证内容的质量的核心业务要求网易不断丰富曲库的容量、歌曲相关信息的完整度、歌曲音质及鼓励用户创作电台内容。内容的组织与分发方面的核心业务在产品层面中主要通过以下两种方式完成。

（1）直接找到目标内容。

- 搜索。

- 个性化推荐歌曲、歌手、电台。
- 音乐排行榜。
- 歌手新动态提醒（网易云音乐小秘书的私信）。

（2）借助UGC内容间接找到音乐内容。

- 歌单推荐与搜索。
- 对朋友页动态的获知。

这两种方式相辅相成，通过歌单和动态接触歌曲，可以转化更多的音乐偏好；在广泛试听歌曲之后，搜索歌单和听友的方向也更加开阔。因此，网易云音乐的主要运营工作也应分为两方面：一方面不断提升曲库的覆盖面和质量，促进优质电台内容的产出；另一方面鼓励用户分享和生产更多的UGC内容，同时配合对产品播放相关功能的不断完善，以及对推荐算法的持续优化，为用户提供更好的听音乐体验。

网易云音乐的产品功能结构如图13.3所示。

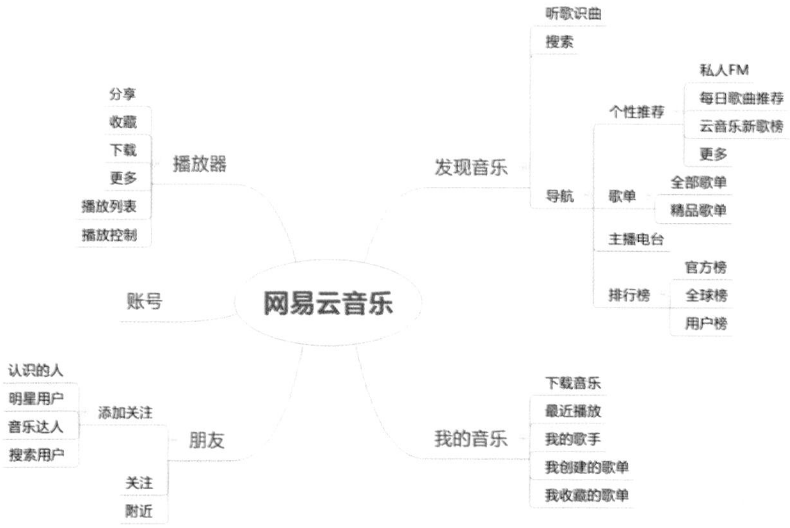

图13.3　网易云音乐的产品功能结构图

13.1.2　产品发展历史大事件

- 2013年3月，网易云音乐正式上线。在该月25日宣布用户量超过2000万，入驻的明星超过500位，收录的音乐超过500万首，用户自主创建的歌单达3200万个。

- 2014年9月3日，宣布启动网易云音乐全国校园歌手大赛。
- 2014年12月4日，宣布用户量超过5500万，最近3个月的用户总量增加近50%。
- 2015年7月14日，宣布其用户量突破1亿，累计产生1.2亿条乐评和2亿次的音乐分享。
- 2015年7月15日，启动2015年度音乐盛典“音乐大战”活动，中韩艺人进行现场比拼，呈现一场音乐盛宴。
- 2015年8月11日晚，以O2O形式举办的“音乐大战”落下帷幕，以78万最高同时在线人数、超过1500万投票数和超过100万的弹幕发布数，刷新了演唱会直播互动新纪录。
- 2015年12月21日晚，网易云音乐全国校园歌手大赛在清华大学举行总决赛。

13.1.3 竞品简介

目前音乐领域大致形成了QQ音乐、阿里音乐、海洋音乐集团三足鼎立的形势，百度音乐、网易云音乐、多米音乐的规模远不及前三者，不过也都有一定的影响力，是在线音乐市场的不确定因素。

在充满了成熟竞品的市场环境中，一款黑马产品的突围经历通常是极具参考价值的。下面将基于以上产品逻辑，着重分析网易云音乐的迭代成长路径，了解网易云音乐在产品层面是通过怎样的迭代更新，来传达自己的理念并实现自身的成长的。

13.2 发展历程

根据网易云音乐自上线以来的发展历程，我们整理出图13.4。

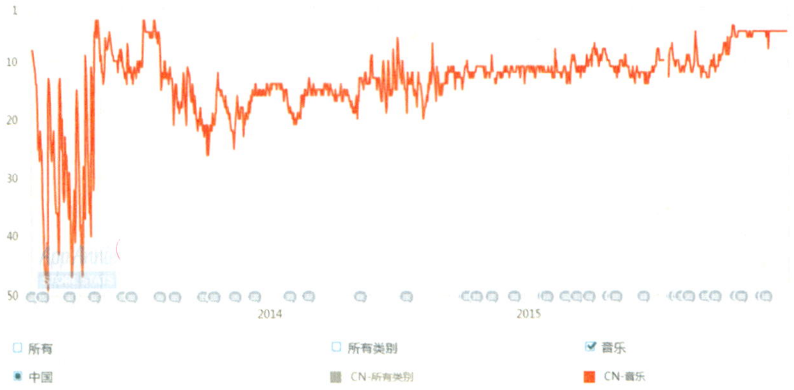

图13.4　网易云音乐在App Store中的历史排名变化情况

网易云音乐的用户评分一直比较稳定，偶尔有大幅下降的主要原因是出现了影响正常使用的严重Bug。

如图13.5所示，从2014年年中即网易云音乐V2.0版本开始，网易云音乐的用户量开始显著提高，在2015年年中有一段时间的增长速度更快，之后的增长速度放缓并与之前的速度持平。

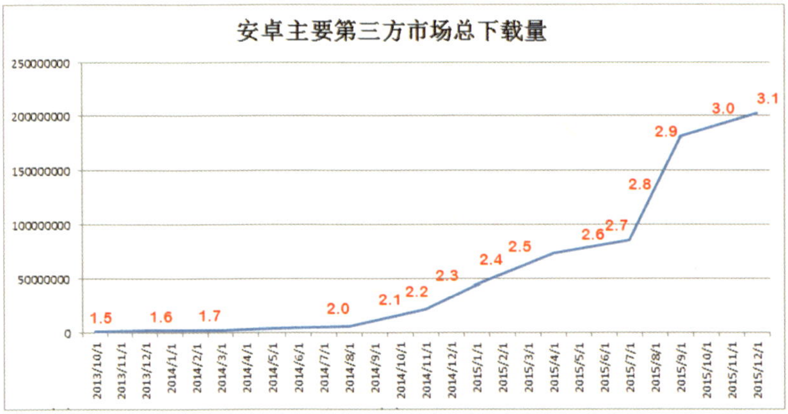

图13.5　网易云音乐在Android端主要的第3方市场的总下载量及版本发布时间点

可以猜想在V2.0版本之前，网易云音乐主要在培养核心用户的使用习惯、丰富曲库、鼓励用户生产歌单及电台节目等内容。在V2.0版本之后，网易云音乐借助某些增长点开始稳定地提升用户量，而V2.7～V2.9版本的爆发性增长由于时间短且不具持续性，应该是由运营活动驱动的增长。网易云音乐的版本路线图如图13.6所示。

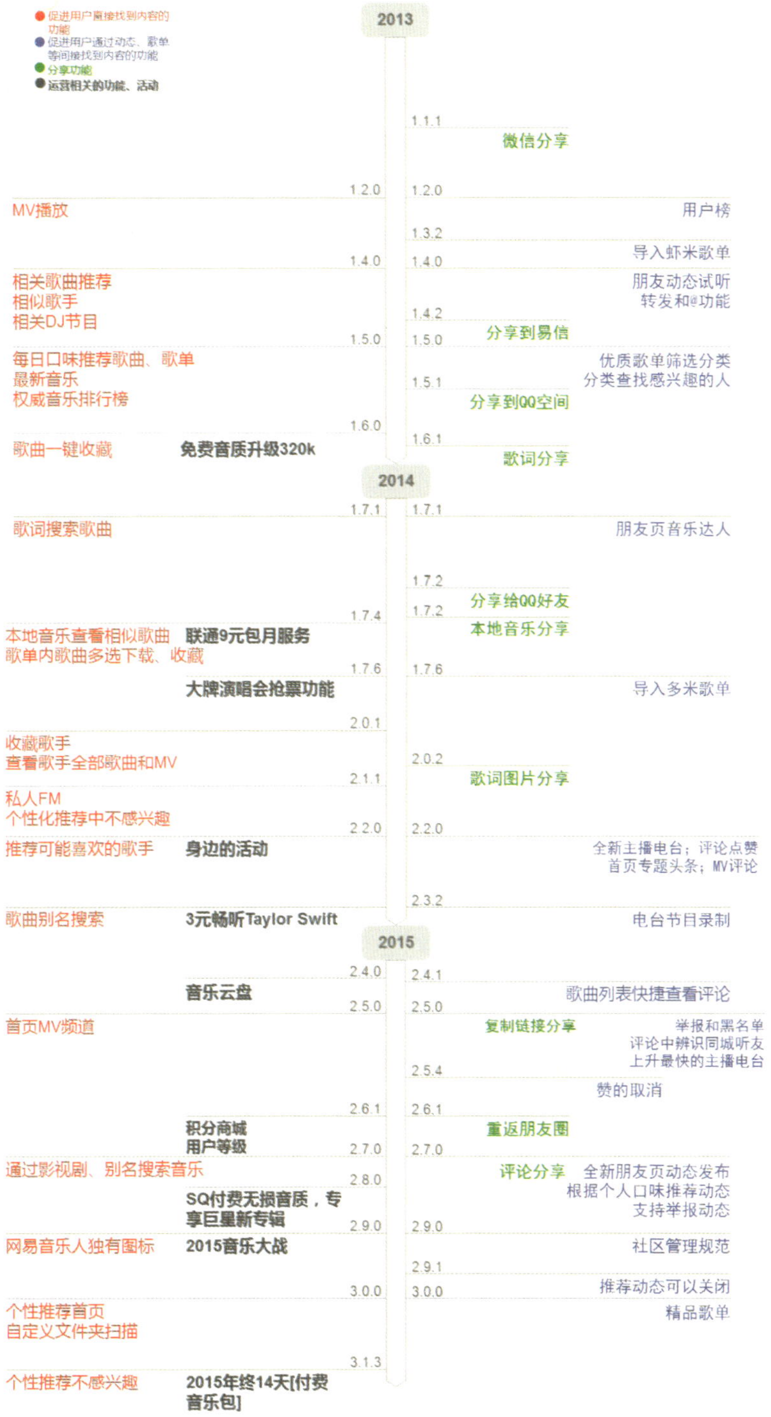

图13.6　网易云音乐的版本路线图

我们总结了从2013年开始的网易云音乐的版本路线图（见图13.6），复盘了一个不断前进的网易云音乐。其中的红色字体代表个性化推荐功能集，蓝色字体代表社交化推荐功能集，绿色字体代表分享类功能集，黑色字体代表运营活动的支持等。这种形式的颜色分类将贯穿本章所有阶段的分析，大家可以参考阅读。

可以看出自上线至今，网易云音乐在产品主功能及结构上并没有重大变化，一直在根据最初的产品定位和优化产品。

另外，在内容的更新方面，网易云音乐也针对基础音乐播放和管理功能进行了大量的优化，例如均衡器、歌单编辑、换肤、封面下载等，仅更新信息中列出的新增功能就超过了40项，而且团队对用户的意见反馈很快，这些也是网易云音乐迭代的重要组成部分。

根据网易云音乐在不同时期的产品的特点，我们可以将其分为以下5个阶段。

（1）探索期：2013年3月～2013年7月，V1.1.1～V1.3.2版本，尝试用MVP探索产品形式的可能性。

（2）积累期：2013年3月～2014年7月，V1.1.1～V1.7.6版本，完善基本的听歌和社交功能，留住核心用户。

（3）发展期：2014年7月～2015年5月，V2.0.1～V2.6.1版本，稳定地促进用户量的增长，重点维护产品内的社交氛围。

（4）一次爆发增长期：2015年6月～2015年8月，V2.7.0～V2.9.0版本，为由运营手段强力驱动的爆发式增长。

（5）后爆发期：2015年 8 月至今，V2.9.1～V3.1.3版本，产品开始规模化爆发，并持续至今。

13.3 迭代分析

13.3.1 第1阶段：探索期

网易云音乐在这个阶段的目的主要是为产品探索合理的切入点及产品形态。

1. 关键版本解读

目前，网易云音乐的早期版本已不可用，只能看到登录方式选择和启动页。

早期的网易云音乐在使用前必须注册，在V1.4版本中才增加了游客试用的功能，这可能是初期为了提高门槛来筛选种子用户。其早期版本主推大牌音乐人DJ，而且歌单功能在V1.2版本中才得到首页展示，且直到V1.4版本才开始被主推。所以我们猜想在MVP阶段，网易云音乐功能的重点曾有过重大调整，从PGC转为UGC，即变成以现在著名的歌单功能为主。其中某个版本的界面截图如图13.7所示。

图13.7　网易云音乐V1.0.1版本的界面截图

2. 用户评价

本阶段的用户评论较少，我们更应关注那些吐槽的用户，因为早期用户的极端反馈其实是很有价值的，他们通常会表达出强烈的喜好和厌恶。

3. 阶段综述

网易云音乐最终确定的切入点是用户间的音乐推荐和音乐社交，采用UGC的形式让用户生产歌单，引导其他用户欣赏，并进一步基于音乐进行社交。

这样的切入点切中了大部分用户有限的听歌广度和深度。由于用户的这一特点，当用户需要尝鲜和发掘好音乐时，推荐算法也不能完全满足这一需求。通过歌单活跃人这一要素对内容进行组织和分发，进而自然激发社交行为，网易云音乐对当时用户的听歌体验的空白进行了很好的补充。

从网易云音乐的现状来看，这时的探索是非常成功的。

13.3.2 第2阶段：积累期

既然确定了UGC的形式，那么内容就成为重中之重。对于社区来说，引入并留住核心用户，逐步促进内容的生产，是初期最重要的事情，这一阶段的目的便在于此。

我们更愿意把这个阶段称为网易云音乐的产品定位清晰期，即从之前对音乐播放器的试探向定位音乐社区的改变。作为一个社区，内容和关系是两大核心资源，所以从这一阶段开始，网易云音乐着重开始对内容的运营和对关系链的建立。

1. 关键版本解读

本阶段主要的功能如表13.1所示，可见在音乐内容的推荐和用户关系的打通方面做了最多的工作。同时，分享到社交网站的功能也开始出现。字体颜色的区分请参见13.2节对4种颜色的定义。

表13.1　网易云音乐在第2阶段的主要功能列表

红色字体	蓝色字体	黑色字体	绿色字体
MV播放 相关歌曲推荐 相似歌手 相关DJ节目 每日口味推荐歌曲、歌单 最新音乐 权威音乐排行榜 歌曲一键收藏 歌词搜索歌曲 本地音乐查看相似歌曲 歌单内歌曲多选下载、收藏	用户榜 朋友动态试听 转发和@功能 分类查找感兴趣的人 朋友页音乐达人 导入多米歌单 导入虾米歌单 优质歌单筛选分类	免费音质升级320Kbps 联通9元包月服务 大牌演唱会抢票功能	微信分享 分享到易信 分享到QQ空间 歌词分享 分享给QQ好友 本地音乐分享

在这一阶段，针对用户找歌的行为有11项功能更新或增加，涵盖了搜索、相似推荐、各类排行榜、收藏下载等功能，网易云音乐力图将各种找歌场景下的用户体验做到最好。多数更新也确实集中在发现页面，而且后台增加了更多的行为数据收集、推荐算法等相关功能，作为用户听歌体验的重要保障。

UGC、社交、基础功能布置、鼓励核心用户是网易云音乐主要的更新方向。重点的用户榜、朋友页功能加强、分类查找感兴趣的人、音乐达人等功能构成了其初期的主要激励手段，所产生的精神奖励是用户创作歌单和动态的主要动力。另外，导入歌单是后诞生的音乐App常见的引流方法，歌单筛选则强化了对歌单的展示。

分享功能早早覆盖了众多社交网络，而在口碑建立阶段，320Kbps的音质对核心用户也有很好的吸引力；与联通合作的活动也瞄准了移动场景下的痛点。

在明星用户展示的功能和新歌推荐的形式上，网易云音乐在不断地进行优化，其目标就是根据用户的口味和喜好推荐最精准的音乐，这其实是在学习豆瓣FM的做法。

2. 用户评价

如图13.8所示，用户在这一阶段的主要诉求比较集中，主要是类型的丰富和产品细节的优化，而且能看出网易云音乐一直在努力满足用户。

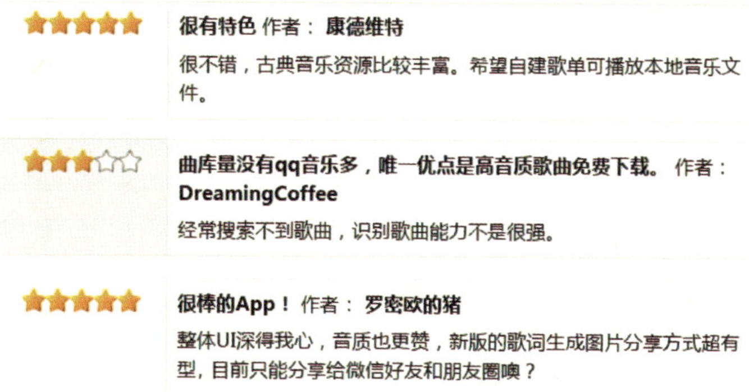

图13.8　网易云音乐在第2阶段的用户评论详情

3. 运营情况

在后台运营工作方面，我们猜测网易云音乐团队在为曲库扩容时，会优先考虑传播效果好和用户黏度高的音乐类型，例如热门影视、二次元、常见场景等。

4. 阶段综述

网易云音乐在V2.0版本之前阶段的迭代重心就是找歌与听歌功能的基础体验。有了大量的找歌和欣赏资源作为前提，才能发布优质的歌单和动态，推荐与找歌体验是后期UGC内容生产的保证。先打造高效的找歌功能，快速响应用户对内容的需求，以此留住尝鲜的用户，网易云音乐团队用了1年多来做这件事，为歌单等UGC内容的产出及后期的增长打下了坚实的基础。

13.3.3 第3阶段：发展期

网易云音乐在该阶段的运营侧重于用户量的增长，开始有了以推广为目的的大型运营活动。在用户开始加速进入后，原有的社交氛围必然会遭到一定的冲击，因此这时产品迭代的目的是通过维持社交氛围来留住老用户，并继续优化推荐功能，提升产品的价值。

1. 关键版本解读

网易云音乐在该阶段更新了很多个性化的功能和私人FM这样的内容，在个性化推荐上继续学习豆瓣FM。而这一阶段的豆瓣FM却没有发展起来，这给了网易云音乐很大的机会。另一面，网易云音乐在这一阶段更多地加强了产品评论、点赞和社交关系功能，继续在站内形成音乐文化社区。其功能更新如表13.2所示。

表13.2 网易云音乐在第3阶段的功能列表

红色字体	蓝色字体	黑色字体	绿色字体
收藏歌手 查看歌手全部歌曲和MV 私人FM 个性化推荐中不感兴趣 推荐可能喜欢的歌手 歌曲别名搜索 首页MV频道	全新主播电台 评论点赞，首页专题头条 MV评论 电台节目录制 歌曲列表快捷查看评论 举报和黑名单 评论中辨识同城听友 上升最快的主播电台 赞的取消	身边的活动 3元畅听Taylor Swift 音乐云盘 积分商城 用户等级	歌词图片分享 复制链接分享 重返朋友圈

在这一阶段，网易云音乐强化了通过歌手找歌的场景，此时的曲库容量应该达到了一定的标准，可以很好地支持这个场景下的用户体验。产品也在不断提升音乐推荐的效果，加入了“私人FM”和“不感兴趣”等相关功能。MV相关功能的改进应该是网易云音乐对竞品功能的跟进，还能作为针对版权限制的一种应对措施，也能为后期的活动形式预备了更多的选择如直播等。

在这一阶段，网易云音乐在社交及UGC方面的更新占据了主要地位，在9项主要更新中有3项在鼓励生产电台内容，其他都是在增强社交功能和维护社交氛围。

这个阶段的重点是维护原有的社区氛围，为社区的管理提供帮助，方便用户更好地表达和交流，评论功能也能很好地提升用户的社交参与感。随着大量用户的流入，社交环境也会相应地受到影响，作为UGC内容生成的主要激励手段，社交环境自然成为了这个阶段的重点。而用户量增加之后，有创作意愿的用户就更多，加强电台相关功能的同时借助固有的社交功能，可以吸引和活跃不同类型的用户。

歌词分享功能是个极其有价值的创意，获得了用户的大量好评，同时作为一种“Growth Hacking”的典型，基本上没有花费太多成本而增加了产品的曝光率。

在活动方面，网易云音乐似乎在LBS功能的基础上，用身边的活动业务进行了尝试，不过现在也找不到这个功能了。借助粉丝经济，网易云音乐用“3元畅听”进行了一次对付费业务的探索，根据后面的迭代情况，这次探索应该是有收获的。音乐云盘将移动端与PC端的场景连接了起来，对增强用户的黏度有帮助，也能对版权限制有一定程度的应对。核心用户本来就有上网找资源的习惯，用音乐云盘可以让核心用户更好地利用手中的资源，对UGC内容的产出也很有帮助。积分商城和用户等级对于核心用户活跃度的提升会很有益，不过鉴于商城做得不太走心，也可能在做商城的目的中，高层意愿和KPI收益的占比更大。

网易云音乐在第3阶段的部分更新功能截图如图13.9所示。

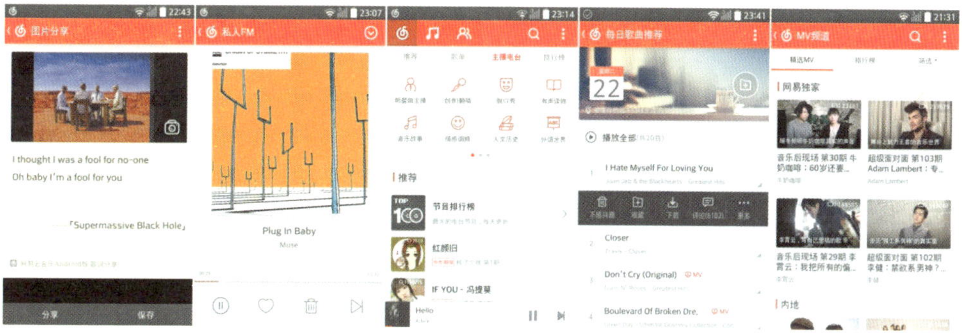

图13.9　网易云音乐在第3阶段的部分更新功能截图

2. 用户评价

如图13.10所示，歌单的个性化推荐一直在根据效果进行调整，用户对于社区的氛围非常在意。留学生群体对社交的需求相对高一些，解决版权问题对UGC的产出也颇有帮助。这个时期的用户对社区和音乐文化的氛围很敏感，而网易云音乐在这一阶段做得极其细腻。

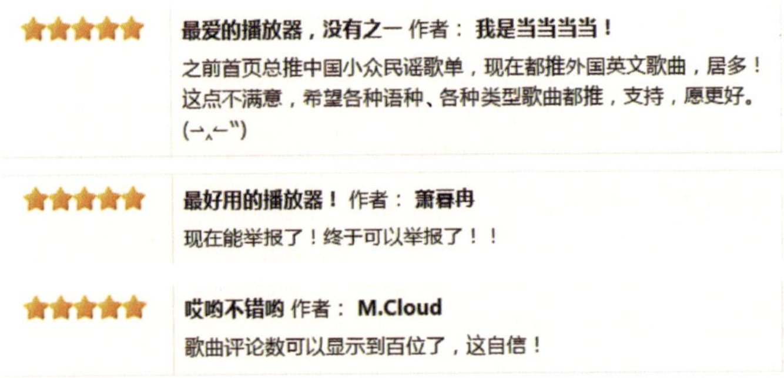

图13.10　网易云音乐第3阶段的用户评论详情

3. 运营情况

网易云音乐在2014年的校园歌手大赛及V2.0版本之后的用户量增长，是同时进行的，再考虑这次新闻事件前后的相关运营活动的时间，用户量的增长和大赛的时间重合率非常高。2014年年底时网易宣布网易云音乐的用户量超过5500万。另外，虽然2015年的校园歌手大赛照常进行，但可以看出V2.7版本之前的增长一直有放缓的趋势。

在校青年用户更有活力，时间也比较充沛，其中大部分人有听音乐的习惯，并且会乐于了解新的音乐和寻找好的音乐。网易云音乐在完成初期的积累之后，选择借助学生用户完成第1波增长，获得了不错的效果，且与增长相关的用户群体对社区氛围的冲击不会太大，同时能促进更多UGC内容的产出。此时的产品继续优化产品的基础功能，并着重维护产品内的社交环境，用社交催生更多的UGC内容产出，并试水付费业务和促进活跃度。

4. 阶段综述

网易云音乐在本阶段的迭代重心是：迅速强化社交和UGC相关功能的体验，并稳定、优化播放功能和直接找歌功能，同时兼顾提升运营效果的功能。随着基础功能的逐渐完善和用户量的增加，产品的设计也开始向数据维持和提升方向偏移。

13.3.4　第4阶段：一次爆发增长期

网易云音乐的运营团队在这一阶段找到了很好的增长点，并集中发力实施了大规模的运营活动，为网易云音乐带来了一次高速增长。更大规模的用户涌入后，对产品的考验也与之前的阶段相同，所以产品迭代的目的无异于第3阶段。

1. 关键版本解读

本阶段的功能更新数量不多，但发布了比较重要的产品模块——全新朋友页动态，这是网易云音乐在探索社交化推荐和分享上的一次尝试。其功能更新如表13.3所示。

表13.3 网易云音乐在第4阶段的功能列表

红色字体	蓝色字体	黑色字体	绿色字体
通过影视剧、别名搜索音乐 网易音乐人独有图标	全新朋友页动态发布 根据个人口味推荐动态 支持举报动态 社区管理规范	SQ付费无损音质，专享陈奕迅、张学友、Taylor Swift等新专辑 2015音乐大战	评论分享

通过影视剧和别名找歌，网易音乐人的图标更多地兼顾了音乐中的流行话题因素。从对社区管理的持续加强可以看出，此时的运营重点就是社交本身，这样既能激励UGC内容的产出，也能增加用户的活跃度。在用户量持续增加的过程中，用户运营是推动产品成长的有效手段。网易云音乐也以自己独有的方式，作为工具类产品成功切入了社交领域。

这次的成型音乐付费业务模式证明了前面的探索是有效的。而“2015网易云音乐音乐大战”活动则用到了之前布置的MV播放，为网易云音乐带来了一波爆发式增长。评论分享则是利用UGC内容积累来继续促进增长。

网易云音乐在第4阶段的部分更新功能如图13.11所示。

图13.11 网易云音乐在第4阶段的部分更新功能截图

2. 用户评价

如图13.12所示，网易云音乐对付费业务的引入受到了用户一定程度的非议，不过由于之前是探过路的，所以用户的接受程度应该不会太差。

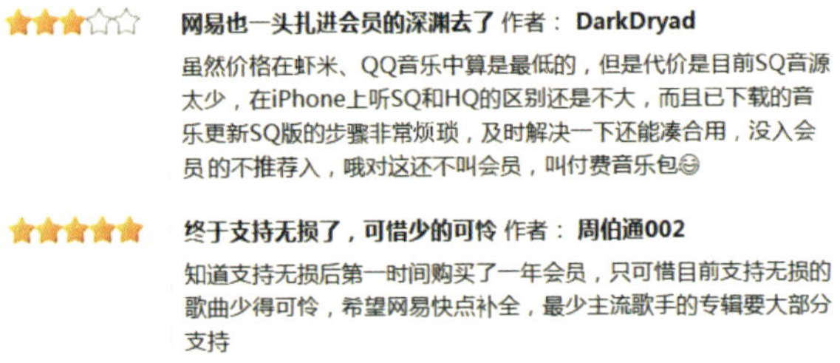

图13.12 网易云音乐在第4阶段的用户评论详情

3. 运营情况

在2015年，网易云音乐的用户量呈现爆发式增长，结束的时间正好为“2015网易云音乐音乐大战”活动的结束时间，从之前的新闻宣传造势情况来看，其推广时间恰好覆盖了这次爆发增长的全过程。这一次利用“粉丝经济”推广的效果相当好，在两个月内，网易云音乐在Android平台的下载量翻了一番，在2015年7月宣布用户量过亿，之后的增长速度恢复到之前的水平。

在校学生的群体容量毕竟有限，继续增长的时候，选用群体规模更大的粉丝群体，在他们身边的人当中进行传播，这样的效果也会更好。此时的产品迭代更着重于维护社区的氛围，粉丝的入驻很有可能会带来更多的不良社交行为，另外，产品也在慢慢引入一些付费业务。

结合运营活动来看，此时网易云音乐团队的产品设计重心在于配合运营工作。通过观察其产品功能的更新，我们暂时看不出网易云音乐找到了新的需求。

4. 阶段综述

这一阶段的迭代做法与之前区别不大，还是优化找歌体验，并加强社交和UGC的相关体验，而且在长期的盈利模式探索后，正式启用了一些付费业务。

13.3.5 第5阶段：后爆发期

在这个阶段中，网易云音乐的主要目的是消化之前涌入的用户，继续维持社区的氛围。

1. 关键版本解读

个性化推荐和社交化分享就像网易云音乐的两条腿，在第4阶段完成了社交化分享的事情，在这一阶段的重点就是个性化推荐了。网易云音乐在这一阶段的功能更新如表13.4所示。

表13.4　网易云音乐在第5阶段的功能列表

红色字体	蓝色字体	黑色字体	绿色字体
个性推荐首页 自定义文件夹扫描 个性推荐不感兴趣选项	推荐动态可以关闭 精品歌单	2015年终回馈送14天的体验版[付费音乐包]	

网易云音乐对推荐功能的优化依然瞄准找歌体验，首页将最好的推荐方式单独提升到产品的顶端，自定义文件夹扫描与云盘功能很搭配，优化了动态和歌单的功能，年终活动则进一步培养了用户的版权意识和付费习惯。

网易云音乐在第5阶段的部分更新功能截图如图13.13所示。

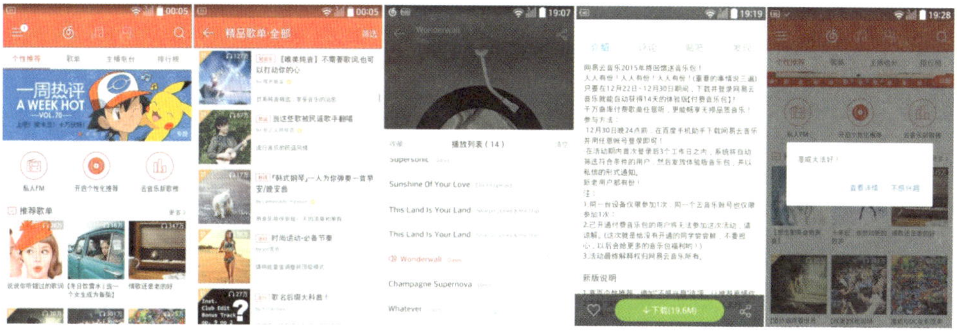

图13.13　网易云音乐在第5阶段的部分更新功能截图

2. 用户评价

如图13.14所示，除了版权问题一直是个大难题，以及付费业务还需要继续推进，可以说网易云音乐已经在一定程度上趋于成熟。

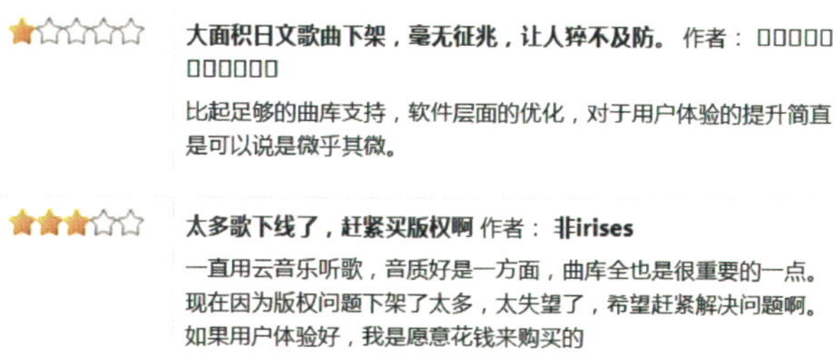

图13.14　网易云音乐在第5阶段的用户评论详情

3. 阶段综述

网易云音乐在这一阶段做的事情和第4阶段类似，还是优化社交和提升产品的价值，同时继续探索产品的盈利模式。

13.4 总结

网易云音乐是一款很有特色的工具类产品，其生命周期和迭代思路都是UGC社区式的，增长曲线非常合理、优美。它在前期细致地优化了用户的体验，耐心等待UGC内容的积累，通过恰当的运营执行，在之后的各个阶段中都找到了合适的增长点，相应的群体也符合当时产品的生命周期的需求，是值得借鉴的产品设计和运营思路。

网易云音乐在增长的过程中，其背后也有着强力的运营支持，除了对内容进行长期、细致的基础运营，其中两个重要的运营事件也起到了非常重要的作用。借助各个阶段的App Store评论可以看出，这两次合理的运营助推和规避了许多快速增长的潜在副作用，且增长效果显著，是非常值得我们学习和借鉴的。

笔者觉得，网易云音乐是一款很有深度的产品，推荐大家深入发掘这款产品。

14 ▸ 唯有爱和美食不可辜负的下厨房

下厨房的产品形态并非国内独创，却在国内得以快速发展，甚至可能在短时间内赶超日本CookPad的势头，它的产品气质特别像豆瓣，其早期克制、中期稳健和成熟期盈利的模式值得我们研究。

「14.1 产品背景」

14.1.1 产品简介

下厨房是一款以菜谱分享为核心的美食社区产品，提供菜谱查询、食材及食品购买等服务，这是一款“性感”的产品。该产品从上线开始，极少做运营活动，用扎实的产品赢得了超高的用户口碑。下厨房的产品格调像极了10年前的豆瓣。通过这款以内容为核心的社区产品，我们可以看到一个慢公司的发展过程。

下厨房的产品定位为工具+社交+电商+媒体的美食社区。其使用场景为在购买食材、食品、厨房用品，查询菜谱（美食知识），分享自己的作品与美食经验。

下厨房的主要功能界面（见图14.1）有4个，分别是下厨房（找、逛菜谱）、市集（买）、社区（讨论、周边）、我的（管理个人信息、优惠券、菜谱、订单等内容）。F1“下厨房”页面是自产品上线以来一直有的功能，F2“市集”和F3“社区”页面都是在V4.0版本之后上线的，F4“我的”页面内的功能随着产品的丰富也越来越多。从整体来看，下厨房具有UGC、社交、电商的三重属性，各属性都各有其轻重和节奏。

图14.1　下厨房的主要功能界面

它的产品核心业务逻辑如图14.2所示。

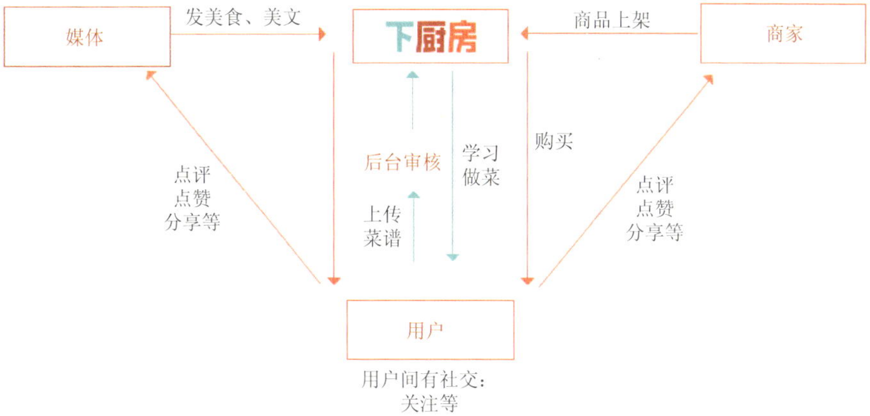

图14.2　下厨房的产品核心业务逻辑

它的功能结构如图14.3所示。

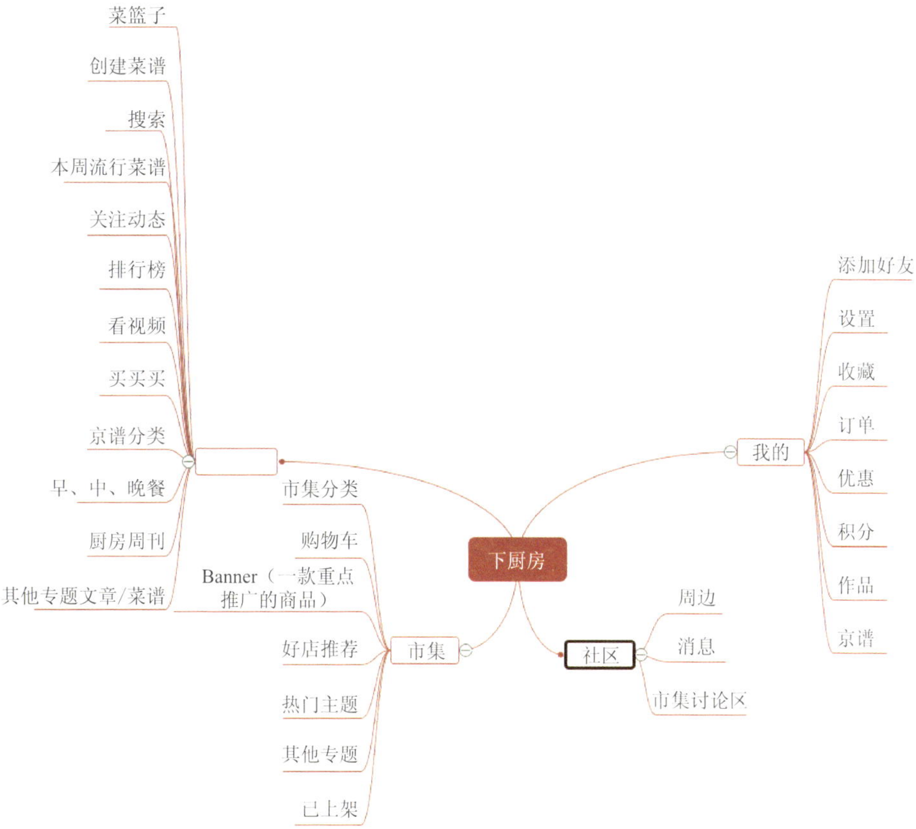

图14.3　下厨房的功能结构

14.1.2 产品发展历史大事件

下厨房自诞生以来，经历了以下大事件。

- 2011年3月，下厨房网站上线运营。
- 2011年7月，下厨房App发布。
- 2012年6月，获得天使湾和九合创投天使投资。
- 2012年10月，获得联创策源和挚信资本数百万美元的A轮投资。
- 2013年，下厨房入选 “App Store 2013 年度精选” 在中国地区的 “美食之选” 奖项。
- 2014年，下厨房被App Store线下体验店收录为美食演示App；并在该年11月，上线“市集”，开始电商运营。由菜谱工具类应用成功转型为集合了工具、社区与平台电商属性的家庭美食入口。
- 2015年1月，下厨房在电商业务上重新出发，上线“市集”。
- 2015年7月，完成由华创资本领投、京东跟投的B轮3000万美元融资。

14.1.3 竞品简介

下厨房的主要竞争产品是豆果美食。豆果美食的发展历程如下。

- 2011年，网站上线，并于该年2月推出移动端。
- 2014年4月，成为《舌尖上的中国》第2季美食类网站的唯一合作伙伴。
- 2014年11月，完成高瓴资本和清流资本2500 万美元的C轮融资。
- 2014年12月，宣称豆果美食App的下载量已超7500万，下一步是要打造一个“未来厨房”的新平台。

豆果美食的主要定位如下。

- 菜谱的定位主要集中在有品质的美食 。
- 社区平台主要定位于讨论与美食、个人生活相关的话题。
- 电商平台“优食汇”定位于产品一站式购买（生鲜、食材、半成品、调味品及厨具厨电等）。

豆果美食与下厨房的主要功能是重合的，比如电商、食谱和社区。在社区方面，豆果美食比下厨房更活跃，但是下厨房的品牌定位、界面风格和功能体验有一定的优势。

14.2　发展历程

下厨房的下载量趋势如图14.4所示。

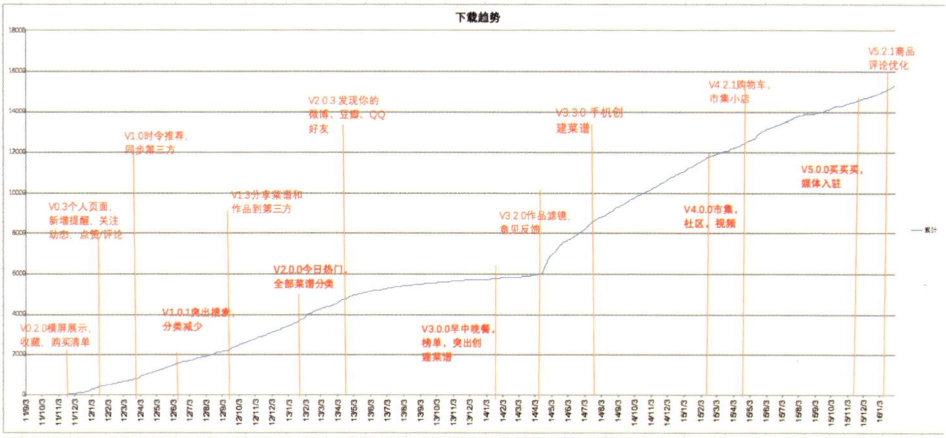

图14.4　下厨房的下载量趋势

下厨房的产品迭代路径如表14.1所示。

表14.1　下厨房的产品迭代路径

版　本	更新时间	核心功能
V0.1.0	2011年9月3日	
V0.2.0	2011年11月19日	横屏、收藏、购买清单
V0.2.1	2011年11月29日	
V0.3	2012年1月13日	新增个人页面及提醒，用户可关注动态、点赞、评论
V1.0	2012年3月29日	新增时令推荐、相关推荐，可同步到微博等第三方平台
V1.1	2012年6月13日	F1为搜索，减少分类
V1.2	2012年8月29日	个人主页更新（新增头像等功能）
V1.3	2012年9月11日	分享菜谱和作品到第三方平台
V1.31	2012年9月16日	

续表

版　本	更新时间	核心功能
V1.40	2012年10月5日	
V1.41	2012年10月22日	
V1.50	2012年11月7日	新增主题菜单
V2.0.0	2013年2月1日	全新界面设计，今日热门，全部菜谱分类
V2.0.1	2013年2月10日	
V2.0.2	2013年3月1日	
V2.0.3	2013年4月23日	发现微博、豆瓣、QQ好友
V2.0.4	2013年6月1日	菜谱评分，增加作品删除功能，第三方账号绑定
V2.0.7	2013年9月4日	搜索收藏
V2.1.0	2013年9月21日	
V2.1.1	2013年9月26日	可以将评论@其他人
V2.1.2	2013年10月28日	搜索优化，分享更新至QQ和微信接口
V2.1.3	2013年11月8日	
V3.0.0	2014年1月20日	早中晚餐，榜单，创建菜谱
V3.1.0	2014年3月20日	个人资料可以了解到厨友更多背景；新增各种分享
V3.2.0	2014年4月15日	
V3.2.3	2014年5月26日	
V3.2.5	2014年6月1日	可在动态中查看好友创建的菜谱；清除菜谱缓存
V3.2.7	2014年6月12日	
V3.3.0	2014年7月27日	
V3.4.1	2014年9月26日	
V3.4.7	2014年11月3日	新增市集功能
V3.5.0	2014年11月24日	可将集市商品分享给好友；商品下有更多菜谱可推荐
V4.0.0	2015年2月14日	在社区中新增周边功能，可播放视频
V4.0.2	2015年3月11日	
V4.1.0	2015年3月19日	“菜谱分类”改版；商品追评；商品评价积分
V4.2.1	2015年4月22日	新增购物车、市集小店，提供售后服务，可延长收货
V4.2.2	2015年4月24日	提供加图评价、邀请好友下载功能
V4.2.4	2015年5月14日	
V4.2.7	2015年6月30日	提供市集评价分享、第三方绑定、手机绑定功能
V4.3.0	2015年7月10日	社区内容全方位抵达，新增红包功能
V4.3.1	2015年8月6日	

续表

版　本	更新时间	核心功能
V4.3.2	2015年8月28日	手机注册登录，优化分享
V4.4.0	2015年9月18日	关注动态改版；一次上传多张图片；作品图可关联商品
V5.0.0	2015年11月8日	新增F1食贴及“买买买”入口
V5.0.1	2015年11月9日	
V5.1.1	2015年11月26日	市集商品新增详细介绍，优化商品评价，新增在店铺内搜索商品的功能
V5.2.1	2016年1月6日	商品评价优化与同步，在个人主页增加了“买买买”模块
V5.2.2	2016年1月27日	微信支付，商品推荐

下厨房App的产品版本迭代过程是一个教科书式的过程，每个大版本号都有一个大功能，后续的小版本号都围绕这个大版本进行迭代。在每个大版本后也可以看到产品定位发生了细微的变化。

下厨房在App Store中的美食类榜单排名一直不错，特别是在V1.0版本后就稳居前三位，如图14.5所示。

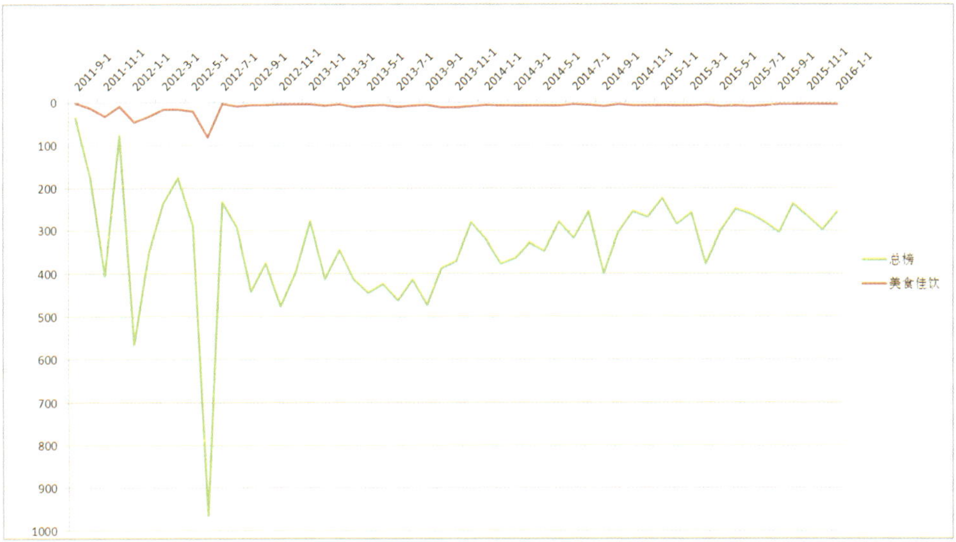

图14.5　下厨房在App Store中的美食类榜单排名

下厨房在App Store中的用户评分的平均分是4.6分，如图14.6所示，这在App里算是比较高分的评价。

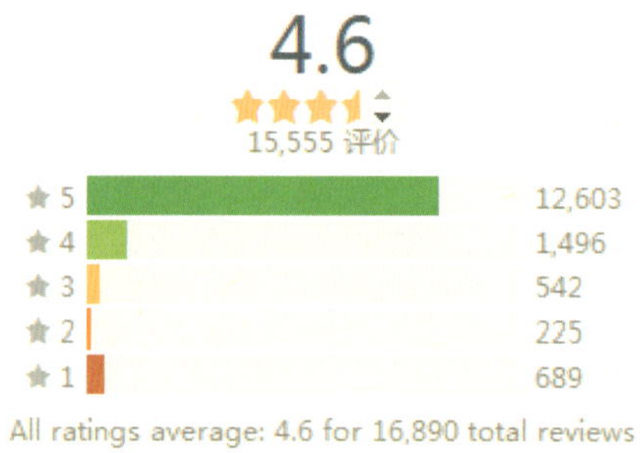

图14.6　下厨房在App Store中的平均用户评分截图

下厨房在App Store中的评分波动不算太大，如图14.7所示，大多数在4分以上，其中有以下两个阶段值得我们注意。

- V3.0版本是巅峰时刻，产品稳定，评价甚至出现高达满分的情况，在此期间主要是在产品功能上增加了社区属性，内容更丰富，用户体验也比较好。
- V4.0版本的评分不高，主要集中于市集上线后带来的体验问题，例如无法查看订单状态等。

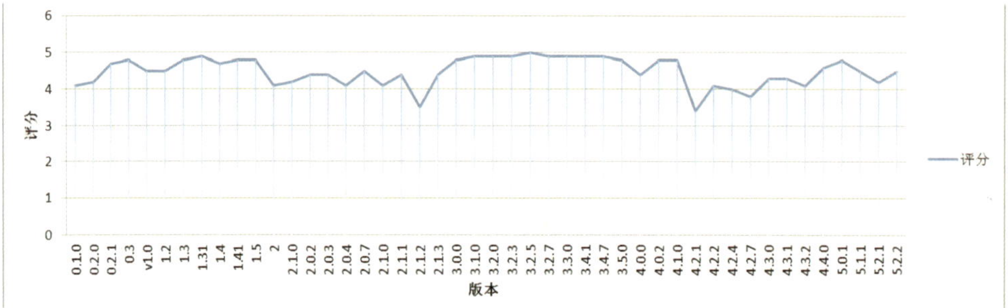

图14.7　下厨房的不同版本在App Store中的评分情况

下厨房的整个发展主线可以从产品功能迭代配合产品的大事件、用户评价、下载量趋势推测出大概情况。它的发展主要经历了以下3个阶段。

（1）第1阶段（探索期）

- V0.0～V1.0版本：2011年9月～2012年4月，从PC端向移动端迁移。
- V1.1～V1.5版本：2012年4月～2012年12月，以工具化为特点。

（2）第2阶段（成长期）

- V2.0～V2.1.3版本：2013年年初～2013年年底，以社区为核心，在商业化上进行探索但并不成功。
- V3.0～ V3.5.0版本：在2014年全年放弃商业化尝试，回归“工具+社区”的产品策略，取得了很好的效果。

（3）第3阶段（成熟期）

- V4.0～V4.4.0版本：2014年年底～2015年11月，进行商业化探索并上线了两大功能——市集和社区。
- V5.0版本至今：从2015年年底至今，加强媒体属性，引入专业媒体内容，并在后续推出“周刊”。

「14.3 迭代分析」

下面，我们将根据下厨房的发展历程的三大阶段，对下厨房的发展情况进行解读。

14.3.1 第1阶段

1. 关键版本解读

下厨房在该阶段获得了A轮融资，并入选“ App Store 2013 年度精选”中国地区的 “美食之选”，其V1.0版本的主要功能界面如图14.8所示。

图14.8 下厨房V1.0版本的主要功能界面

2. 用户评价

该阶段的用户评分（见图14.9）是有波动的，主要问题集中在闪退上。在尝试将搜索功能更加工具化后，用户给出了很多不太适应的反馈。另外，下厨房在产品性能上还是存在一定的稳定性问题，闪退等问题一直持续到了V2.0版本。

★★	**更新导致本人删除不用** 作者： **西西o418** 更新以后无法无目的参考。只能想做什么菜来查询，不能看菜谱想做哪个，我是习惯无目的翻菜谱，看中哪个然后学作。我能想到的家常菜就不用跑你这里查做法了！	2012年4月29日	CN	1.0
★★★★	**这个版本一按作者就闪退** 作者： **老辰儿** 这个版本一按作者就闪退	2012年9月15日	CN	1.3
★★	**更新导致本人删除不用** 作者： **西西o418** 更新以后无法无目的参考。只能想做什么菜来查询，不能看菜谱想做哪个，我是习惯无目的翻菜谱，看中哪个然后学作。我能想到的家常菜就不用跑你这里查做法了！	2012年4月29日	CN	1.0

图14.9　下厨房在第1阶段的用户评论详情

3. 阶段综述

下厨房在V1.0版本之前，把PC端的模式直接搬到了移动端，看起来像一个论坛，并增加了购物清单和横屏这两个移动端特有的功能，这两个功能也成为一直保留到现在的亮点功能。

- 购物清单：帮助用户把其感兴趣的菜谱拆分成要买的原材料，使用户更方便使用，该功能在最初的版本中备受好评。
- 横屏：当手机横屏的时候会自动切换到菜谱步骤，以更好地满足用户的需求。

14.3.2　第2阶段

1. 关键版本解读

在该阶段，下厨房在2014年11月上线“市集”，开始电商运营，并被App Store线下体验店收录为2014年美食演示App。

下厨房V2.0版本的主要功能界面如图14.10所示。

图14.10 下厨房V2.0版本的主要功能界面截图

2. 用户评价

在该阶段，用户的差评明显分为两个阶段：V2.0版本的问题集中于菜谱不能上传，会发生闪退，到V2.1.2版本发布时用户评分降到3.5分；V2.1.3版本主要在修复这些问题，评分稍微回升。可以说V2.0版本时期是下厨房有史以来用户评价最差的时期。用户评论详情如图14.11所示。

★★	**坑爹啊** 作者： **吸血鬼孤独** 更新完之后才发现，同步的收藏全部不能显示了，而且每次一打开我的菜谱就闪退，早知道还不如不更新呢。	2013年2月11日	CN	2.0.1
★★★	**同步不了** 作者： **pho557** 为什么这次更新同步收藏都同步不了呢？	2013年2月11日	US	2.0.1
★	**手机App功能不全** 作者： **jcxjoy** App不支持发步作品、菜谱及其他。功能相较网页版太少了。	2013年4月17日	US	2.0.2
★★★★	**搜索栏怎么没有了** 作者： **niki敏敏** 更新下搜索栏不见了啊！没以前好用啦！	2013年10月29日	CN	2.1.2
★	**为什么都打不开了？** 作者： **平底鞋的华丽** 突然就都打不开啦，也无法登录，总是报错！	2013年10月29日	CN	2.1.2
★★★★	**很喜欢的软件** 作者： **大大1225** 但是今天上去看菜单都不显示了不知道为什么，网没问题，手机都重启了下，还是看不了菜单	2013年10月29日	CN	2.1.2

图14.11 下厨房在第2阶段的用户评论详情

3. 版本综述

下厨房的成长期可以分为两个明显的阶段：不成功的V2.0版本尝试商业，变现V3.0版本强化“工具+社区”的模式取得好口碑。

V2.0这个大版本围绕着商业变现做了很多尝试：首先是引入广告，每月引入1个广告；其次是在电商化上做了尝试。

V3.0这个大版本完全围绕创建内容、内容消费两个层面进行尝试：在内容产生层面，无处不在的“创建菜谱”功能非常突出；在内容消费层面，则在首页增加榜单、专辑、流行菜单等，重点引导用户探索新菜，也激发了创作者的热情。

14.3.3 第3阶段

1. 关键版本解读

在该阶段，下厨房上线“市集”，开始电商平台运营，并于2015年7月完成由华创资本领投、京东跟投的B轮3000万美元融资。

下厨房在这一阶段的主要功能界面如图14.12所示。

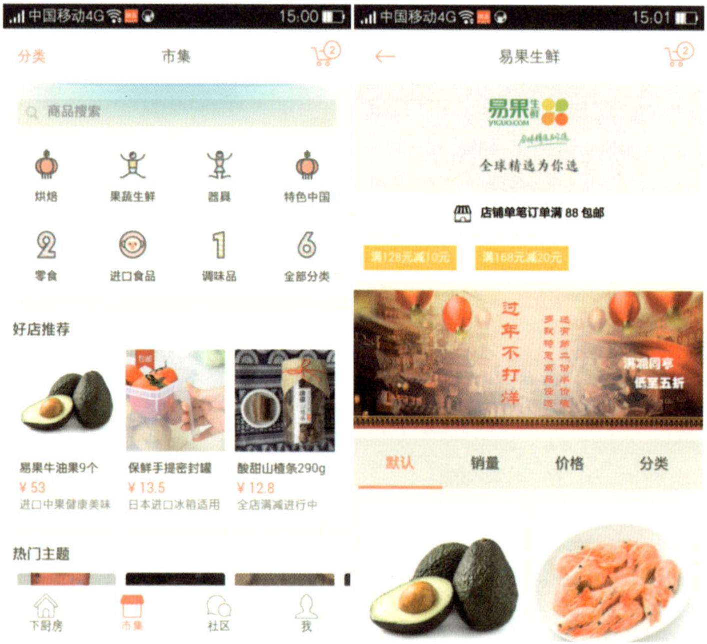

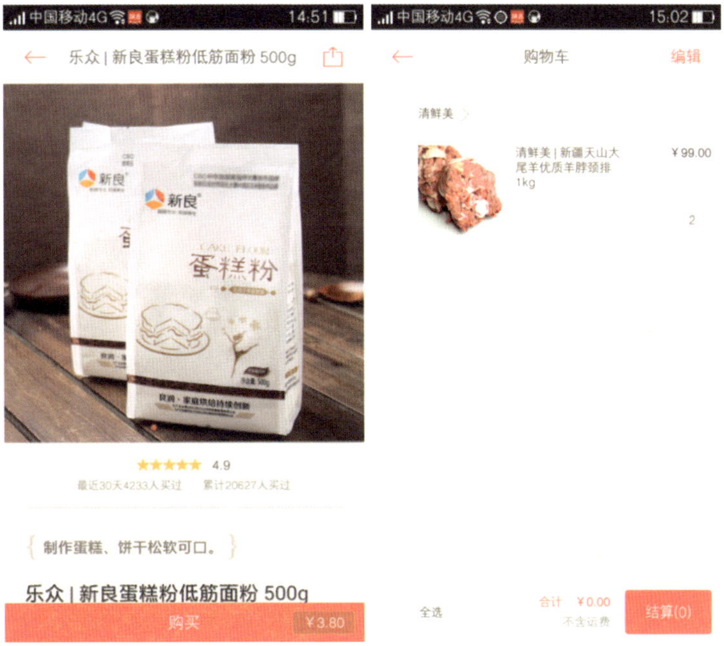

图14.12　下厨房市在第3阶段的主要功能界面

2. 用户评价

该阶段的用户差评不多，少量的差评集中于市集的反馈方面，多数是购物主流程体验上的差评，比如刚上线时没有购物车、到货时间慢而导致差评。另外，用户对商业化探索中的市集和广告功能的负面反馈很少，这说明探索的时机是合适的。如图14.13所示。

★★★★	**买东西的平台太差** 作者： **reta0903wjl** 我在上面买了东西，结果无法查看状态，啥都没显示，也找不到购买的信息，啥都看不到，很不放心	2015年7月13日	CN	4.3.0
★★★	**下拉的广告太烦人了！！！** 作者： **心型煎蛋** 整体还行，虽然商业化的味道越来越浓，但还是能用的，就是那个下拉的广告啊，太烦了，我用都是着急搜菜单呢，启动页等了好几秒，再滑下个广告来等好几秒，情何以堪？你商业化你加广告位我不介意啊，但是别浪费我时间啊啊啊啊，不要逼我下别的菜单App啊啊啊啊	2015年9月8日	CN	4.3.2
★	**分类敢不敢清楚些？** 作者： **我会脸红、** 四年前用的时候还几乎都是烧菜类，如今满页的面包制作，敢不敢类似的就不要发上来了，想找个主菜里各种混杂着面包，分类能不能分分清楚？越来越差	2015年12月2日	CN	5.1.1
★★★	**一下订单就闪退，非常闹心** 作者： **inmuri** 即使快递停了也想买买买啊！为什么一下订单就闪退啊！！！！	2016年2月6日	CN	5.2.2

图14.13　下厨房在第3阶段的用户评论详情

3. 版本综述

基于V3.0版本阶段打下的用户体验基础，下厨房后来的发展阶段明显分为两个阶段，即以商业变现为核心的V4.0版本和以媒体为核心的V5.0版本。

从V3.4.7版本开始测试市集到V4.0完整版本的推出，市集放弃PC端，只在移动端推出。这次的商业产品不再像V2.0版本时鲁莽，而是策略性地引入200多家品牌店为自己树立品牌，商家基本上是小而美的，例如烘焙专卖店、手工生产的食品店、高质量的生鲜水果店等。市集上的每件商品也非常养颜、美好。另外，上传买家图片评论的功能巧妙地被设计成“晒图”，用户晒产品相关的美图，并在自己的主页上展示、分享。下厨房在看起来没有那么刻意的商业化探索之路上走得稳稳妥妥。值得一提的是，配合市集功能，V4.0版本还上线了社区，下厨房的初衷是使其成为用户互相推荐市集口碑商品的社区，但现在更像个关于厨艺探讨的技术讨论区，用户对此的反馈也不是很好。

V5.0版本以加强社交和媒体属性为目的，推出了基于购物口碑的“买买买”社交功能，从内到外、从菜谱到各个分支都已经覆盖了社交方面的设计。值得一提的是，“买买买”配合“集市”功能推出了轻社交导购的形式，这也比较符合用户渴望发现好商品的需求。下厨房在该阶段引入了专业媒体入驻，并推出了“周刊”等产品，但由于上线时长较短，用户反馈还有待检验。

在运营上，随着拿到3000万美元的B轮融资，下厨房在运营上开始激进起来。在2015年7月，下厨房自己创造了一个“717大集大利”的购物节，通过红包的方式大量补贴用户，在微信群、微信朋友圈中形成了一次大力传播，促成了很好的拉新。

14.3.4 关键产品迭代分析总结

下厨房是一个慢公司的标本，从内容生产与内容消费机制、用户之间的社交关系、产品的变现策略这几个角度来看，下厨房在产品上做得比较谨慎，也有做得很好的地方，当然也有些迷茫，这同样值得我们研究。

下厨房“创建菜谱”功能的迭代过程如下。

（1）在早期版本中“创建菜谱”功能隐藏得很深。

（2）在V3.0版本时，“创建菜谱”功能在“我的”页面非常明显，在V4.1.1版本中又将“创建菜谱”功能放到“首页”末端。

（3）在V5.0版本中，首页的左上角“+”是“创建菜谱”功能的入口。

下厨房的内容消费机制如下。

（1）V1.0版本：增加时令推荐功能。

（2）V1.5版本：增加主题菜单功能。

（3）V3.0版本：增加早中晚餐菜谱推荐、榜单推荐功能，如图14.14所示。

图14.14 早中晚餐推荐功能界面截图

（4）V4.0版本：增加视频菜谱功能。

下厨房对用户之间的社交关系的维护如下。

（1）V0.3版本：在个人页面新增提醒、关注动态、点赞、评论功能。

（2）V1.2版本：更新个人主页、头像等功能。

（3）V1.3版本：可以分享菜谱和作品到第三方；增加消息推送（包括关注的内容等）功能。

（4）V2.0.3版本：可以加入其他渠道的好友。

（5）V3.1.0版本：从个人资料中可以看到厨友的更多背景；新增各种分享功能。

（6）V3.2.5版本：在动态中新增“好友的菜谱”等功能。

（7）V4.2.7版本：奖励新用户20元红包，鼓励其拉朋友进来。

市集的迭代过程如下所述。

（1）V3.4.7版本：开始上线“市集”功能，只满足基本的购物核心功能，商品展示有限，不能进入商铺店面。只有几个专营店（没有店铺），没有搜索和分类，不能评价订单和分享商品，只支付宝支付。

（2）V4.1.0版本：新增商品追评功能和商品评价积分奖励。

（3）V4.2.0版本：对于市集来说，这是一个里程碑版本，有基本完善的商城功能，支持分类和搜索，新增店铺、分享和购物车功能。

（4）V5.0版本：在首页突出店铺和商品推荐。

（5）V5.2.2版本：在商品评论上做了很大的优化（商品评论可以和关注、晒图联系起来，充分调动用户的小感知，即自己的作品可以和商品关联，把商品展示出来），新增店内搜索、微信支付功能。

14.4 总结

“下厨房”的厉害之处在于，它埋头做产品，结果水到渠成，扎扎实实地深入用户心中。而当用户的体验很好时，变现的过程会更加顺畅而不突兀，内容型社区变现的关键还是产品的用户体验。

15 互联网虐狗神器——小恩爱

小恩爱是一款非常私密的高度垂直的社交产品。越封闭的产品，总的用户量会越少，但用户的活跃度会非常高。通过小恩爱这款产品，我们可以看看面向小圈子用户群体的应用是如何控制欲望和掌握发展节奏的。

「15.1　产品背景」

15.1.1　产品简介

小恩爱（见图15.1）是一款主打情侣之间的私密社交的产品，并非大众化社交产品，类似的产品竞争并不激烈，国内外加起来的相关主流产品不超过10款。虽然类似产品的用户总量不大，但是用户活跃度非常高。通过小恩爱这款产品，我们可以看看面向小圈子用户群体的应用是如何控制欲望和掌握发展节奏的。

图15.1　小恩爱产品截图

小恩爱的产品定位为：通过模拟现实世界中情侣恋爱的情景来帮助恋人更好地交流，促进情侣沟通和感情磨合。

小恩爱的典型使用场景如下。

- 当情侣不在一起时，用小恩爱来沟通、分享和记录点滴。
- 情侣在相处时，用小恩爱来探索吃什么和干什么。

它的核心业务逻辑与架构如图15.2所示。

图15.2　小恩爱的核心业务逻辑与架构

它的产品功能结构如图15.3所示。

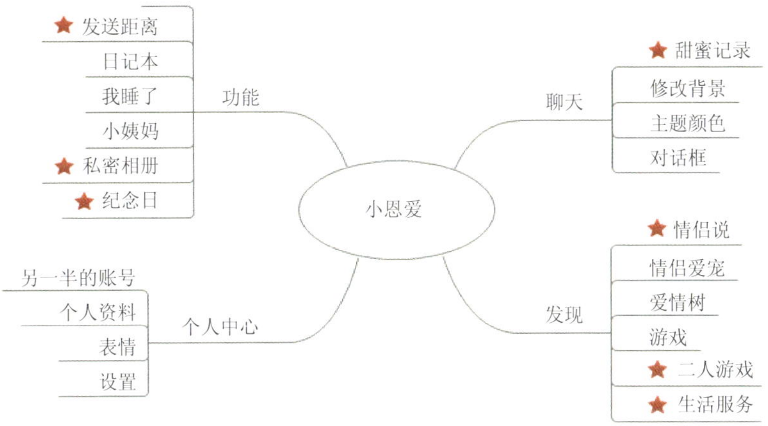

图15.3 小恩爱的产品功能结构（红星标注部分是关键功能）

根据QuestMobile截至2015年10月的公开数据，小恩爱的详细数据如表15.1所示（日活为2014年10月～2015年10月的平均数据）。

表15.1 小恩爱的各项详细数据

日　活	月　活	新增安装量	人均月度使用次数	月度使用总次数
52.98万	221.6万	3.8万	83.2次	21917.34万

15.1.2 产品发展历史大事件

小恩爱自诞生以来，经历了以下大事件。

- 2011年7月，小恩爱成立，以网站为主，获得天使湾创投的数百万美元天使投资。
- 2012年6月，小恩爱iOS版上线。
- 2012年12月，在腾讯开放平台应用创新大赛中荣获亚军。
- 2014年6月，小恩爱注册用户量达到1500万。
- 2014年8月，获得光信资本和华映资本1000万美元的A轮融资。
- 2015年4月，宣称用户量超过3000万。
- 2016年2月，宣称用户量超过5000万。

15.1.3 竞品简介

小恩爱在国内主要有微爱、QQ情侣两个竞品，在国外主要有Between、Pair两个竞品。而这些竞品与小恩爱不同的功能点如下。

- QQ情侣：直接与QQ等其他产品关联。
- 微爱：变声语音、聊天界面的一键电话功能、位置分享。
- Between：在照片中可添加拍摄位置的信息、数据导出功能。
- Pair：视频通话及通信界面的涂鸦、指吻这两个特殊功能。

15.2 发展历程

根据小恩爱自上线以来截至2015年12月的数据，我们梳理出图15.4～图15.5。

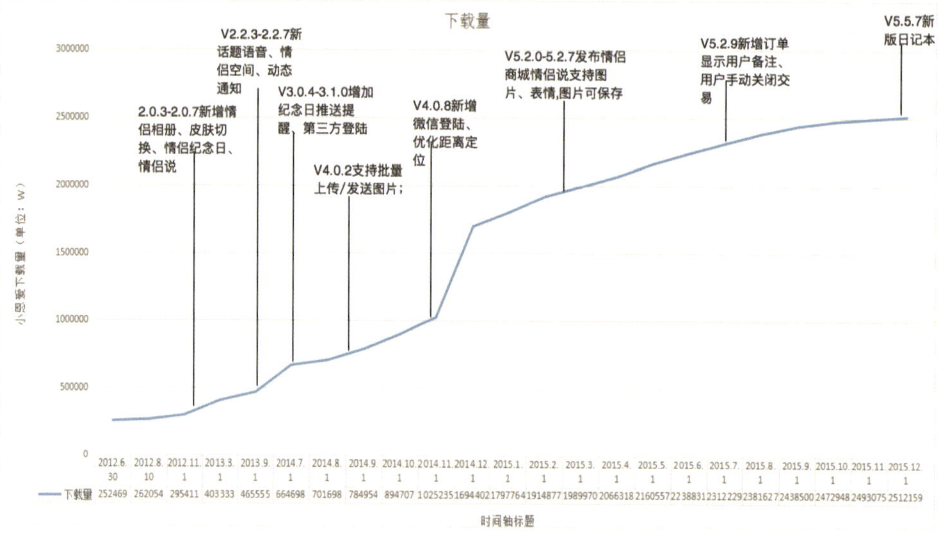

图15.4 小恩爱在Android 端的下载量增长曲线及版本迭代路径（数据来自酷传）

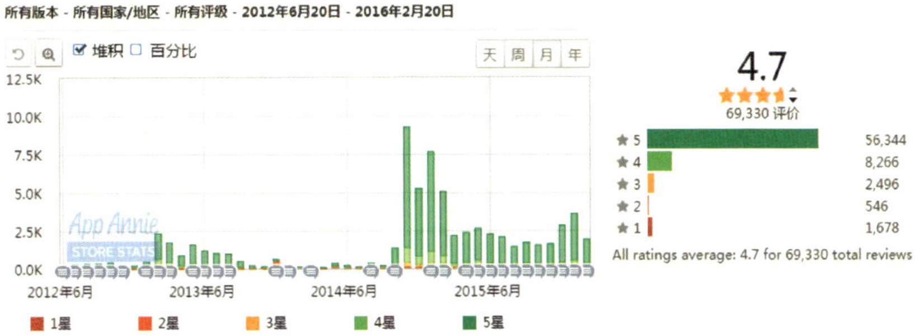

图15.5　小恩爱的App Store总体评分（数据来自于App Annie）

小恩爱在2012年～2015年的发展情况如图15.6所示。

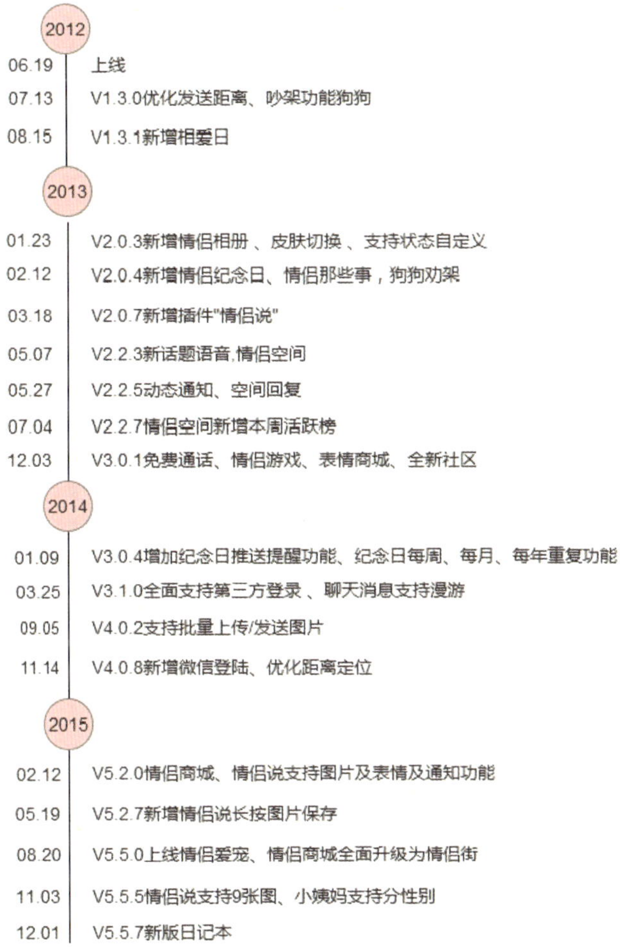

图15.6　小恩爱在2012年～2015年的发展情况

15.3 迭代分析

根据以上数据可以发现，小恩爱的发展历程大概可以分为以下3个阶段。

- 第1阶段：探索期，2012年6月～2013年12月。
- 第2阶段：增长期，2014年1月～2015年6月。
- 第3阶段：平稳期，2015年6月至今。

下面对这3个阶段的关键版本、用户评价、运营情况展开分析。

15.3.1 第1阶段：探索期

1. 关键版本解读

该阶段的版本为V1.01～V2.27，总共更新9个版本。

小恩爱的V1.0～V1.3.2版本在3个月内频繁迭代了多个版本，主要以修复各种问题为主，新增了“相爱日”功能。V2.0版本在稳定后，把“相爱日”功能扩展成纪念日，频繁增加了“情侣相册”“情侣说”“话题语音”“情侣空间”等功能，如图15.7所示。

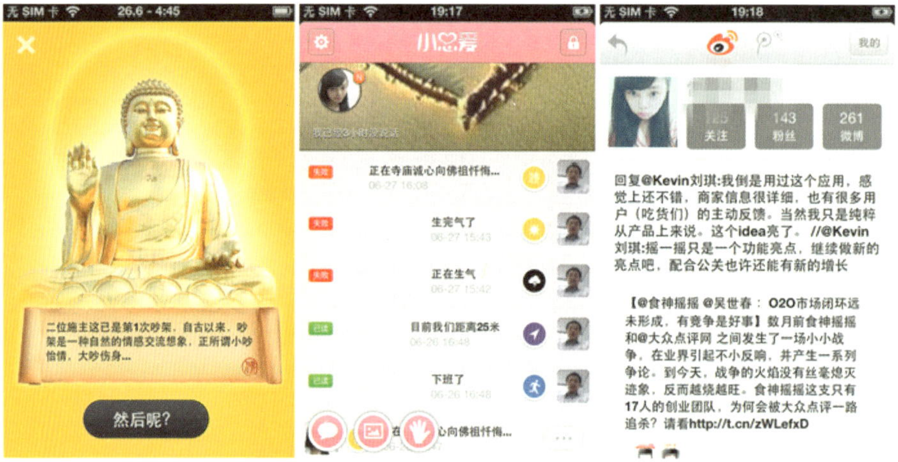

图15.7 小恩爱V2.0版本的界面截图

小恩爱早期以迭代为主，在底层稳定后，才开始在每个版本里面增加功能，我们也能看到，从V1.3.2到V2.0版本用了将近3个月，几个大功能都是在该阶段的大版本中出现的。

此阶段的功能以工具为主，支持情侣之间的应用场景，增加了内容创建的可能性。

2. 用户评价

由于用户量的增长速度较快，在小恩爱V2.0之前的版本中，服务器带宽等在使用高峰期面临瓶颈，服务器会在每天晚上的高峰期准时宕机，并由于网络问题导致很多差评。另外，一些产品功能的Bug也让用户不满。这段时间的用户评论详情如图15.8所示。

★☆☆☆☆	卡，网络差 作者：gs提高分 慢的要命，网络非常迟缓，卡啊！有时候信息图片什么的根本接收不正常。	2012年8月10日	CN	1.3.0
★★★☆☆	闪退 作者：mekiyo7 更新了之后老闪退。要跟着系统一起崩溃了	2012年10月4日	CN	1.3.2

图15.8　小恩爱在第1阶段的用户评论详情

小恩爱在V2.0版本（见图15.9）中增加了会员功能，启动了对商业化的尝试。在开通会员之后，用户可以自定义状态并增加云相册容量、主题的皮肤数量、不限制功能插件及高速客服通道，同时增加了私密相册、纪念日、狗狗劝架等功能，进一步提升了情侣之间的私密交流体验。

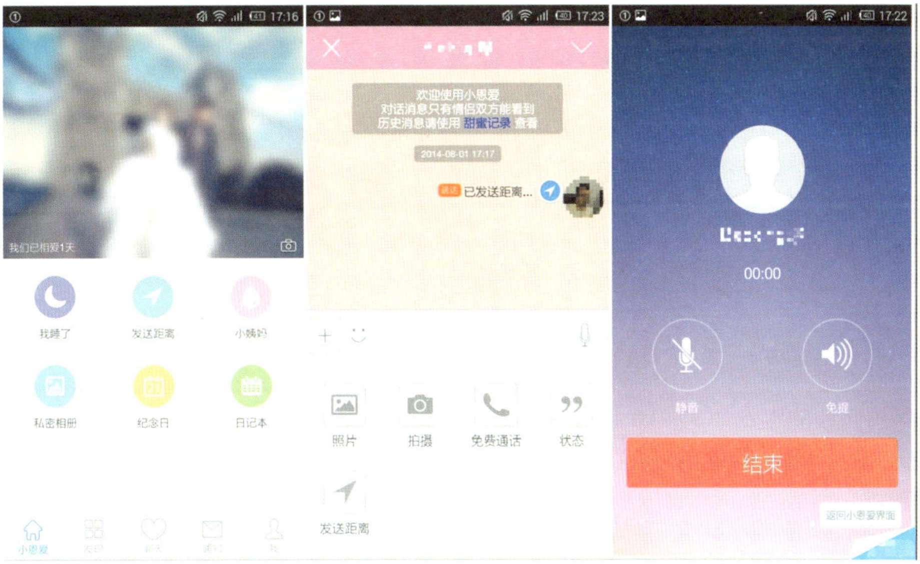

图15.9　小恩爱V2.0版本的界面截图

虽然在V2.0版本中的改进得到了用户的肯定，但是在基础功能如闪退等问题没有解决之前，急于商业化容易导致用户的反感。同时，由于改版风格变动较大，一些老用户产生了不满意的情绪，差评率一度达到评论总数的20%，如图15.10所示。

★★☆☆☆	**新版不给力 作者： marylin.1987** 功能没有旧版多不说，还减少了，还要付费，而且VIP功能也没有比普通会员实用到哪去，不划算！	2013年2月11日	CN	2.0.3
★☆☆☆☆	**越升级越垃圾，频繁闪退，留言重复显示 作者： 大仇恨** 越升级越垃圾，频繁闪退，留言重复显示，能不能有点技术含量的功能	2013年2月13日	CN	2.0.3

图15.10　小恩爱V2.0.3版本的用户评论详情

3. 运营情况

由于之前有一年多的PC端产品的运营基础，并且积累了一定数量的用户，所以小恩爱在该阶段并没有做特别大的外部运营推广活动，而是从PC端转到移动端。在移动端上线的第1天，小恩爱已经冲进社交榜Top10，名次不断提升，并在微博上引发热议，当天有不少科技媒体也相继报道了小恩爱，引爆了私密社交领域的一个小热潮。

在该阶段也增加了一些偏运营的特色功能，例如佛祖建议、发送情侣距离等，吸引了一批用户并让他们自发传播，但是产品性能的不稳定也引发了用户的大量吐槽。

4. 阶段综述

探索期以工具为主，从PC端向移动端迁移，还是比较成功的。小恩爱在该阶段根据用户反馈打磨产品的核心功能；同时全力扩展种子用户，提升用户口碑和知名度，为下一个阶段的用户量增长打下了基础。

15.3.2　第2阶段：增长期

1. 关键版本解读

该阶段的版本为V3.01～V5.3.1，总共更新7个版本。

小恩爱的V3.0.1～V4.0.8版本在这一阶段首先优化了旧功能点，做了改版，例如恢复了“发送距离”的功能，增加了纪念日提醒、第三方登录功能，优化了情侣说帖子、上传图片和语音功能等。从V4.0版本开始，小恩爱增加了小姨妈、双人游戏、照片批量上传等功能，新增的双人游戏一共有三款，找对方头像、情侣版Flappy Bird及情侣版2048都是将时下热门的休闲游戏进行了二次包装。如图15.11所示。

图15.11 小恩爱在V4.0版本中增加了小姨妈、双人游戏、照片批量上传等功能。

从V5.2.0版本开始，小恩爱开始了更多的商业变现的尝试，新增了情侣商城、表情商店等，但对之前版本中的商业产品进行了调整，例如全面取消之前的VIP会员制度（可退款）、情侣说满5小时可发帖等。消除因等级和收费导致用户产生的疏离感，同时和传统婚恋社区有所区别。

在该阶段，小恩爱的内容以UGC为主，注重内容创造。由于大量内容的沉淀，用户量迅速增长，口碑也迅速扩展。

2. 用户评价

小恩爱在该阶段做了很多改版，并增加了很多运营活动，产品集中出现了无法登录、距离误差、反应延迟等问题，用户的不满也集中于此（见图15.12）。由此可见，盲目地增加功能及拓展玩法，会导致产品越来越臃肿。很多新用户基本不懂如何使用该产品。

★☆☆☆☆	**改成渣渣了，弃用了。** 作者： **Dancertoby** 过去的消息说清就清了，连个备份公告都没有，现在想找回来，对不起，请交钱。本来一个小而美的软件，做得那么流俗，发送距离没有了，所有的使用记忆都毁了。	2014年1月27日	CN	3.0.4
★☆☆☆☆	**工作人员是微爱卧底吧** 作者： **贺昱辰** 我无力吐槽了，以前觉得虽然不好用但是好歹比现在完全不能用要强得多吧？！你干脆直接改名叫微信算了！界面一塌糊涂、没创意、不好用，情侣空间也没以前好用了，发送距离也没了，算了我是删了改用微爱呀。伤心，以前那么多东西都没了。	2014年1月21日	CN	3.0.4
★☆☆☆☆	**还是以前版本好用** 作者： **chen12345437** 以前版本两个人发照片都有记录 划屏就行 现在整了一堆没用的功能 两个人发的照片还得一页一页翻 不是VIP就只能保存12个月下这个软件的意义都没了 准备卸载了 新版本太无语了 可惜了我以前发的那些照片	2014年1月17日	CN	3.0.4

图15.12　小恩爱在第2阶段的用户评论详情

3. 运营情况

在该阶段小恩爱在运营上发力，通过线上和线下活动去提升用户的使用体验，并制造热门话题和活动，通过与其他平台合作来提升内容沉淀的数量和质量。

- 注重线上与线下活动的结合：推出小恩爱限量版抱枕+限量版项链+限量版卡片U盘，为不同的情侣量身推荐和提供专属的礼品及购物服务，包括推出情侣定制版智能手环等自有产品。
- 扩大合作的平台：爱奇艺、新浪微博、百度贴吧等80余家顶级伙伴让小恩爱拥有更加扎实的合作储备。
- 活动营销：活动包括在微博上转发由小恩爱粉丝们拍摄的微电影《小恩爱》、下载新版赢取幸运大奖、上线520恩爱节促销活动、1元抢iPhone 6等。
- 话题营销："#小恩爱情侣说#"在微博上引发话题讨论，热度持续发酵。

在2014年七夕情人节，小恩爱抓住了七夕秀恩爱的主题，结合情侣礼品如钻石大礼包等进行宣传，在微博上获得粉丝大量的转发和关注，并在甜蜜、温馨的氛围里推出V4.0版本，引导情侣们享受恋爱的美好，产品进入了爆发式增长的阶段。

4. 阶段综述

经过之前的新功能探索，小恩爱在该阶段重新审视用户的需求并对核心功能进行打磨，也消除了因为等级和收费导致用户产生的疏离感。同时，通过运营发力，营造了良好的情侣社区氛围，提高了用户的黏性和活跃度，也提升了自己的口碑。

15.3.3　第3阶段：稳定期

1. 关键版本解读

该阶段的版本为V5.3.2～V5.6.1，总共更新5个版本。

小恩爱在该阶段专注于商业产品的开发，将情侣商城升级为情侣街，优化了购物流程，例如新增情侣街专题、订单显示用户备注、丰富商品种类、将情侣闪购全面升级为情侣生活服务等，如图15.13所示。另外，小恩爱优化了情侣游戏、情侣说图片功能，新增了恋爱保险、爱情树、情侣爱宠、娱乐模式、表情等功能。

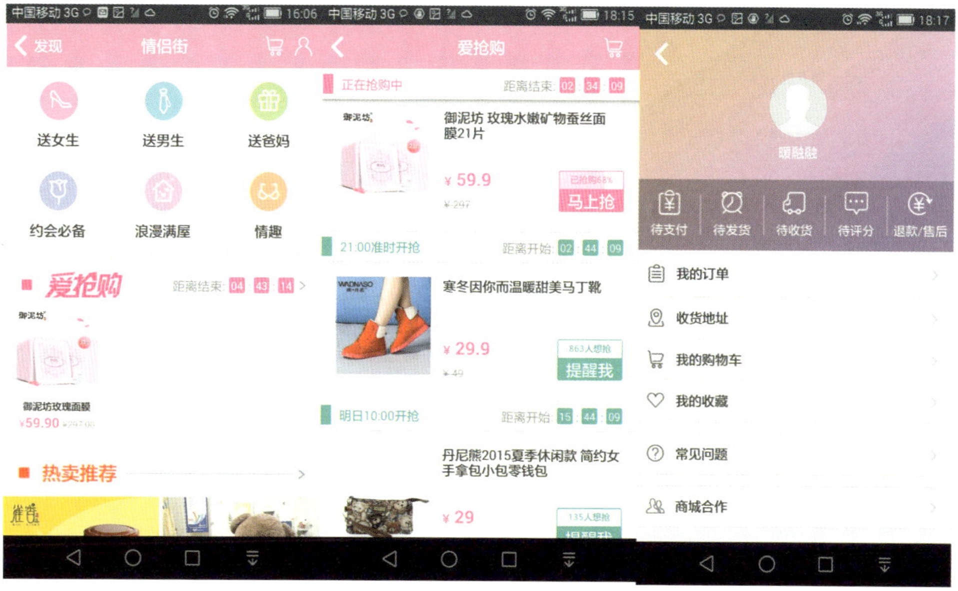

图15.13　小恩爱在第3阶段的产品截图

在用户量进入稳定增长期后，如何促活和商业变现是该阶段需要考虑的问题。小恩爱以电商、收入为属性，产品基本上进入稳定期。

2. 用户评价

在用户量达到一定规模后，小恩爱在情侣商品上投入大量的精力，去开发各种情侣定制礼品，配合节假日应景的氛围，提高了商业转化率。然而，对于私密的情侣空间，情侣更关心的是沟通和情感功能的实现程度，而不愿意被更多的商业广告打扰。从用户对该阶段的评论（见图15.14）中，可以看出用户对视频、日记这些沟通功能和互动游戏的改善需求很强烈，宠物游戏的种类和情侣商城的商品质量则需要进一步提升。

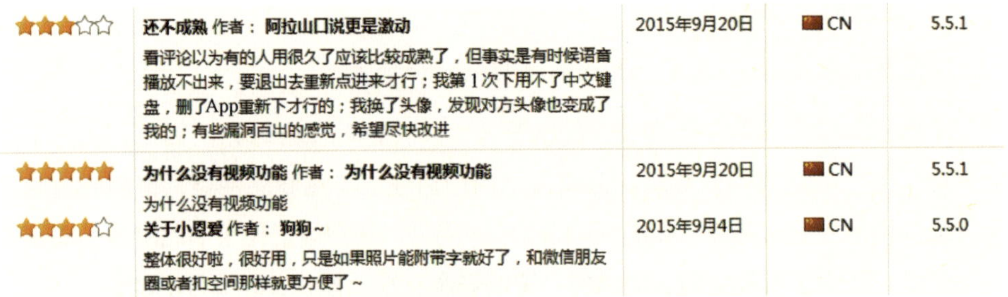

★★★☆☆	**还不成熟** 作者：**阿拉山口说更是激动** 看评论以为有的人用很久了应该比较成熟了，但事实是有时候语音播放不出来，要退出去重新点进来才行；我第 1 次下用不了中文键盘，删了App重新下才行的；我换了头像，发现对方头像也变成了我的；有些漏洞百出的感觉，希望尽快改进	2015年9月20日	CN	5.5.1
★★★★★	**为什么没有视频功能** 作者：**为什么没有视频功能** 为什么没有视频功能	2015年9月20日	CN	5.5.1
★★★★☆	**关于小恩爱** 作者：**狗狗～** 整体很好啦，很好用，只是如果照片能附带字就好了，和微信朋友圈或者扣空间那样就更方便了～	2015年9月4日	CN	5.5.0

图15.14　小恩爱在第3阶段的用户评论详情

3. 运营情况

小恩爱在该阶段采取的运营措施如下。

（1）持续在地铁上投放广告，运用广告效应进一步巩固市场。在2016年情人节前一个月推出“恋爱保险盒”，使“钻戒承诺”成为表白神器。

（2）在商业化道路上更进一步，与商家合作并推出各种情侣定制物品；对设计、生产和销售等环节全面把关，与优质商家合作，扩大品牌的影响力。

（3）发展社区UGC功能，通过有奖活动和排行来激发用户进行评论和发帖，进一步完善社区功能。

4. 阶段综述

小恩爱从最早以记录为主的工具，发展到以内容消费为中心的社交产品，继续迭代的动力已经变小了，也开始面临营收的压力。

15.4 总结

虽然以私密社交为目的情侣类应用层出不穷，但小恩爱在解决用户黏性不足方面有可借鉴之处。产品应在优化客户体验的同时，谋求差异化竞争，凭借创新来吸引新的客户。小恩爱在早期拥有的忠实用户为其改进和推广起到了很大的作用。

在商业化的道路上，小恩爱从收费会员转为取消VIP，实现终身免费会员，依托广大用户建立恋爱品牌，进行线下恋爱相关商品的经营，并率先实现了盈利。在情侣购方面与厂家合作，推出了自己的定制产品，在垂直领域继续深耕细挖。在一定程度上，小恩爱已经占据了发展第1梯队的态势，后续的跟随者也保持着分享蛋糕的机会。

在私密性社交、消息推送和社区化方面，小恩爱基于情侣之间消费的决策的频繁和多样性的要求，以经过用户认可的推送方式完成了消息推送和定制。并且对情侣私人空间和情侣说做了划分，既保留了私密性，又提高了社区的活跃度。最终通过开放社区、增加用户黏性等方式，实现对恋爱品牌的建设和线下落地。

未来仍然充满了对创新和用户体验细节的较量。小恩爱会在积累一定用户量的前提下，扩大商业化进程。在接下来的竞争生态中会带来新的投资需求，建议小恩爱增强情侣之间的互动性，例如游戏和沟通功能等，在商业化进程和完善基本功能方面找到更好的平衡点。

16 ▶ “霸气”的铁老大——12306

吐槽12306是一种习惯，但是，从产品经理的角度来看12306，12306也有非常多的值得我们学习的地方。不得不说，12306的App和刚开始的12306网站相比在体验上已经有了很大的提升。积极的产品经理看优势，消极的产品经理吐槽，你从12306身上应该看到什么呢？

「16.1 产品背景」

16.1.1 产品简介

在所有被我们日常使用的互联网产品中，12306（见图16.1）肯定是最特殊的一个：上线半年流量直逼京东；它可能是全中国转化率最高的电商网站，也是唯一瞬间交易量有可能超过天猫双十一的电商网站；它做到这样的成绩，依靠的既不是产品体验，也不是运营，然而它的一举一动在每年年末像赵本山的春晚小品一样，贡献了新一年的段子和一个又一个的网络事件。

图16.1　12306网站的页面截图

作为铁路总公司花费上亿元人民币开发的产品，12306的使用场景其实可以分为以下两个。

（1）场景一

- 用户：学生、上班族、农民工、白领等每一个离家很远又坐不起飞机的“外地人”。
- 痛点：在买票高峰期想买票时，在火车站通常买不到自己想要的票。

（2）场景二

- 用户：旅行者。
- 痛点：去火车站买票还得排队，太麻烦。

12306可以说是在之前买票难这个痛点困扰广大人民几十年的大背景下出现的，基于这一痛点，铁路总公司将如图16.2所示的核心业务逻辑和如图16.3所示的产品功能结构作为解决方案。

图16.2 12306的核心业务逻辑

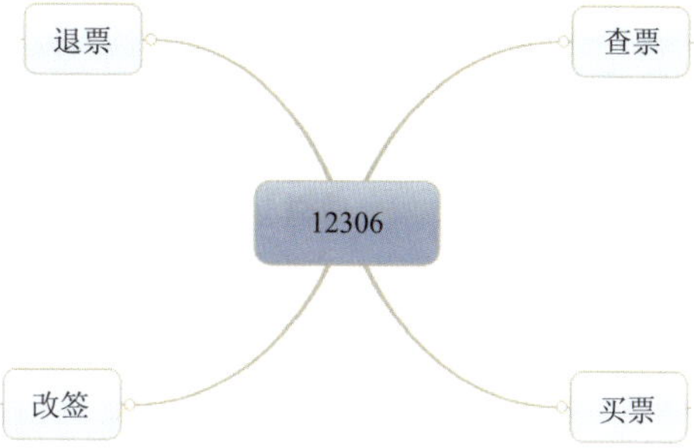

图16.3 12306产品功能结构

16.1.2 产品发展历史大事件

12306自上线以来，它的一举一动都牵动着国民的心。下面我们就来看看12306上线至今所经历的大事件。

- 2011年6月1日，12306网站正式上线，耗资1685万元人民币。在上线后的第1年里，12306在产品功能上都是沉寂的。
- 2012年1月1～8日，12306网站的日均点击次数达10亿次，由于无法承受高流量冲击，网站频频瘫痪。
- 2012年1月10日，12306网站的注册用户量达1000万。
- 2012年1月12日，12306网站的单日访问量已飙升至全球第90位，逼近京东商城（第83位）。

- 2012年春运，铁路总公司第1次在全国铁路实行网络、电话订票，截至同年1月8日，已经达到每天200万张的订票量。
- 2012年5月7日，铁路总公司发声："力保百亿12306，强力狙击网络代购，网站不和企业合作"。
- 2012年8月，在2012春运期间被刷爆之后，12306上线了"抢票排队"系统。它的初衷是好的：意图通过增加一个缓冲区，让晚一点抢票的人也能进入排队队列，减缓在放票瞬间大家抢票的压力。不过该系统上线后的效果有限，在抢票这件大事上，用户并非是完全理性的，所有人仍然力图排在队列的最前面，于是直到2014年，12306宕机的问题都没有得到彻底解决，该系统的上线反而增加了抢票的不确定性，招致了大量"手速快"的用户的骂声。
- 2012年9月23日，排队机制上线。
- 2012年12月26日，春运拉开大幕后，12306在三天内两度瘫痪。
- 2013年年初，猎豹上线抢票功能。此刻，12306还没有找到从技术上防御抢票的办法，它最早采用的方式是每隔几个小时换一下接口，让抢票软件无法解析。不过，抢票软件的更新速度几乎跟上了12306改接口的速度。12306此刻的努力只是让抢票软件有些不稳定而已。
- 2013年1月15日，12306网站一天的点击量达15.1亿次，一小时的最高售票量达30万张，一秒内的最高售票记录为255张，当天售票265万张，共有1700万人登录了网站，高峰时每秒有20万用户登录。
- 2013年春运，12306日均页面流量超1.2亿，远超京东、去哪儿等电商及出行网站，用户平均每次浏览14个页面。
- 2013年9月17日，全国铁路售票量达869.1万张，创历史新高。其中，12306网络售票系统共售票442.3万张，售票量首破400万张，占铁路总售票量的50.9%，网络售票首超总售票量的50%。
- 2013年10月，在十一长假中，360浏览器上线抢票功能，猎豹浏览器直接叫板12306，主动"约谈"铁路总公司。
- 2013年11月29日，12306网站正式开通支付宝购票服务。

- 2013年12月8日，12306 iOS版正式上线。
- 2013年12月13日，360推出抢票插件并实现了提前49天订票，12306又一次遭遇互联网企业给自己带来的挑战。
- 2013年年底，12306支持支付宝支付，同时新增抢票功能，并迎来了体验上的第1次优化。
- 2014年年初，12306开始接受阿里巴巴的技术协助。通过与阿里巴巴合作，将流量最大的余票查询交给阿里巴巴托管解决。网站瘫痪问题虽然还是会出现，但是借助互联网企业的技术力量，宕机问题大部分被解决。
- 2014年1月9日，12306网站和手机端的总访问量达84亿次，每秒的平均点击量达24万次，登录人数达2800万，余票查询60亿次，订票878万张，支付501万张，未支付率达43%。
- 2014年春运期间，12306出现漏洞，黄牛通过假证大量囤票。360浏览器实现提前49天订票，不仅让猎豹和搜狗有些措手不及，还抢了新版12306的风头。
- 2014年12月7日～21日零点，全国铁路已售票逾1.15亿张，同时，12306网站也成功经历了297亿次的高峰日访问量，顺利度过春运前的售票最高峰。12306网站的登录总人数达69790万，成功售票6281万张，相当于每11个人中只有1个人能成功买票，互联网订票成功率不足10%。
- 2014年12月25日，漏洞报告平台——乌云漏洞发布报告称，包括用户账号、明文密码、身份证和邮箱在内的大量12306用户的数据在互联网上被疯狂传播。
- 2014年12月26日，为打击冒用身份证购票的行为，12306宣布取消售卖行程冲突的车票。
- 2014年年底，为了应对即将到来的2015年春运，12306投入两套客票系统同时工作，系统处理能力提升了一倍；将网络带宽从5GB扩充到12GB，网页响应速度更快；客票查询能力提高两倍，使查询访问更快捷。
- 2015年1月16日，阿里巴巴向12306提供了技术协助，负责承接12306网站75%的余票查询流量。
- 2015年3月16日，12306推出验证码识别方式，用户在登录和提交订单时，需要通过识别图片进行登录，猎豹和360称12306的图片验证码对自己没有影响。

- 2015年12月，12306验证码升级，图形验证码数量达581种，需要输入两种验证码才能验证成功，用户有机会尝试338 980种验证题目，一次性输入正确的几率仅为8%，遭到网友大量吐槽。截至2015年12月8日，春运期间的火车票发售量达1.3亿张，12306网站共发售车票7813万张，同比增加1532万张，增长24.4%，占总售票量的比例由去年同期的54.6%上升至60.1%。
- 2016年1月18日，中国铁路在2015年的旅客发送量达25亿人次，网络售票占总售票量的60%以上。

16.1.3 竞品简介

从严格意义上来说，作为唯一掌握票源的网站，12306没有竞品。但是，12306的一次次动作，无疑都是对“竞品”在市场上所做动作的响应。如果说12306的目的是尽可能地争夺用户的购票渠道、保障公平购买火车票，那么下面的这些产品都可以看作12306的竞品。

- 猎豹、360、搜狗浏览器：抢票插件，与12306网站斗智斗勇。
- 高铁管家：一款专门做高铁票务售卖的App，在2015年的体量大概为12306的10%；在2016年的春运中业务高速增长，甚至有机会在高铁票务领域挑战12306。
- 携程：为OTA旅游聚合平台，兼卖火车票。

16.2 发展历程

根据百度指数统计的12306自上线以来截至2015年12月的数据，我们整理出图16.4。

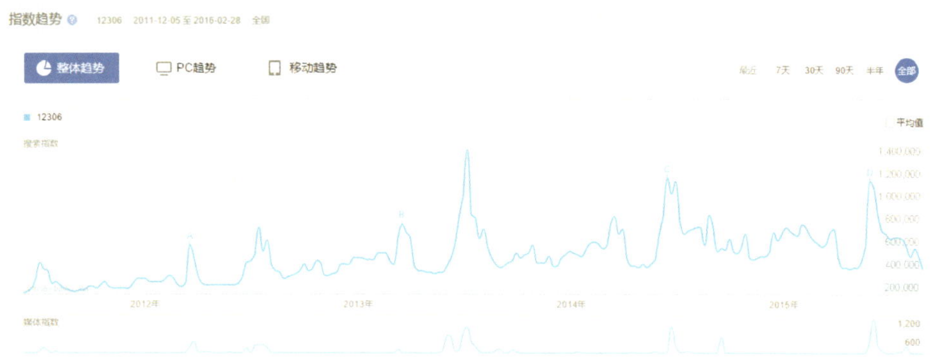

图16.4　12306历年的百度指数

根据Alexa提供的12306近半年的Alexa排名，我们整理出图16.5。

图16.5　12306近半年的Alexa排名

不过，百度指数不可能完美地反映12306实际的流量情况，毕竟有哪个导航站没有收录12306呢？有多少人在访问12306时还需要对12306进行搜索呢？但是，我们也能看出12306的流量呈现明显的周期性：春运期间有一次高峰，十一黄金周期间有一次高峰。

16.3　迭代分析

16.3.1　关键版本解读

对于12306来说，用户量从来不是问题，运营活动从来没有做过。所以和一般的互联网产品不同，通常我们分析一个产品时会将其分成几个阶段，但是12306并没有明显的阶段划分标志。它的所有迭代都在力图解决以下三个问题。

（1）扛住春运流量，不宕机。

（2）防住刷票软件，保证公平。

（3）在有余力时，提升一些体验。

2014年年初，12306在阿里巴巴的帮助下解决了在流量暴增的情况下网站瘫痪的问题，而在此之前，12306的主要精力都用在解决这个问题上。

12306在2013年年底进行过一次大的改版，这次改版也引起了互联网圈的极大关注，我们下面就来解读这次改版。

（1）更多功能的折叠和展开，如图16.6所示。

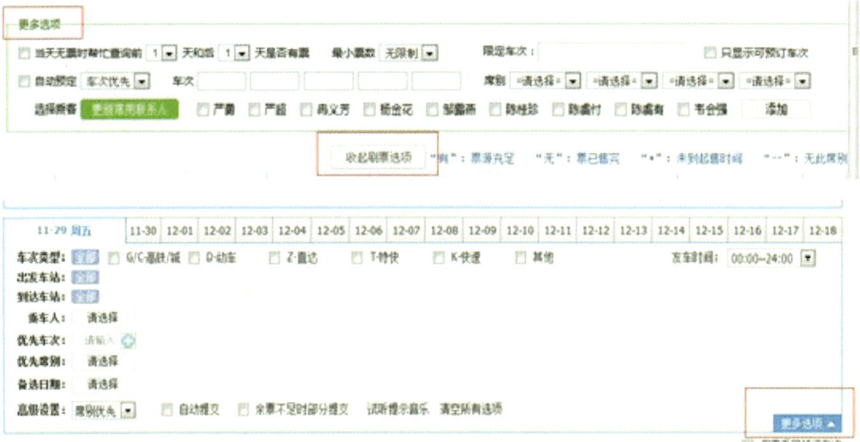

图16.6　12306的功能界面

（2）提供优先车次、优先系别的功能（见图16.7）。用户在选择车次及席别的时候，360浏览器抢票王和12306的这个功能完全相似。

图16.7　优先车次和优先系别界面

新版12306在交互与体验上开始向互联网公司学习。而12306在2016年春运期间对双图片验证码的推出，引起了广大网友的吐槽，导致各种恶搞12306验证码的文章此起彼伏。其实这并不是12306验证码的第1次升级（见图16.8）。验证码主要用于增加抢票软件的抢票难度，理论上，如果一个验证码无法被机器识别，那么抢票软件的速度再快，也不得不和其他抢票者一样，等待一个“输入验证码”的时间，于是抢票软件的优势就不复存在了。

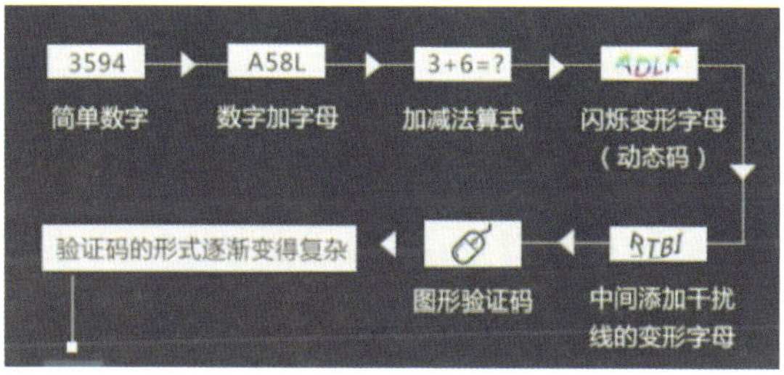

图16.8　12306验证码发展史

随着技术的进步，12306的验证码的识别难度在增加（见图16.9）。

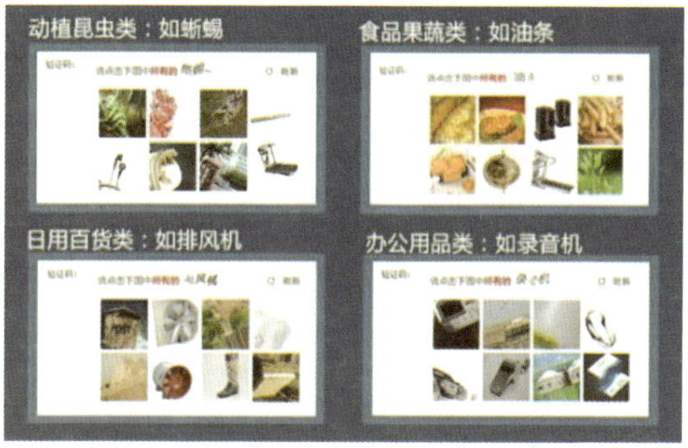

图16.9　目前12306验证码部分种类（双图片验证，图片来源于199IT网站）

最初级的验证码是数字和字母，只要有图片识别功能，就能攻克。比较难以被攻克的验证码至少具备如下几个特征之一。

（1）不仅仅是文字输入接口，还需要借助鼠标操作。

（2）采用中文，中文比数字和英文更难识别（所以几年前，汉王还是个有核心技术优势的企业）。

（3）采用图片，对于图片的内容，机器几乎不可能实现解析。

新的12306验证码同时符合了上面三个特征，这样的验证码大大增加了用户买票的难度，在升级为双图形验证码之后曾一度导致正常用户买票一次性验证的正确率只有8%。

但是抢票软件真的没有办法应对了吗？不一定。只要12306的验证码仍然是有限的数据，那么就可以用人工穷举的办法，人工标注所有情况。12306所遇到的难题，本质上不是技术难题，而是旺盛的火车票需求与春运时铁路运力的不匹配的难题。

在回家的驱动下，抢票永远是刚需。

16.3.2 运营情况

除了约见抢票软件，在大多数时间内，12306在市场和运营上都是沉默的。

更多的时候，作为一个沉默的网站，12306在被网友吐槽、调侃，被动地卷入了一次又一次的热点事件。除夕吐槽春晚，春运吐槽12306，这几乎成了一种文化现象。

16.4 总结

三节课创始人Luke对互联网产品的定义是：互联网产品是可以给用户带来让其微笑的价值的。而按照这个定义，12306并不算一个互联网产品。

但是12306所面对的问题，更多的不是来自网站本身，而是来自春运时突然爆发的巨大客流。从铁道部自身来讲，如果它为了满足春运期间的客流而增加了运力储备，那么非春运期间的其他11个月，这样的运力储备将是巨大的浪费。而在铁路运力提升有限、注定供不应求的情况下，如果我们是12306，则我们还能怎么办呢？

12306向阿里巴巴开放，解决了流量压力的问题。但是面对被利益驱动的抢票软件，12306的一次次动作多少显得苍白而无力。不过，对所有需要“反作弊”的企业，这样的问题都是同样的：我们要防住所有的漏洞，而作弊者只要抓住一个漏洞，就能弄垮我们的防线；我们在明处，作弊者在暗处；我们的技术团队可能只有10个人，但要面对全国很多作弊者的围攻。

任何一个网站都不敢保证有能力解决全部的作弊行为，12306也是如此。

公允地说，我们看到12306在努力。

17 ▶ 把图片社交玩出不同花样的in

如果你是90后还不知道in，那你可能真的落伍了。图片社交不是新创意，但能在众多图片社交类产品中脱颖而出实属不易。in的产品有大格调，也有小惊喜。从用户群来看，in适合小女生，也让年轻的妈妈爱不释手，小男生中玩这款产品的也不少，看起来用户玩的绝对不是滤镜，那么in的魅力到底在哪呢？

「17.1 产品背景」

17.1.1 产品简介

像美图工具，也是show场社区，有生活八卦，也有时尚消费，这就是in，号称中国的Instagram。我们经常说社区不好做，因为社区既要有强烈的文化氛围，又要有极好的产品体验，而前者靠运营，后者靠产品，在产品和运营两端都必须有极强的操盘能力。

in就是这样一款产品，它似乎将女性的八卦和高雅的气质同时包容进去，传达了一种“活色生香”的生活百态，不管是浏览还是发布图片，都有良好的存在感体验。

具体而言，in是一款基于女性和品牌的时尚品位分享移动端社区，以图片社交为出发点，通过达人引领、品牌分享和标签、贴纸、大头等多种酷炫玩法，为用户全方位记录生活的“in记”，在图片社交中传播生活态度。

作为一款垂直的女性图片社交应用，in从2014年6月上线至今，用户量已突破1亿大关，跻身中国图片社交领域领头羊的地位，简直是火箭一般的存在。

in的主要功能界面如图17.1所示。

图17.1 in的主要功能界面

其产品定位为：一款最好用的图片工具；一个记录生活的图片日记本；一个基

于女性的最具时尚、文艺调性的分享社区。

其用户群为：喜欢自拍和随意拍照的女性，喜欢晒图和分享的达人。

其使用场景为：遇见美好的事物，想要拍出最美的效果；喜欢晒图和分享，想要个性化的装饰。

其要解决的需求为：个性化的图片美化需求；一个志同道合的符合自身调性的分享社区的需求。

in的核心业务逻辑及产品功能结构如图17.2～图17.3所示。

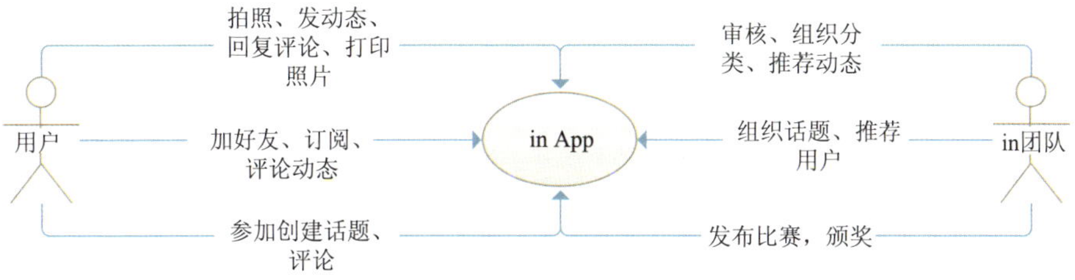

图17.2 in的核心业务逻辑

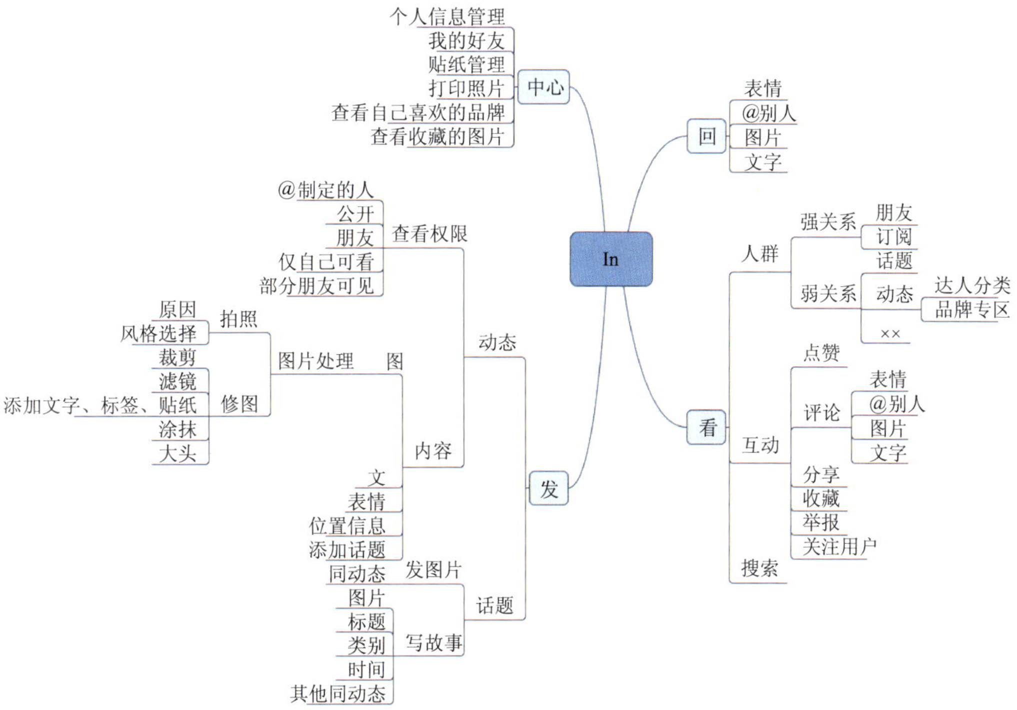

图17.3 in的产品功能结构

17.1.2 产品发展历史大事件

in的发展历史大事件可以分为以下3个篇来理解。

（1）资本篇

- 2013年11月1日，获得了种子天使1000万元人民币的投资。
- 2014年8月27日，完成了A轮数百万美元的融资。
- 2015年6月1日，完成了B轮3亿元人民币的融资。
- 2016年3月，宣布挂牌新三板。

（2）运营与商务合作篇

- 同银联合作，发起62青年欢乐多话题营销，阅读量达1000多万。
- 联动周边资源如爱图购、清水姐姐微信、微博等推广品牌。
- 在2015年11月举行inner-she power的首映礼上，in宣布了《达人扶植计划》，帮助达人与品牌建立商业合作关系，并发起公益活动，邀请大众加入自愿拍摄队伍去发现被忽略的社会问题。

（3）产品用户篇

- 上线1个月后，用户量在2014年7月突破百万。
- 上线6个月，用户量在2014年12月突破1200万。
- 2015年11月，用户量突破5000万。
- 2015年12月，用户量突破6000万。

17.1.3 竞品简介

in的竞品主要有如下两种。

- Nice：一款通过照片和标签的方法，让图片更有意义的社交软件，可让用户结识到有共同的生活方式和兴趣爱好的朋友。
- Instagram：全球图片社交产品鼻祖，也是目前最大的图片社交App，拥有十亿级别的用户量，被Facebook收购。

17.2　发展历程

根据产品从上线截至2016年3月的数据，我们梳理出图17.4。in的起步和发展是比较顺利的，最初的探索期的发展速度也很快，可见in团队有较好的产品操盘经验或者说运气比较好。当然，中国的市场也非常缺乏这样一款有气质的“Instagram”。

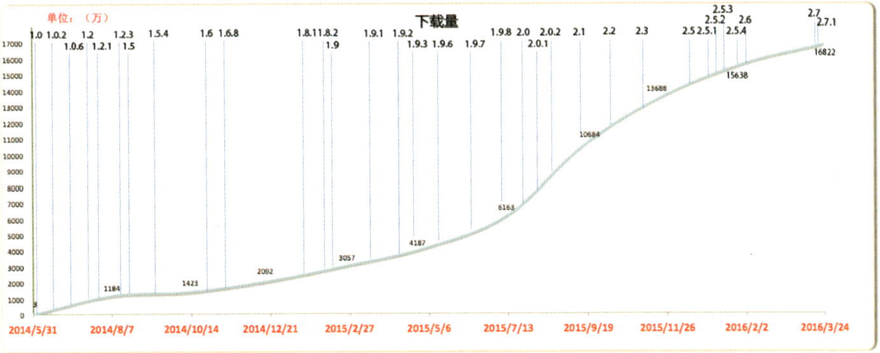

图17.4　in在Android端的下载量走势图

如图17.5所示，in在App Store中的排名表现非常亮眼，在摄影与录像这一类目中，in一直居于前列，这是一个竞争极其激烈的品类。

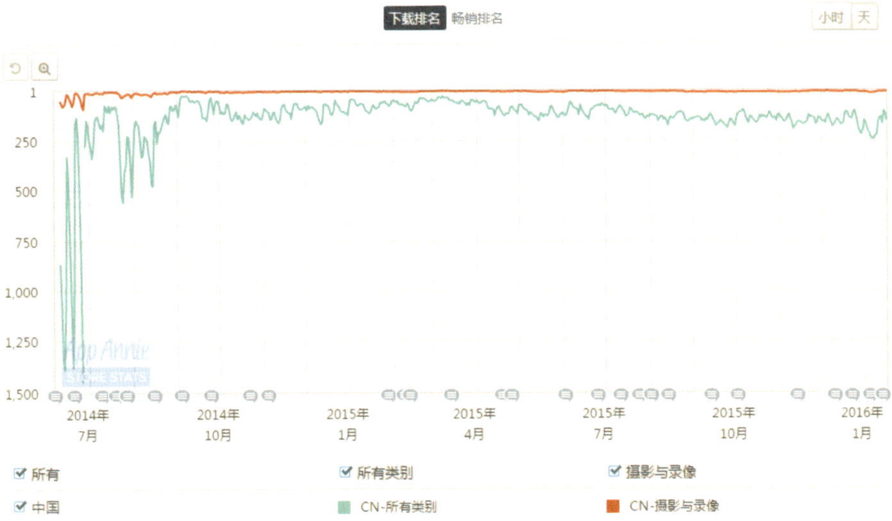

图17.5　in在App Store中的排名走势图

in可以做到这一点的原因，笔者觉得没法用“在图片渲染和P图技术上超越其他应用”来解释，而只剩下图片社区的“口味和气质”击中了一众女孩的“命门”，这和其创始团队对女性社交和一线城市的女性消费品位的深刻理解是相关的。

如图17.6所示，in的口碑一直不错，如果十七八岁的女生喜欢这样的产品，那么她们不但会用，而且会非常愿意分享和品评。只要找到这样的核心忠实用户（也就是in的达人文化），那么其App的氛围、品味、黏性和口碑都会有很大的提升。

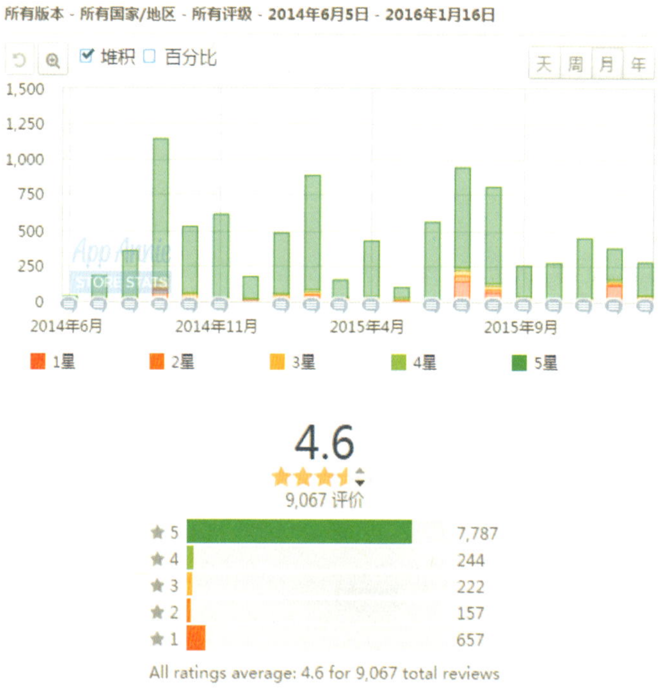

图17.6　in的 iOS版产品的评级和评分

in的功能迭代如图17.7所示。

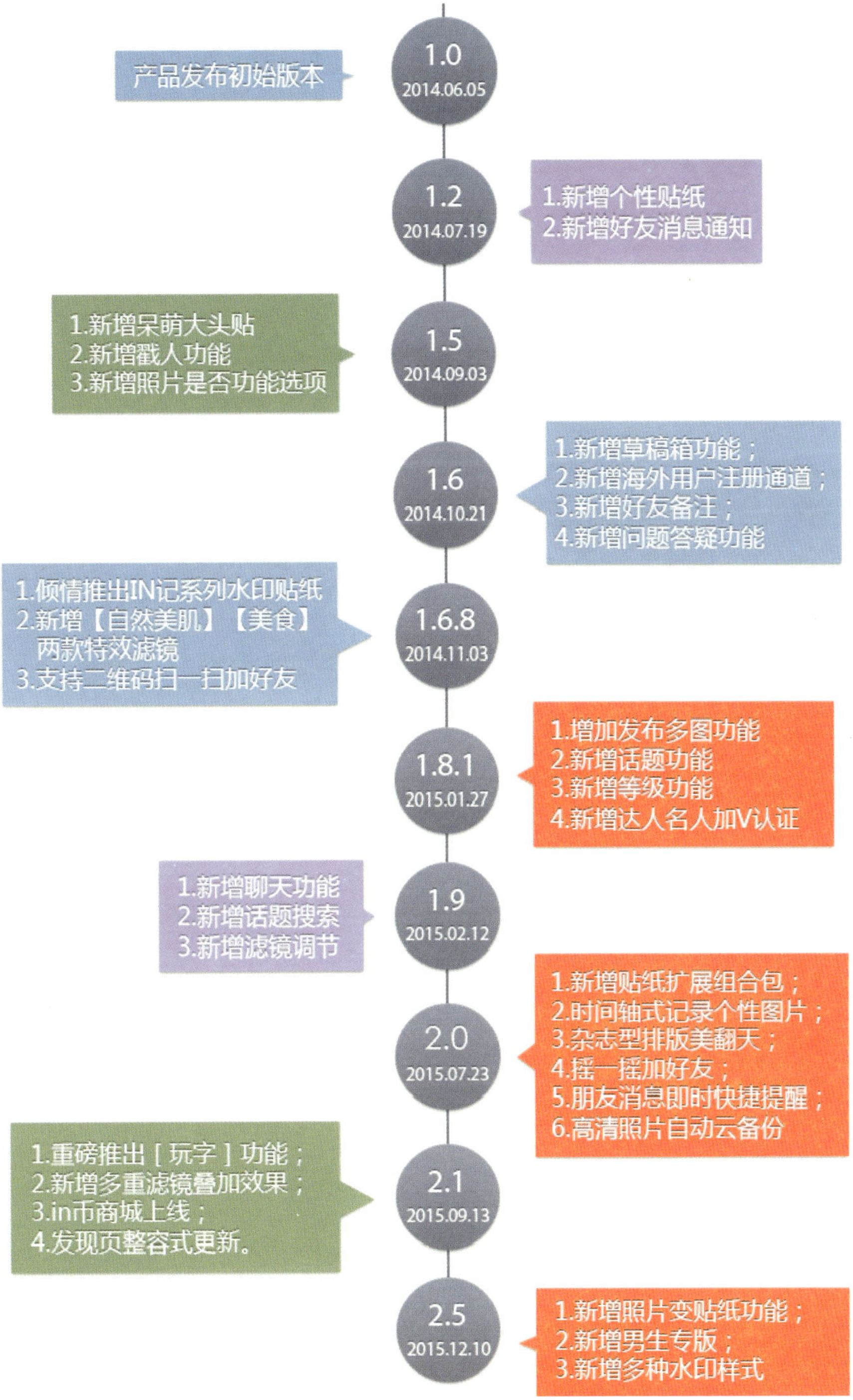

图17.7　in的功能迭代图

in的产品迭代的节奏感明确，铿锵有力，有缓有急。在上线早期迅速迭代；在第1个增长期过后相对放缓迭代速度，此后基本匀速迭代；在第3个增长期后，迭代速度相对加快，我们猜测其产品开始进行新一轮的打磨，从工具社交向商业变现转变，同时向突破亿级用户量冲刺，这对于一个创业型产品来讲，这样的操盘节奏难能可贵。

在上线不到两年里，in的产品打磨从V1.*XX*版本平稳过渡到V2.*XX*版本，成功越过探索期并找到了3个增长点，完成了从工具到社交的完美转型，并以火箭一样的速度冲刺到中国图片社交应用领域的领头羊的位置。

从in的用户量增长来看，每一轮用户的增长必然来源于产品价值的提升和运营的助推，九言科技CEO清水姐姐不断强调，他们做的是这样一件事：产品是1，运营是0，一直以来都把主要精力放在对产品的打磨上。从图片美化工具到全面社交，从达人引领到自发口碑传播和全民内容制造，我们看到了in的蜕变。 同时，我们发现运营绝不是0，原因有以下3点。

- 通过早期的达人引领，沉淀和积累了大量的优质内容，成功奠定了时尚品牌的调性，内容依靠订阅专题等机制更好地整合，提高了用户消费的效率。
- 主动推荐背后的数据运营，大大缩短了用户和产品之间的距离，想用户所需，投其所好，可大大提升用户的黏性。
- 在上线早期和1周年时进行了一系列的推广活动，从线上走到线下，来到用户身边，讲大家的故事，烘托氛围，增强同用户的互动和亲密度。因此，这是一款十分机智的产品，基因纯正。

从产品排名和评论来看，in在上线3个月内便跃居摄影录像类别前列，此后保持平稳，居高不下，这种良性效果必然来源于对产品自身的精良打磨和优良的用户体验。这3个月内未出现负向评论，完美印证了一个社交应用在最初工具属性时期对产品的严格打磨及调性、氛围培养的重要性。

综上所述，in从产品上线至今，共迎来了3个增长高峰，我们可以将其划分为以下4个增长阶段（1个探索期和3个增长期）。

（1）第1阶段：2014年6月～2014年11月，用户培养阶段。

（2）第2阶段：2014年12月～2015年4月，全民UGC阶段。

（3）第3阶段：2015年5月～2015年9月，全面社交阶段。

（4）第4阶段：2015年10月至今，新的探索阶段。

17.3 迭代分析

17.3.1 第1阶段：用户培养阶段

1. 关键版本解读

这一阶段是in最关键的基础打造阶段，在这一阶段成功突破了1000万的用户量，虽然已经是很大的体量，但对于大众社交类产品来说，1000万的用户量可能还只是个基础门槛。

其V1.6.8版本的主要功能界面如图17.8所示。

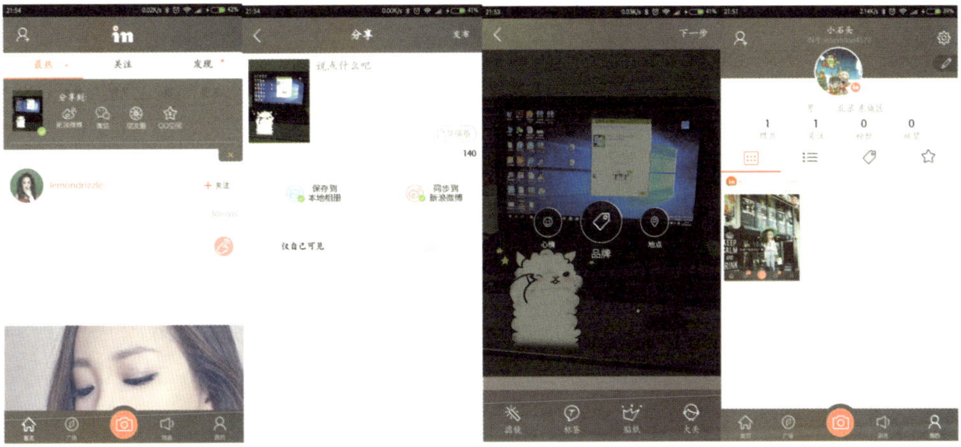

图17.8　in V1.6.8版本的主要功能界面截图

这是产品打磨最关键的阶段，主要目标为优化用户体验，强化工具属性，辅助社交属性各项功能的上线，沉淀产品在工具属性上的大部分主要功能，成功做到产品的从0到1，打造一款最好用的图片美化工具。应该说，在早期用户量不多时，正是打磨产品的好机会。

以下为in在这一阶段对产品打磨的主要动作。

- 快速迭代：上线6个月，共进行10次迭代，这样的迭代节奏很快。

- 用户体验优化：建立搜索用户的功能、优化贴纸的使用流程、上线好友的备注功能、可去掉水印。
- 图片美化：个性化贴纸、大头功能、原创贴纸、贴纸商城、水印系列、特效滤镜。
- 社交分享：可以分享到QQ空间、微信朋友圈，进行站内好友推荐、接入新浪微博入口、扫一扫等。

2. 用户评价

这一时期的评论曾出现骤增的情况，尽管产品团队已经紧锣密鼓地进行功能打磨和迭代，但是仍然不能满足用户激增带来的诸多需求，因而出现了一系列的负面评论，但对于发展如此迅速的产品来说，做到这个程度已经很不容易了。in在第1阶段的用户评论详情如图17.9所示。

★★★☆☆	**读不了照片** 作者：**dexie55** 本来没事，更新后反而读不了照片，没得玩了！	2014年9月24日	CN	1.5.0
★★★☆☆	**无法读取 最近添加 里的照片** 作者：**jayfantoo** 点进去以后就是白屏	2014年9月24日	CN	1.5.0
★★★★★	**相机的照片显示不出来** 作者：**Miko 陈** 为什么我相机的照片显示不出来？？之前的照片想做大头效果都不行呢，怎么办！！！！！	2014年9月24日	CN	1.5.0

图17.9　in在第1阶段的用户评论详情

3. 运营情况

作为一款内容型垂直女性图片社交应用，in对早期社区的氛围和调性的确定、种子用户的培养及高质量内容的沉淀，都成为这一时期运营的关键。很显然，in的运营团队做得非常成功，如下所述。

- 同银联合作，发起62青年欢乐多话题营销，阅读量达1000多万。
- 联动周边资源推广品牌如爱图购、清水姐姐的微博和微信资源等，帮助品牌在新媒体生态圈里推广，其中爱图购的PC端注册用户达1500万，微博粉丝达500万，微信粉丝达50万。in的微博粉丝达155万，清水姐姐的微博粉丝达45万。
- 与品牌厂商合作推广。
- 开启PGC模式，以达人引领的方式创造优质内容。达人模式虽然在很多电商和社区中都有所运用，但能把KOL（Key Opinion Leader，关键意见领袖）做好可不是一件容易的事。in在选择KOL时做了很多文章，这一阶段引入的达人都是能“引人入胜”的“女妖精”。

4. 阶段综述

这一阶段是in最关键的基础打造阶段，in在这一阶段成功突破了1000万的用户量。其早期的商业模式并不明显，所做的商业活动也是在为运营做铺垫，积累优质用户，创造优质内容，培养调性和氛围。我们猜测这一时期的盈利主要来自于为品牌引流所获得的广告佣金，同时，贴纸商城的上线可能是下一个变现的项目，但在这一阶段还不明确。

17.3.2　第2阶段：全民UGC阶段

这一阶段是新用户量增长最快的阶段，在5个月内用户量突破3200万。其主要功能界面如图17.10所示。

图17.10　in在第2阶段的主要功能界面

1. 关键版本解读

对于产品打磨来讲，in在这一阶段关于应用工具属性上的功能基本确定，少量增加新功能，把精力更多地放在功能、用户体验的优化上。同时，这一阶段的另一个重大目标是配合运营达到用户量的增长目标，因此社交属性的新功能全面展开。

in在这一阶段的功能更新主要体现在以下几个方面。

（1）迭代速度放缓，5个月共迭代6次，从V1.8.1版本迭代到V1.9.3版本。

（2）图片美化功能优化，提供多图、多尺寸图片、贴纸分类、滤镜调节、图片裁剪功能。

（3）图片美化功能新增贴纸收藏。

（4）在社交方面增加话题、用户等级、达人认证、聊天、领域话题及微信、手机号登录功能。

2. 用户评价

如图17.11所示，in兑现了自己的承诺，完美地成为用户心中最好玩的应用，在功能上的打磨也日渐成熟，但是功能越多，新用户上手越复杂，操作简单仍然是发展高潮期的产品面临的大问题。

★★★☆☆	**闪退 作者：燃蛋苞** 经常闪退	2015年4月16日	CN	1.9.1
★☆☆☆☆	**登录方式太讨厌 作者：临凡尘** 只能用新浪微博和QQ登录，没有微信登录，没有其他登录，我没有新浪微博也早不玩QQ了，果断删除	2015年4月16日	CN	1.9.1
★★★★★	**好用是挺好用的，就是太乱，而且现在都不知道那些是该下载的新的贴纸，要一个一个找。建议像美图秀秀那样贴纸归类，有新的会提醒。 作者：低哦酱油** 好用是挺好用的，就是太乱，而且现在都不知道那些是该下载的新的贴纸，要一个一个找。建议像美图秀秀那样贴纸归类，有新的会提醒。	2015年4月16日	CN	1.9.1

图17.11　in在第2阶段的用户评论详情

3. 运营情况

首先，这一阶段的用户量已经突破千万，达到一个量级，无须再进行外部的推广和品牌合作推广，in把更多的精力放在对站内用户的运营和优质内容的运营上。达人引领仍然起着助推的作用，达人认证机制的建立加速了优质内容的制造和二次消费。

其次，in同时开启了全民UGC模式，所有人都可以认领话题，成为达人，增强用户的黏性，让用户去发掘和实现自我价值。另外，自媒体无限扩大用户的来源，以微信、QQ、微博、手机通信录、达人推荐等方式让更多的人无门槛地进入平台，找到自己的一席之地。

最后，聊天功能的上线大大增强了用户的互动性，为全面社交奠定了用户互动的基础。

4. 阶段综述

这一阶段是用户量增长最快的阶段，在5个月内用户量突破了3200万。

就产品整体来讲，in在这一时期发展的关键点是新用户的大量入住、社区属性功能的全面上线、优质内容的大量生产及良好的用户互动关系的形成，因此商业盈利模式没有出现新的变化，以广告佣金为主。

2015年8月的融资为这一阶段的发展提供了强有力的保障，同时这一阶段的运营活动以站内为主，几乎没有推广费用，清水姐姐表示，这一时期获得一个新用户的成本很低，在0.67元左右。

17.3.3　第3阶段：全面社交阶段

这一阶段是in的社交属性成熟期，用户量的增长速度相对于第2个阶段稍微放缓，但已突破5000万。其主要功能界面如图17.12所示。

图17.12　in在第3阶段的主要功能界面截图

1. 关键版本解读

迭代速度相对缓慢，在5个月内迭代7次，版本从V1.9.6迭代到了V2.1.0。这一阶段的功能更新如下。

（1）优化图片美化功能：改版贴纸商城、升级图片清晰度、自定义水印、优化贴纸组合。

（2）新增工具功能：上线涂抹油画功能、时间轴记录照片流、玩字功能。

（3）社交功能优化：发布的内容可同步到朋友圈、可切换隐私状态。

（4）社交功能新增：上线in币商城。

这样一个体量突破5000万的阶段是机遇也是挑战，用户的留存和日活成为运营的关键，而产品在这一时期仅靠优化是不能满足用户需求的，in的产品团队是怎么做的呢？其最大的亮点应该是解决了用户的另一个痛点，在图片美化工具的基础上增加了一个存储工具，让in成为一款好用的生活“in记”存储工具，并上线了时间轴记录照片流。

2. 用户评价

如图17.13所示，强势发展的in还是出现了问题，引来用户一系列的差评，这些差评主要针对闪退问题。这可能是in体量太大、服务器无法承受巨大压力的缘故，这也是一个强势发展的产品必须要过的难关。

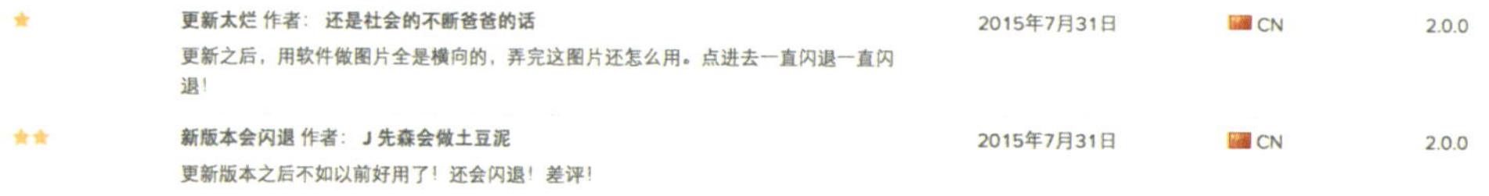

图17.13　in在第3阶段的用户评论详情

3. 运营情况

面对5000万的用户体量及形形色色的用户需求，in的运营团队的压力应该很大。通过在第2阶段沉淀丰富的优质内容及形成良好的互动关系，in已经在用户中形成口碑。in在第3阶段中的运营聪明地借助了产品的力量，增加了存储功能，并上线了时间轴记录照片流，让用户在in上安了家，想走都难。可以说in在这一阶段对产品功能的重视大于运营活动。

4. 阶段综述

这一阶段是in的社交属性成熟期，用户量的增长相对于第2个阶段稍稍放缓，突破了5000万。

这一时期新的商业模式崭露头角，in币商城上线，虽然仍是兑换模式，却是in对电子商务模式的开启，这或许是日后最有利的盈利模式之一。

17.3.4　第4阶段：新的探索阶段

1. 关键版本解读

in在这一阶段的产品迭代增速，在4个月内迭代6次，版本从V2.2.0迭代到V2.5.3；新增存储工具属性功能，比如照片变贴纸和自制表情包；上线男生专属版本。

in在这一阶段对产品开始了新一轮的打磨，把重点放在存储工具上，用户在in上的“家”里不仅有生活的时间轴照片流，还有自制的表情包和贴纸等。

2. 用户评价

如图17.14所示，用户已经非常认可这样一款既好用又好玩的产品，图片社交在生态圈层面的意义已经形成，下一个重大关口便是如何利用这样的生态圈。in在新的探索期到底能不能成功，让我们拭目以待。

★★★★★	**非常好用** 作者： **5689u** 可以来记录生活中的小点滴，贴纸也很漂亮，非常棒的一款App，而且平台人多，分享的照片也多	2016年1月15日	CN	2.5.3
★★★★★	**love。in** 作者： **coco 祉** 很喜欢这个软件，这款软件都省了自拍神器了，里面的图片都很萌，还可以加上自己的心情，已经向朋友们推荐这款软件了	2016年1月15日	CN	2.5.3
★★★★★	**很好！！超赞！** 作者： **qianqian_** 用过的最好的贴图软件！贴图超多！而且都很可爱！萌萌哒！功能很强大！好评！就算我只有16GB内存严重不足也不会卸载的软件！！！😮	2016年1月15日	CN	2.5.3
★★★★★	**IN 独家记忆** 作者： **青瓦特天** 软件里面的素材很多，每次聚会，自拍，过节，生日等等都可以P的很有个性，很喜欢的一款软件	2016年1月15日	CN	2.5.3
★★★★★	**很好玩** 作者： **哦是的、想个名字很难** 看别人玩得很开心，自己也下了玩，无聊的时候做贴纸是会上瘾的	2016年1月15日	CN	2.5.3

图17.14　in在第4阶段的用户评论详情

3. 运营情况

in对这一阶段的运营也进入了新的阶段，站内运营已经无法满足用户的需求，更需要进行线下接近用户的推广活动并在扩大影响力上发力。这一阶段的运营活动主要如下。

（1）站内运营活动：分享后可获得自制表情包、最爱品牌订阅。

（2）在2015年11月举行了inner-she power的首映礼。

（3）发布《达人扶植计划》，帮助达人与品牌建立商业合作关系。

（4）发起公益活动，邀请大众加入自愿拍摄队伍，去发现被忽略的社会问题。

4. 阶段综述

B轮融资以后，清水姐姐表示未来将根据用户的兴趣、交友、旅游、时尚、美食等类别将in打造成新生代年轻人的社交平台。in在这一阶段的用户量已经破亿，新的探索也在进行中，但是整体来看并未取得太大的成效。在这样的转型时期中，in真的能走好吗？

这一阶段也是in对新的商业模式的探索时期，还未出现标新立异的商业模式，仍然是与品牌合作实现商业价值。

在完成3亿元人民币的B轮融资后，钱对于in来说不是问题，问题是怎么赚钱。赚钱将是in在这个阶段主要探索的事情，也是整个图片社交行业面临的重大难题。

17.4 总结

从in对产品打磨的过程、节奏、发展速度、运营推广及商业模式的探索来看，目前它虽然已经成为中国图片社交领域的老大，但是它的野心不止于此。从还在加速发展的轨迹上来看，in的目标可能是打通图片社交的商业闭环，形成不同类别的图片社交生态圈。我们可以设想一下，未来可能在in的基础上孵化出很多垂直平台，比如图片交友、品牌制定、美妆课堂、美食文化等，每个类别都可以形成自己的生态圈，那时的in是什么？是应用平台吗？让我们尽情想象。

提到图片社交，无论是资本市场，还是普通的产品经理人、用户，无不关心图片社交背后的商业模式。Instagram在2015年的全球广告收入达到6亿美元，面对不同的互联网环境，in是否能超越Instagram的模式，走出新的商业模式的道路呢？

世界无限大，一切皆有可能，祝福in！

18 ▶ 发现全世界的好东西——小红书

自2014年3月成立以来，小红书在短短两年内飞速发展，已经拥有超过1500万用户，并已完成了B轮融资，俨然于悄无声息间成为了诸多跨境电商玩家中的佼佼者，如其快递包装盒一样，既充满生命力，又令人耳目一新。

「18.1 产品背景」

18.1.1 产品简介

小红书是一款针对海外购物需求而研发的App，主要提供UGC模式的海外购物分享社区，以及自营的B2C跨境电商购物平台。在跨境电商如火如荼的今天，小红书与其他跨境电商平台的最大区别在于：它或许是跨境电商类平台中唯一以社区起家的产品，并快速在市场上建立了鲜明的品牌和独有的壁垒。

据相关数据显示，小红书的用户平均每月打开小红书App超过50次，平均使用时间为130分钟以上，平均1名用户在App中下3个单。在2015年11月20日，小红书App在App Store中国地区App购物类排行榜中位列第9位，在海外购物类App中位列第2位。自2014年3月成立以来，小红书在短短两年内飞速发展，已经拥有超过1500万名用户，并已完成B轮融资，俨然在悄无声息间成为诸多跨境电商玩家中的佼佼者，和它的快递包装盒一样，既充满生命力，又令人耳目一新。

小红书有如下特点。

- 是海外购物分享社区的电商平台，可让人找到、买到国外的好东西。
- 根据百度指数和官方发布的一些公告，我们认为小红书的社区核心用户主要为喜欢海淘、追求生活品质的中青年女性，其中有50%是一线城市的85后和90后，以学生和白领居多。

小红书的产品逻辑如图18.1所示。

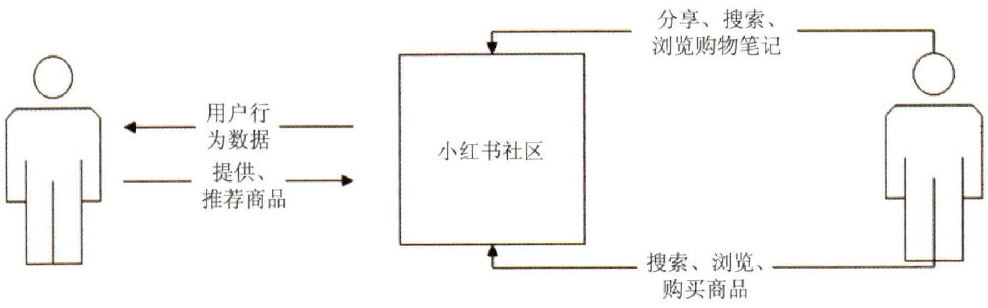

图18.1　小红书的产品逻辑

小红书的功能结构如图18.2所示。

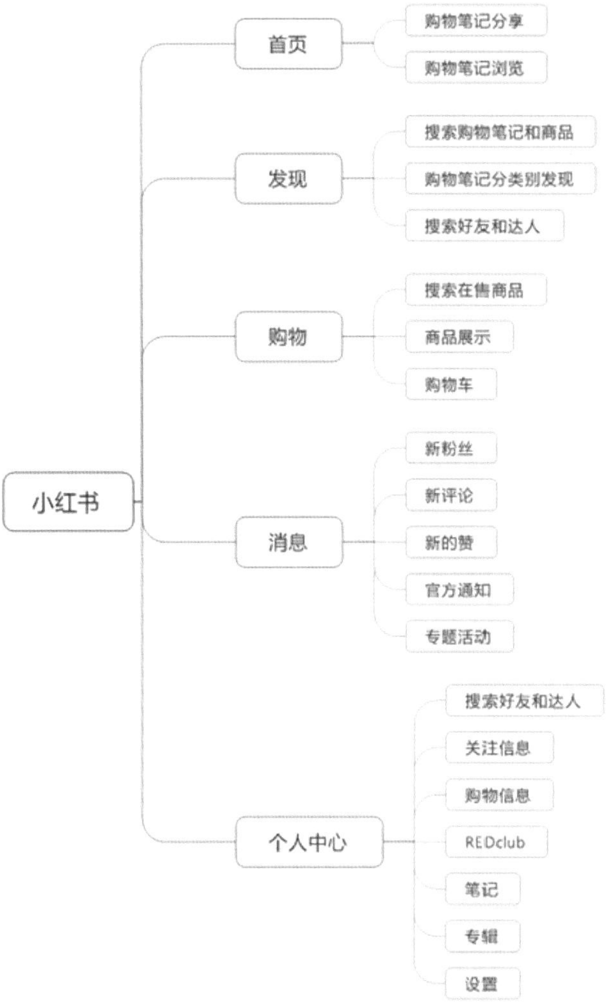

图18.2 小红书的功能结构

小红书的使用场景为：海外购物时不知道买什么；如何买到口碑更好的海外商品。

18.1.2 产品发展历史大事件

小红书自诞生以来，经历了以下大事件。

- 2013年6月，小红书在上海成立。
- 2013年10月，发布小红书出境购物攻略。

- 2013年12月，发布香港购物指南App，推出海外购物分享社区。
- 2014年1月，香港购物指南更名为小红书购物笔记。
- 2014年3月，完成数百万美元的A轮融资。
- 2014年8月，引入电商，Android版本上线。
- 2014年9月，获得腾讯应用宝“小红花”奖。
- 2014年11月，完成GGV领投的千万美元级的B轮融资。
- 2014年12月，正式上线电商平台“福利社”，从社区升级电商，完成商业闭环。
- 2015年7月，在第一财经跨境电商投资峰会上获得“新锐成长”奖。
- 2014年12月，发布全球大赏，获奖榜单被日韩免税店及海外商家广泛使用，成为出境购物的风向标。
- 2015年年初，小红书郑州自营保税仓正式投入运营 。
- 2015年5月，与澳大利亚最大的保健品品牌Blackmores（澳佳宝）达成战略合作。
- 2015年11月，小红书宣布，自同年3月自营保税仓投入运营以来，半年内的销售额已达7亿元人民币。

18.1.3 竞品简介

小红书主要的竞争产品有：蜜芽、美丽说HIGO、网易考拉海购。

- 蜜芽：定位于进口母婴商品特卖，其蜜芽圈购物母婴购物分享社区与小红书社区相似，但只起到活跃用户和导购的作用，属于附属功能。
- 美丽说HIGO：定位于海外代购，汇聚全球优秀买手，买家与所在地的真实买手直接沟通和交流，没有中间环节。
- 网易考拉海购：自营精选好货，凭借直营自采的模式提供低价、正品、极速的商品，抓住用户海淘的痛点，占据了海购的一席之地。

「18.2 发展历程」

针对小红书诞生以来的整个发展历程，我们梳理出图18.3～图18.5。

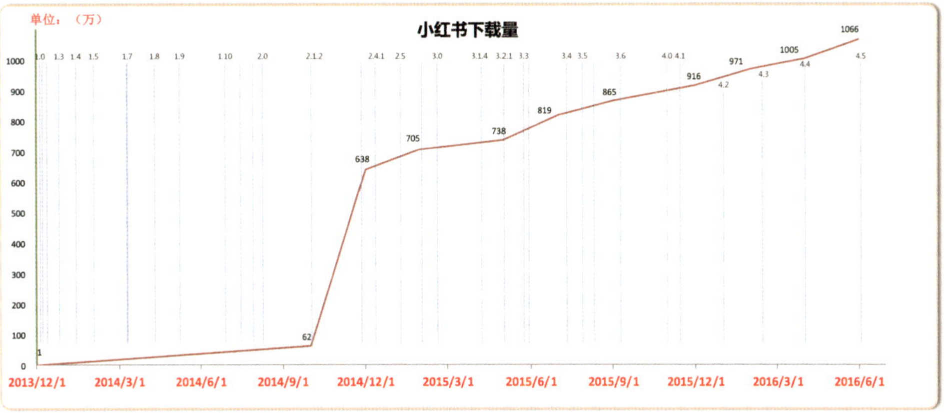

图18.3　小红书在App Store中的下载量变化情况及产品版本迭代路径

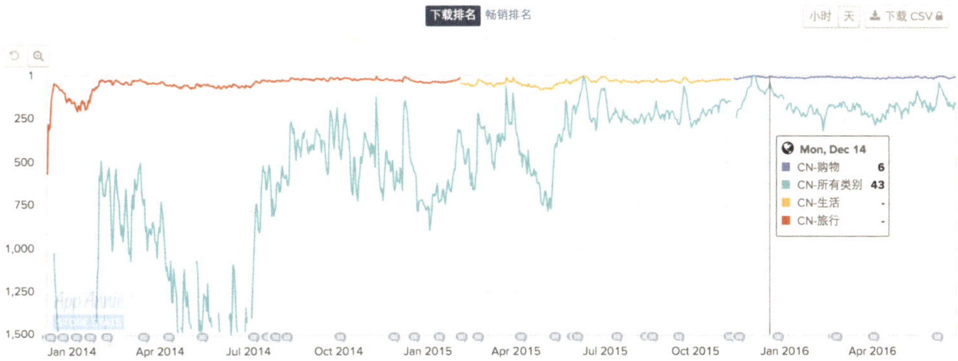

图18.4　小红书的App Store历史版本排名变化情况

图18.5　小红书的App Store历史版本评分变化情况

根据以上信息，我们初步把小红书的发展划分为以下4个阶段。

（1）第1阶段：摸索验证期（从购物攻略到社区），2013年10月~2014年1月。

这是小红书诞生后的第1个时期，在此期间，小红书的用户量及下载量增长缓慢，小红书在变化中不断寻找自己的产品定位。小红书首先切入境外旅游购物攻略，从PDF版的境外旅游攻略试水起家，随后经历短暂的资讯媒体，然后转战境外购物分享社区，并在此后确立了购物分享社区的早期产品形态，类似早期的美丽说。

（2）第2阶段：积淀期（社区的成熟与发展），2014年1月~2014年7月。

在该阶段，小红书社区确立了产品形态，用户量逐渐增加，社区的运营规则和运营策略随着社区的发展也逐步确定，社区慢慢成熟。在发展初期，一些突发事件使得小红书App在App Store中的排名一波三折，随着运营侧重点的转移，经历波折后的小红书首先在App Store排名上发力，直线上升，这预示着社区的成熟，也意味着小红书的下载量接下来将发生小爆发。

（3）第3阶段：蜕变期（电商的引入与发展），2014年8月~2015年2月。

经过第2阶段社区的发展，在该阶段，成熟的社区成为小红书App自身发展的自增长点，用户量迎来了较快的增长，其在App Store中的排名也趋于某种程度的稳定。其中，V2.0版本引入电商，是小红书的再次转型升级，随后，电商功能逐步成为小红书的主要功能之一。

（4）第4阶段：持续增长期（社区与电商的结合），2015年3月~2015年11月。

在该阶段，小红书的产品体验持续得到加强和完善，开始在运营方面发力，下载量也随之得到了持续不断的高速增长，且在App Store排名中上升到另一个高层次并持续保持。小红书的社区和电商功能完备，电商功能成为另一个产品发展的自增长点。该阶段的小红书成功实现了社区和电商的结合，后续发展势头仍可期待。

18.3 产品发展历程分析

18.3.1 第1阶段

该阶段中，小红书的用户量增长情况如图18.6所示。

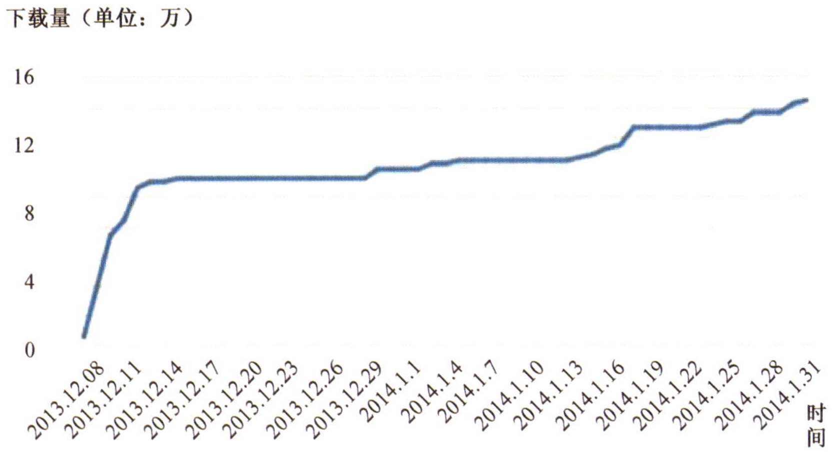

图18.6　小红书的用户量增长情况

1. 关键版本解读

在推出购物分享社区的初期，小红书没有一上来就做一个功能全面的全球购物分享社区，而是聚焦于在2013年中国出境游目的地中排名第1的香港（见图18.7），只做香港的购物分享社区，这是一个很合理的选择。一方面，内地赴港购物群体相对而言较大，且赴港的消费频次较高，能保证产品初期以相对较高的频次被使用；另一方面，在“购物社区”这一产品形态的早期，小红书也需要先通过一个目的地来充分验证用户的需求是否成立和产品功能的可行性。

图18.7　V1.0版本（香港购物指南）的功能界面

这个版本的小红书App的购物分享功能比较简单，实现了用户基本的购物心得分享，完成了购物分享社区的主流程；社区的雏形基本显现，实现了用户之间基本的评论、收藏、点赞功能，但此时用户还不能关注分享达人；社区的内容量较少，主要是通过编辑人员将用户分享的内容以主题的形式进行展示。

从产品和运营的层面来看，这个版本的“验证”和“探索”痕迹还是很明显的，主要目的是探索和验证用户的“海外购物分享”和“基于购物分享的在线互动”这两个核心需求是否成立。

2. 用户评价

绝大多数用户对该阶段的产品持正面评价态度，如图18.8所示。

图18.8　小红书在第1阶段的用户评论详情

3. 运营情况

作为一个社区，小红书早期的运营必然更加关注社区的氛围和内容的质量。而一个UGC社区的内容往往又需要由用户来进行生产，所以小红书早期的运营将毫无疑问地聚焦于能否找到并维系好一群热衷于境外购物、具备优质内容生产能力和分享意愿的核心种子用户上，而这些种子用户在日后纷纷成为小红书的达人，源源不断地为小红书提供着优质的社区内容。

从可以找到的有限的信息资料中我们可以看到，小红书在该阶段的一些主要运营活动和关注点大多围绕着达人，如图18.9所示。

除此之外，在社区氛围和调性的打造上，小红书在该阶段也投入了大量的人力和精力，这对任何一个社区而言都是必经之路。

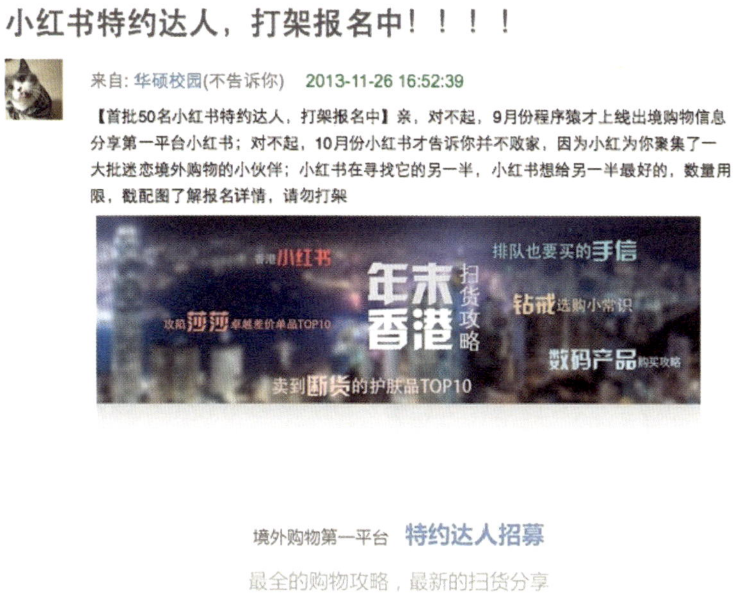

图18.9　小红书运营活动截图

4. 阶段综述

从某种意义上来说，小红书在诞生之初的2013年，瞄准的是一个新兴的用户群和海外购物的需求，该需求在几年之前还是一个相对比较小众的。

在进入一个新兴市场之初，必然面临着诸多的不确定因素，在这种一切都不确定的情况下，用最快的时间完成对于产品形态和产品方向的探索，一定是重中之重。

对于小红书来说，正是如此。从2013年10月到2014年1月，小红书连续发布了3～4个产品版本，通过快速地产品迭代找到了“高质量的海外购物分享社区”这一明确的产品方向，为此后的业务发展做好了铺垫。相对而言，用户量的增长并非小红书在该阶段的重点。

18.3.2　第2阶段

1. 关键版本解读

小红书V1.9版本中的更新为：新增图片标签，可以将品牌、价格、购买地点信息标记在图片上；新增图片水印，有多种水印效果可供用户选择；优化图片编辑页面；新增品牌介绍，用户可以订阅品牌的动态更新；首页优化，支持订阅“我的品牌”和“每日精选”，意味着开始强调内容驱动社区发展的开始。其功能界面如图18.10所示。

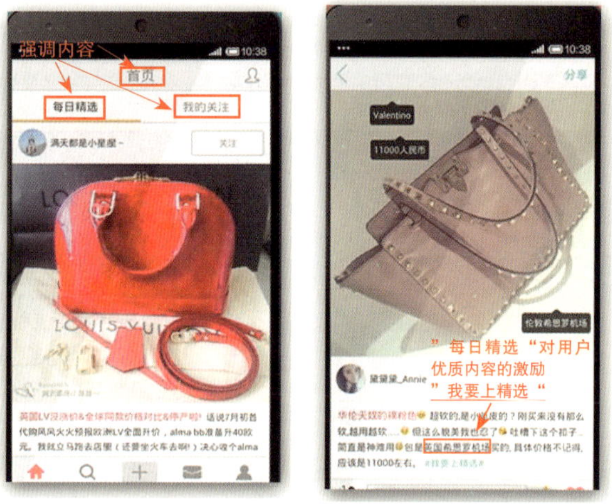

图18.10　小红书V1.9版本的功能界面

从V1.4到V1.5版本，小红书的产品迭代进入了一种井然有序的状态，从加入达人到引入关注再到增加用户激励体系，这是一个社区产品迭代和优化的典型逻辑。

只是，以经验和常理来推断，在产品的V1.X版本阶段就增加用户激励体系有些偏早。我们猜测，或许这是因为小红书的内容运营和用户活跃度在当时遇到了一定的瓶颈。

但是小红书在该阶段的发展还是遇到了一点点意外。

之前有说过，早期小红书的整个社区是高度依赖于达人的，达人的好坏与否和受欢迎与否，可能直接决定小红书的存亡，因此，小红书在该阶段的产品和运营方面是也高度倾向于达人的，其运营手段包括与少数达人签约、力捧少数达人、在社区内部进行造星等。其中的种种措施与早期美丽说HIGO的社区运营策略高度类似。

该体系的好处在于，可以在一个时间段内与达人结成一个高度利益绑定的共同体，借助达人来实现社区的繁荣；坏处则在于，如果只考虑那些自己要力捧的达人而缺乏其他角色、观点和立场对社区立场进行平衡，则社区很容易因此而变得高度中心化——整个社区都将因为那些官方签约的达人而一荣俱荣、一损俱损。在2014年3月～6月，小红书就赶上了这样一场“事故”。

我们从如图18.11～图18.13所示的App Store历史排行榜和历史评级中可以看

到，在2014年3月～6月，小红书的历史排名和评级都经历了一个U形走向，App Store的下载量也经历了从快速增长到突然放缓再到猛然增长的过程，这对于一个正在火热、有序地发展之中的社区而言是不正常的，而且在此期间V1.7～V1.10版本在产品功能上并无太大的起伏，其背后的原因只能是在产品运营方面发生了某些事件。

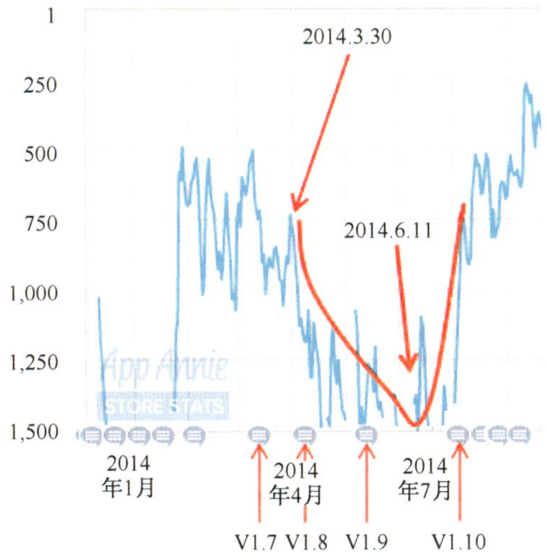

图18.11 小红书在App Store历史排行榜中的排名

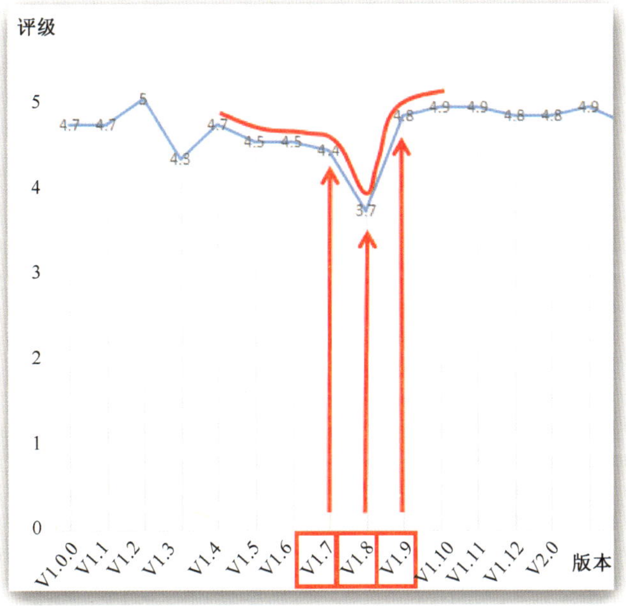

图18.12 小红书在App Store中的历史评级变化

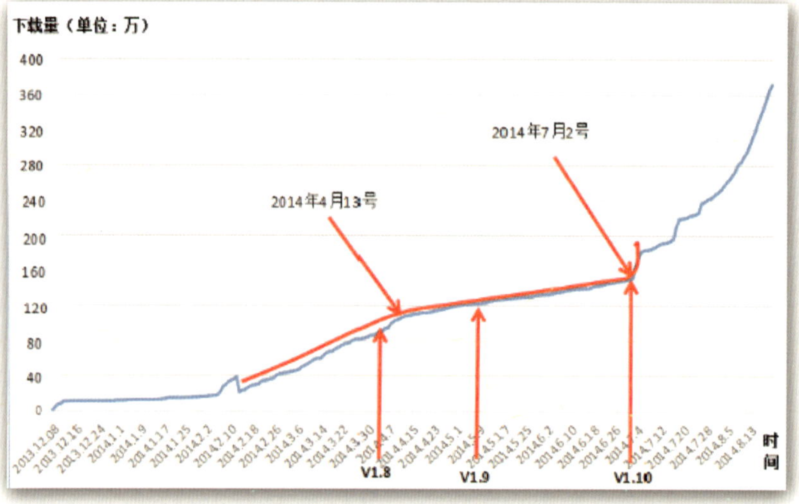

图18.13　小红书在App Store中的下载量变化情况

经过对该时间段内的产品信息的分析，我们查阅到该阶段中的小红书达人Melody（从图18.14中可以看出，Melody是达人排行榜排名第1的用户）盗图事件。简而言之，这是一个小红书官方力捧的海购达人频繁盗用in等平台上其他用户的高质量图片和内容，借而给自己增加社区影响力和吸引粉丝，最后被他人无情揭穿和指责的事件。时至今日，我们依然可以在新浪微博上见到名为“小红书盗图女神Melody真面目”的博主在2014年3月11日发表的盗图举证微博。

从App Store的用户评论来看（如图18.15所示），盗图事件给小红书用户带来的负面影响很大，也大大影响了小红书的用户口碑， 在App Store中围绕这一事件对小红书产品的负面评价基本上在2014年从4月1日持续到5月中旬。从评论中我们也可以推测，小红书官方对该危机事件没有给出正面回应，而是对社区中的负面评论直接采取了粗暴删帖、封号的措施。

小红书或多或少受到盗图事件的影响，历经3个月的事件沉淀和发酵，在V1.9版本中对产品运营策略进行了较大的调整，开始变得更加“重内容、轻达人”，经过官方编辑筛选推荐的“每日精选”被放到产品首页，“达人”则被放入第2个标签中。

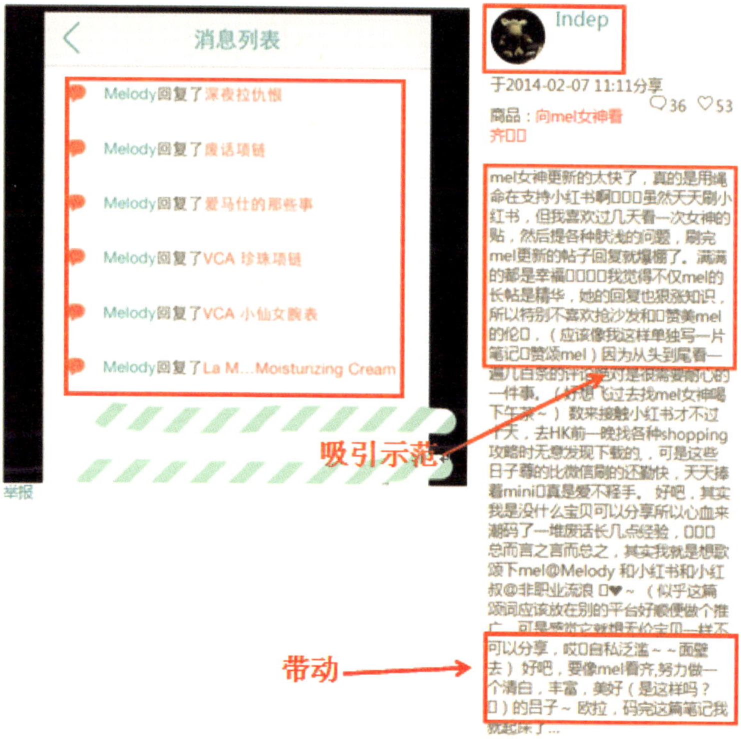

图18.14 盗图举证微博截图

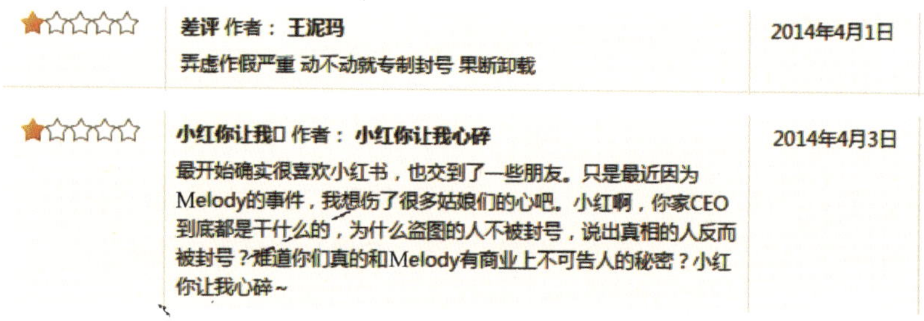

图18.15 小红书的负面评价情况

而在2015年6月，小红书的创始人在接受媒体采访时说：“小红书社区看重的是内容，而不是分享内容的人，并没有权重用户和所谓的红人机制。”该表态也开始与早期小红书力捧达人的做法背道而驰，代表着小红书对达人这一群体的态度与对自身社区发展方向的认知开始悄然转变。

盗图事件平息后不久，小红书在App Store中的排名、下载量和产品评级都开始迅速回升，V1.10～V1.12版本陆续发布，连续几个小版本的优化、修正及在运营层面的配合助推了小红书在第3阶段的数据的稳定上升。

自此，我们可以认为小红书社区已经基本成熟，成为产品发展的自增长动力之一，而小红书社区所沉淀下来的优质内容和用户黏性，也为其进一步发展和增长打下了坚实的基础。小红书开始等待更大的爆发。

2. 用户评价

在该阶段，大多数用户对小红书持正面评价态度，当然少部分持负面评价态度的用户主要不满于小红书的自动微博转发功能和社区的虚假内容，如图18.16所示。

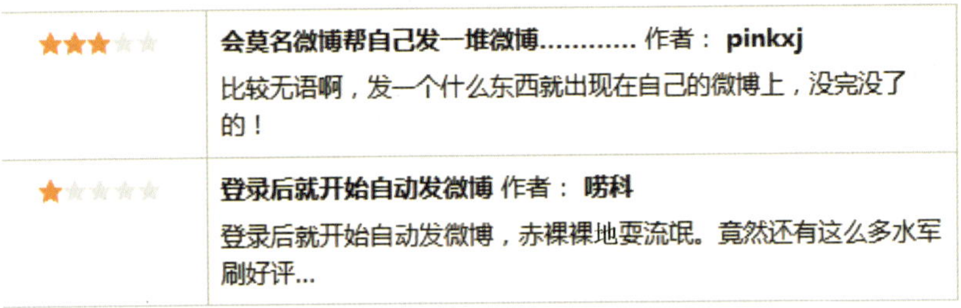

图18.16　小红书在第2阶段的用户评论详情

3. 运营情况

小红书社区通过打造社区明星用户，带动了社区的活跃度和氛围，主要是和少数达人签约，力捧少数达人。

4. 阶段综述

从V1.3～V1.12版本，小红书整个产品功能的迭代和优化以社区基本功能的完善为基础，重点从用户的内容分享体验、内容浏览体验和社区用户激励这三个角度发力，逐渐真正确立了自身社区的调性和氛围，并提升了其用户活跃度。

18.3.3　第3阶段

1. 关键版本解读

小红书在V2.3.1版本中的更新为：新增心愿单编辑功能，分门别类收藏心头好物；发现页面福利社作为单独入口，提高电商的重要性，便于用户更快地发现好东西；广场页面改版，每日精选专题、话题、达人都在这里；社区内容和功能并无实质性改变，只是聚合形式的变化。其功能界面如图18.17所示。

图18.17 V2.3.1版本的功能界面

2. 用户评价

小红书经过多个版本的迭代，用户反映的主要问题得以解决，绝大部分用户对该阶段的产品持正面态度，部分用户的机型在使用小红书App时存在闪退的问题，如图18.18～图18.19所示。

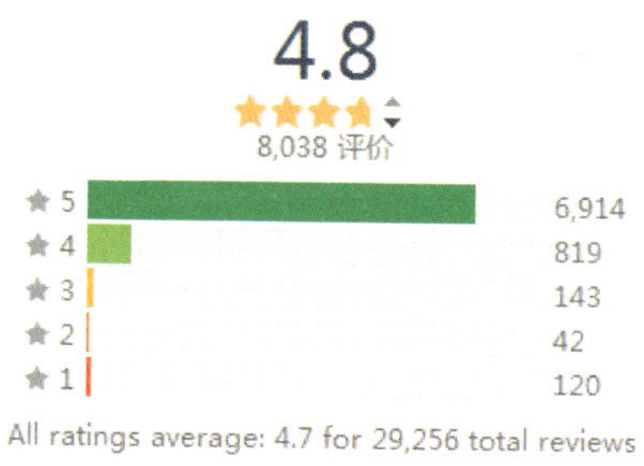

图18.18 小红书在第3阶段的用户评分

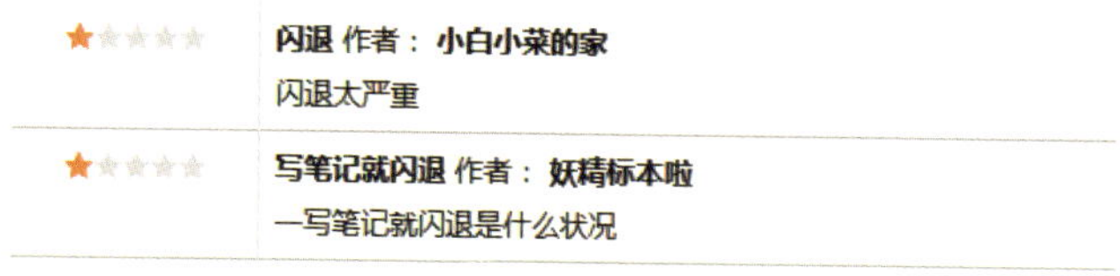

图18.19 小红书第3阶段的用户评论详情

3. 运营情况

一方面，在重内容、轻达人策略的引导下，社区中高质量的购物笔记分享氛围成熟，购物笔记分享社区成为一个有利的用户量增长点，其中，社区用户的活跃度主要靠社区内的购物分享主题活动来推动；另一方面，在从纯购物分享社区向社区电商转变的过程中，小红书主要通过电商商品的秒杀活动来带动小红书电商的进一步发展。

4. 阶段综述

有了此前社区的良好积累后，小红书在该阶段完成了又一次变身：有浓厚电商属性的“福利社”以一种试水的姿态上线，小红书的社区+电商模式正式现形。

在该阶段，借助着社区和精选式的电商模式两大引擎，小红书的用户量继续快速增长，很快发展到了数百万级的用户体量，并充分试水海外跨境电商市场，团队也已经从A轮的十来个人发展为三十多个人。

从App Store的下载量变化情况（如图18.20所示）可以看到，小红书的下载量从V2.0版本开始持续快速地增长。我们判断，这是经历了长时间的社区发展和积累，已经拥有一批高质量的内容、用户和良好社区的小红书在其V2.0版本的电商板块上线后，直接扩大了受众范围和用户使用场景，并且在运营方面发力所带来的直接结果。

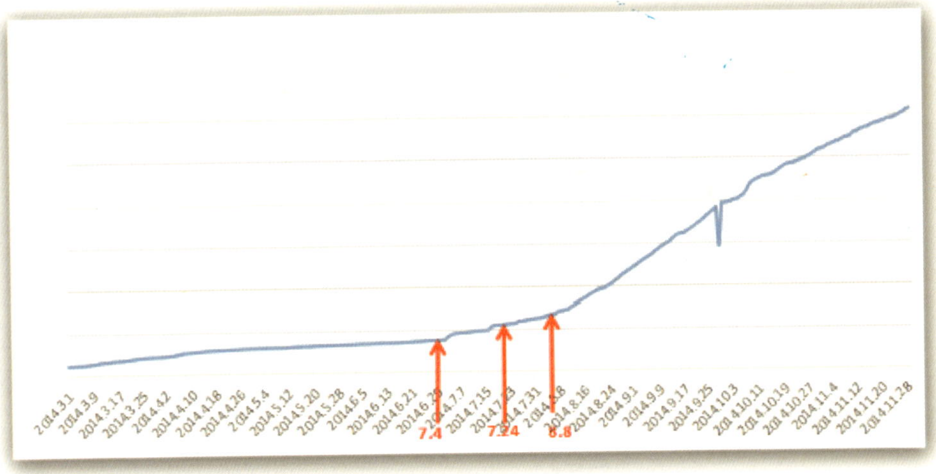

图18.20　小红书在App Store中的下载量变化情况

此外，小红书的电商板块在该阶段保持了极大的克制力。在V2.0～V2.6版本中，“福利社”板块中的商品始终以秒杀商品为主，没有贸然扩大品类，我们认为这也是很值得称道的。

作为一家以社区起家的互联网公司，小红书在此前并无电商基因，也完全不了解电商服务的整个流程，因此，整个团队对于整套电商服务流程、体系的熟悉和电商相关配套服务（包括仓储、配送等）的建设都需要一个较长的周期。在这种情况下，对于新上线的“福利社”选择只通过少量的秒杀产品来试水是很明智的；否则，一旦贪功冒进，反而可能会以自身不够完善的体验和服务给用户留下糟糕的印象，日后难以再次翻身。

经历了该阶段后的小红书开始趋于成熟，也开始流露出更大的野心，期盼着可能性更大的未来。

18.3.4 第4阶段

1. 关键版本解读

而在该阶段，小红书除了致力于解决海量内容的展示和匹配的问题，以及完善与购买相关的功能，也开始致力于打通其社区和电商两个板块。在V3.4版本中，小红书通过搜索和社区笔记中的相关产品推荐这两个功能初步实现了社区+电商的融合，但是这两种结合方式略显生硬，毕竟此时社区和电商之间的功能界限十分明显，并没有实现社区和电商的完美融合。

我们预计，在未来的一段时间内，如何更好地整合其社区和电商两大板块，实现从内容浏览到购买两个场景间的无缝跳转，将会是小红书产品的主要努力方向。

2. 用户评价

随着小红书产品功能的完善及社区氛围的成熟，该阶段的用户对小红书的评价（见图18.21）处于历史新高，可以看出小红书的用户体验良好。

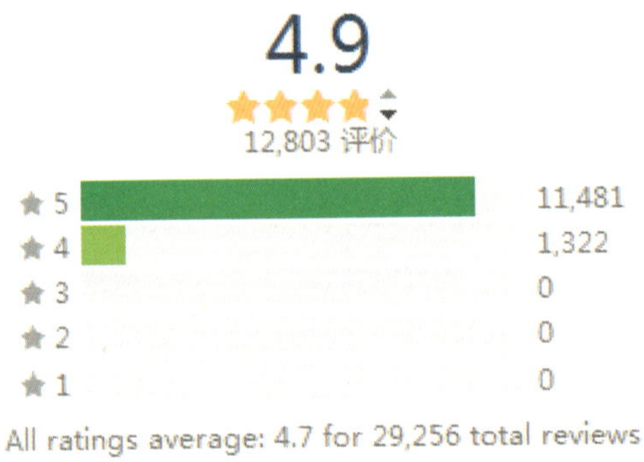

图18.21 小红书在第4阶段的用户评分

3. 运营情况

在该阶段，小红书策划了小红书周年庆“鲜肉快递”营销活动，选中了一些购买了产品的真实用户，让快递“鲜肉递员”送货，在购买环节的最后一个场景中给用户有趣的体验，大部分用户把它当成有趣的事在朋友圈中分享。在自发传播率已经很高的基础上，媒体再次“推波助澜”，小红书“鲜肉快递”营销最终让更多的人知道小红书这款App。根据官方数据显示，本次活动在iOS和Android端的新用户量共计增加300万，在行业中也带来了较大的影响力和传播力。

4. 阶段综述

在该阶段，随着社区内容和福利社商品种类的增多，社区内容的分类组织、展示及商品分类、搜索都成了问题，于是社区内容和福利社商品的组织、分类与展示成为待解决的问题之一。本阶段的小红书除购物外的另一重要关注点正在于此。

18.4 总结

小红书是一款难得的以社区起家的购物类App，社区的优势在于其用户黏性和内容的丰富程度。当一个社区中的优质内容和优质用户被以某种方式聚合后，产品会天然具备一种自增长的驱动力。

如果抛去与团队相关的内在因素，则以下三条可能是小红书今天能够大红的主要原因。

（1）切中了旅游购物的痛点。出门不只是为了看风景，还有重要的购物活动。与旅游线路、景点、游玩相关的产品有穷游、蚂蜂窝、去哪儿网、面包旅行、在路上、蝉游记、TouchChina、爱旅行、世界邦、孤独星球、来来会、景点特价门票等，这样的产品有很多，我们知道的大概也有几十个了。但在这片红海里面，和旅游、购物相关的痛点，在小红书成立的2013年之前，却从未解决过，尤其对于海外购物、出去了想买却不知道买什么的痛点，随着出境旅行的人数和频次急剧增加而更加显著。

（2）社交的魅力再次显现。下厨房、大姨妈等无数创业公司的例子都证明了社区的生命力，但是从一出生就是纯社区，而且是为了购物而生的纯社区就比较少见了，即便是电商属性已经很强的今天，小红书的产品首页也依然是UGC方面的，创始团队也一度将其定位为境外购物领域的知乎，而且同领域的竞争对手几乎都不是从社区发展起来的。

（3）“白富美”时代的到来。小红书的B轮投资人、GGV的管理合伙人童士豪在一次访谈中提到：“国内最近10年一直都是‘屌丝’经济，我跟毛文超聊的时候，就在想什么时候‘白富美’时代能到来，我们说应该有这个机会，也许两年，最多三年，却没想到才半年就会看到速度明显加快。”

19 会打分的英语口语外教产品——英语流利说

学习英语是个苦差事，而我们历来对英语的学习都摆脱不了“哑巴英语”的魔咒，英语流利说却开了一个先河，把口语练习、机器算法结合在一起，产生了一种独特的学习体验。

19.1 产品背景

19.1.1 产品简介

英语流利说是一款改变了英语口语学习模式的产品，用趣味化的方式来解决用户在英语口语学习的过程中无法及时获得反馈的问题，其形式上特别像多年前流行的综艺节目《挑战麦克风》。这款产品在上线后就得到了App Store的推荐，在短短两年内获得了超过2500万用户。通过英语流利说，我们可以看到一款产品从一个很小的点（口语）切入一个很大的市场（英语学习）的过程，也能看到其围绕一个核心功能点进行打磨的过程。

英语流利说的产品功能界面如图19.1（图片来源于App Store）所示。

图19.1　英语流利说的产品功能界面截图

英语流利说的产品定位为：一个好玩又有效的英语口语学习产品。

英语流利说的用户定位为：想提升口语水平的白领、大学生。

英语流利说的使用场景为：哑巴英语（只能做题，无法开口说）是英语学习过程中的痛点和难点，学习者发音不标准，很难找到专业的老师来对自己的发音做评判和纠正，也很难有语境在碎片化时间里进行学习，若想解决这些问题，则要么参加线下的学习，要么找英语角等地方学习，两种解决方案要么成本过高，要么效率太低。

英语流利说的产品核心业务逻辑如图19.2所示。

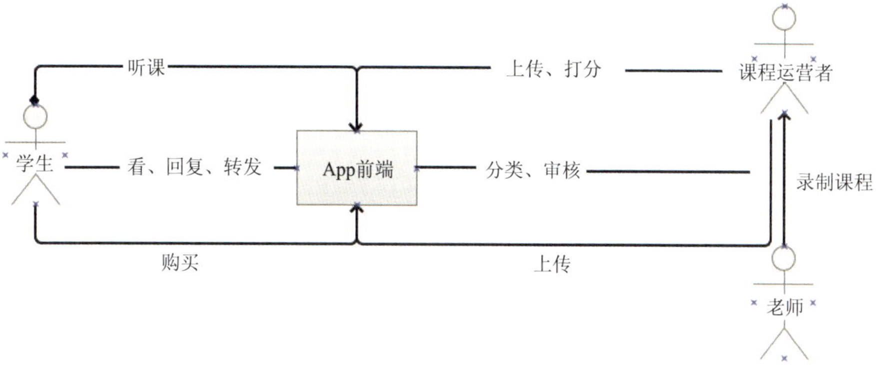

图19.2　英语流利说的产品核心业务逻辑

它的功能结构如图19.3所示。

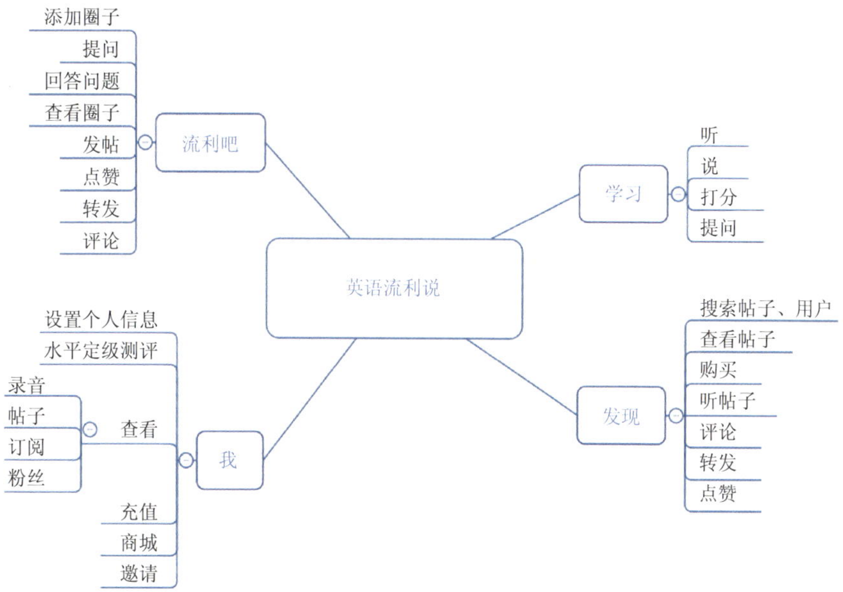

图19.3　英语流利说的功能结构

19.1.2　产品发展历史大事件

英语流利说自诞生以来，经历了以下大事件。

- 2013年2月，iOS版App上线。
- 2013年3月，获得挚信资本数百万元的天使投资。

- 2013年8月，宣称获得100万用户。
- 2013年10月，获得GGV纪源资本、IDG资本数百万美元的A轮投资。
- 2013年12月，被App Store 评为“2013年度精选”应用。
- 2014年2月，宣称用户量超过600万。
- 2014年6月，宣称用户量超过1000万。
- 2015年3月，获得赫斯特Hearst Ventures、纪源资本GGV和IDG资本数千万美元的B轮融资。
- 2015年12月，对外宣称拥有2500万用户。

19.1.3 竞品简介

英语流利说的主要竞品如下。

- 多邻国（duolingo）：免费学习英语，且永远免费，通过升等级、长经验、不掉血、秀服装等玩法学习英语，用各种游戏体验激发用户学英语的斗志。
- 有道口语大师：自称最好玩、最有趣的口语提升App利器。

19.2 发展历程

根据英语流利说自上线以来截至2016年4月的数据，我们梳理出图19.4～图19.6。

根据如图19.4所示的增长曲线，我们将英语流利说分为以下3个阶段来解读。

- 第1阶段：2014年3月之前，人机对话学英语及即时打分冷启动时期。
- 第2阶段：2014年3月～2016年2月，社交功能公开化，逐渐实行收费模式。
- 第3阶段：2016年3月至今，上线英语水平测评功能，继续推广收费课程，实现商业变现。

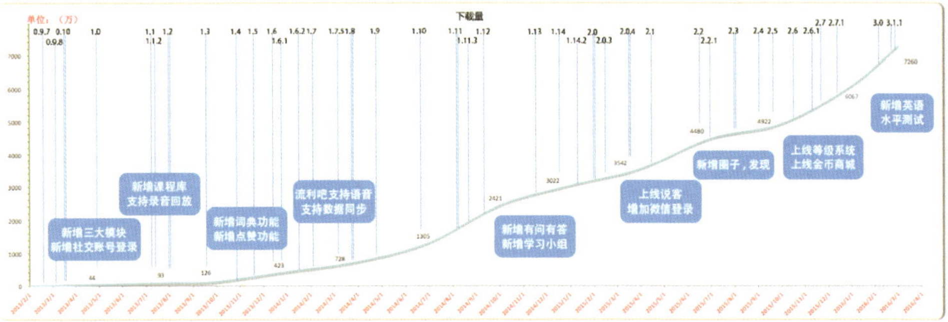

图19.4　英语流利说在Android端的下载量增长曲线及产品版本迭代路径

从App Store排名来看，如图19.5所示，英语流利说在一开始就处于一个靠前的排名位置而且后续比较稳定，这有可能是因为英语流利说的游戏化学习模式能较好地吸引了用户，并获得了较好的口碑，所以只要不主动出错，其整体表现会比较稳定。

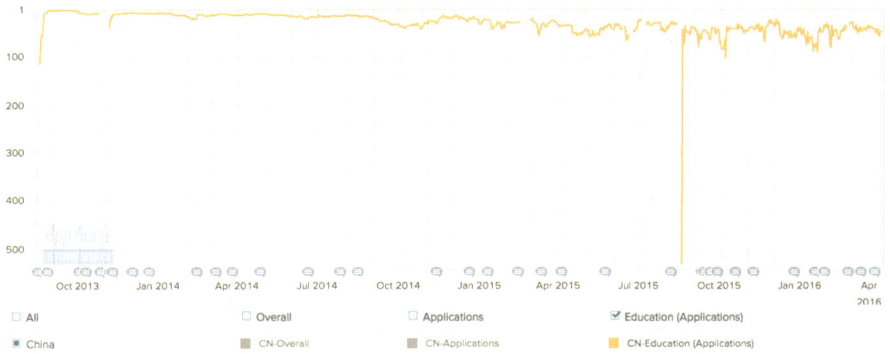

图19.5　英语流利说在App Store中的工具类别产品排名变化曲线

英语流利说在App Store的整体评分比较高，如图19.6所示，但从分布来看，好评集中在2013年，这可能与当时的一些“操作”有关系，而从3分以下的数据来看，作为一个已经存在4年的产品来说，其表现还是很不错的。

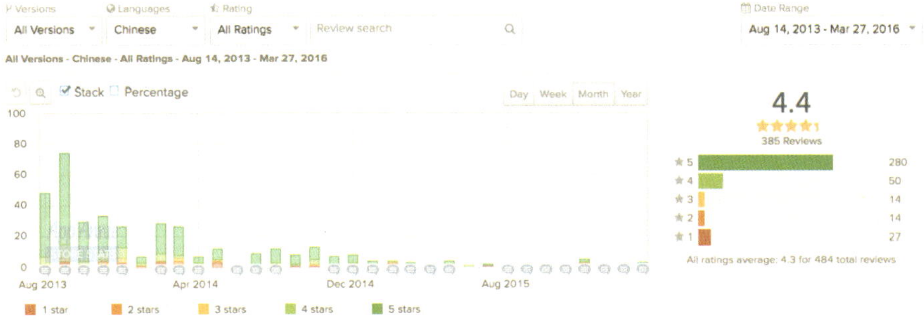

图19.6　英语流利说App Store总体评分情况

19.3 迭代分析

19.3.1 第1阶段

1. 关键版本解读

英语流利说的V1.0版本（2013年4月28日）的功能界面如图19.7所示。英语流利说的最初版本的功能并不多，但核心功能做得比较扎实。其整体流程为选定课程→听案例发音→对着手机读句子→系统打分→录音回放→重复，这也是英语流利说一直到现在基本不变的功能，可以看出这一创新给产品带来的红利是非常大的。

图19.7　英语流利说V1.0版本的功能界面

2. 用户评价

在该阶段，英语流利说的用户评价还是很高的，英语流利说主要发力在功能打磨上，因此用户评价也很重要。综合起来最大的Bug就是卡顿、闪退问题，这在产品的V1.0阶段都会有类似的问题。

这时也有用户开始提出功能需求方面的建议了，这说明该产品吸引了部分用户。英语流利说在后续的版本中也更多地回应了用户的需求，例如分类、只能下三门课程等。用户在该阶段对英语流利说的部分评论内容如图19.8所示。

★★★☆☆	沒更新前很好的，更新完就打不開。。 by Ping tsoi 沒更新前很好的，更新完就打不開。。	Nov 20, 2013	HK	1.0
★☆☆☆☆	睬！ by 5871284601 总是丢流利币，烦都烦死了	Aug 12, 2014	CN	1.10
★★☆☆☆	评分系统很有问题 by submarine099 评分系统很有问题	Mar 28, 2014	CN	1.7
★★☆☆☆	中文意思没有了？还删除不了课程 by Archer000 以前是有中文意思 现在反而没有了 还删除不了课程 也没有单词不标准 标注出来进行修正的了，总的说越做越烂，好的地方都没了	May 05, 2014	CN	1.7

图19.8 英语流利说在第1阶段的用户评论详情

3. 运营情况

流利说在早期非常注重社交媒体的传播，以新浪微博为主战场，几乎每周都会推出小规模的征集、发布任务等活动，让粉丝进行参与，这对于早期营造粉丝的氛围、引导核心用户群的表达有非常大的帮助。

4. 阶段综述

这段时间对于英语流利说来说其App处于一个冷启动阶段，主要围绕了一个核心：让用户打开App后能听到纯正的美式英语，自己能开口说，最后App能对用户的读音做出打分的反馈。团队的主要精力都围绕着这个核心不断地打磨和优化功能，监控一切数据，让数据说话。所以这个阶段的产品迭代速度非常快，在近1年内版本迭代了18个。在语音打分、录音结束等算法上也在不断地改进以达到更精准的水准。

在该阶段，英语流利说团队在用户运营上更多地采取了免费的拉新手段，作为一款语言学习的工具应用，由于产品自身不错，因此口碑传播起到了相当好的效果。在产品未上线时采取小范围寻找目标用户试用的方法，可以在更小的范围内试错，让产品更快地找到自己的定位。

19.3.2 第2阶段

在产品逻辑和课程功能都打磨得很扎实的前提下，英语流利说开始了UGC学习模式，让用户不仅可以说，更能参与进来，让英语学习环境更加便捷。

1. 关键版本解读

英语流利说在第2阶段的所有功能优化、增减都是为了使用户社区化。在之前的阶段中，用户更多地是和人机进行学习，而现在是让用户在英语流利说这样一个开放的社交学习平台上学习和交友，让大家通过“流利组”的语音回复交流、小组、圈子、转发、点赞、打卡、等级等社交化功能和动作不断地使用户活跃起来。

其V2.0版本（2015年1月29日）的首页由原来的“课程”变成了一个让用户去发现社区优质内容的地方。而“流利小组”则是一个个封闭的学习社群，大家以小组聊天的形式每天在组内发言，还会共同完成“打卡”等学习目标。这样更改的理由是，经过长期的学习，用户学习课程的习惯已经养成，现在要让用户主动发现自己感兴趣的社交圈子，将用户社区变成产品的第1层级。这一版本的功能界面如图19.9所示。

图19.9　英语流利说V2.0版本的功能界面

2. 用户评价

英语流利说在第2阶段的用户评价起伏比较大，总体来看评分不是很高，如图19.10所示。由于英语流利说在该阶段主要实现社区化，所以其增减的很多功能也都围绕着如何活跃用户。在几个重要的功能（包括说客、建立圈子）上线之际其评分都不是很高。从产品上线到现在将近3年内，用户一直在反馈英语流利说的产品性能不是特别稳定，一旦有新的功能上线，则会出现用户数据丢失、无法登录、闪退等问题，这是因为用户长期的体验和反馈在英语流利说社区转型的过程中并没有得到相应的重视。

★★☆☆☆	应注明是美音训练 by llllllel 互动性很好，但是下载前你是完全不知道只能练美音的...	Apr 26, 2014	CN	1.9
★★★★☆	总体来说很是满意，但更新后有不足哎 by 圈啊圈啊 更新后在录音的时候老是自动停止录音，或者按了停止却又开始录新的...是操作问题，还是bug	Aug 04, 2014	CN	1.11
★☆☆☆☆	闪退 by Augustus-RT 闪退问题严重，现在都进不去了，进去就闪退	May 04, 2015	CN	2.1
★★★★☆	词典美音包下载不了。。 by 一张又鬣张 词典美音包为什么下载不了。。。	Nov 26, 2015	CN	2.7

图19.10 英语流利说在第2阶段的用户评论详情

3. 运营情况

从其运营手段来看，英语流利说非常重视以微博为主的社交化媒体自传播，很多活动都是跟产品本身相关而运营的，从奖品提供上来看也更多地将课程作为礼品送出。运营手段总结为以下几点：借助微博名人（陈光标、潘石屹等）说英语或使用英语流利说作为话题、送奖品，以及应用市场的微博互动、流粉转发有奖等。

从主题来看，该阶段的运营有以下几个核心：流粉梦想篇、我为流利说代言评选盛典、流粉线下见面会、转发好友赢取奖品（包括课程、电影票、合作方礼品）、今夜我陪聊、考试热点主题课程发布（四六级、雅思）、口语大赛、让流粉主动参与（招募校园大使、兼职、征集Logo设计方案）。

英语流利说在该阶段的运营目标还是相当明确的，在活动设计上很好地为用户社区化服务，其大部分时间是带着用户一起玩，流粉（流利说粉丝）的参与度还是很不错的。

4. 阶段综述

英语流利说在该阶段主要增强用户的互动性，靠UGC活跃用户，同时增加了媒体的曝光度。但在从工具转向社区的过程中遭遇到用户激烈的反对，其差评很多都是针对老用户在产品更新之后遭遇的不习惯问题。不过从产品自身的角度出发，工具箱社区的转变是其发展的必经之路。

19.3.3 第3阶段

在该阶段，英语流利说依靠前期积累的庞大用户群体，开始更加个性化地为用户提供服务，从而实现课程收费及其他商业变现。

1. 关键版本解读

英语流利说在第3阶段的版本功能更新如下。

（1）V3.1.1版本（2016年2月22日）：新增英语水平定级测试。

（2）V3.1.5版本（2016年3月24日）：优化游戏化教学方案及数据化总结。

在前两个阶段完成了对用户的积累和活跃度提升之后，从该阶段开始，英语流利说开始大力推荐课程，同时开启了“测评+推荐购买”的模式。V3.1.1版本的功能界面如图19.11所示。

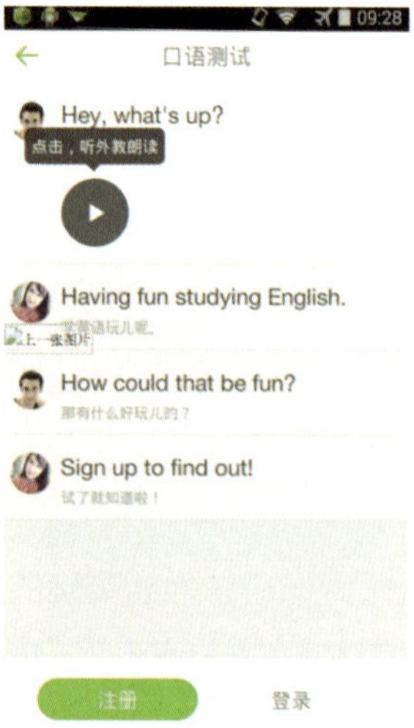

图19.11　英语流利说V3.1.1版本的功能界面

2. 用户评价

该阶段的用户评价不是很多，但是平均评分还是很高的，负面的评价主要集中在收费功能部分，这也是产品商业化的阵痛。如图19.12所示。

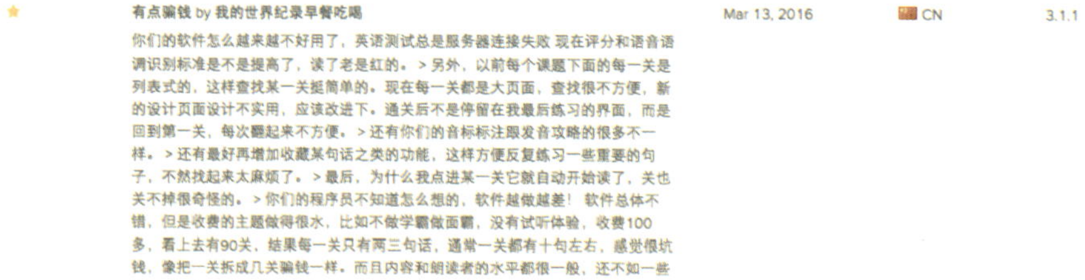

图19.12　英语流利说在第3阶段的用户评论详情

3. 运营情况

由于英语流利说在第3阶段的社区化转型过程中，产品数据大量增加，所以第3阶段在微博上的运营活动以引导评价和下载为主，比较典型活动有如下两个。

（1）2016年3月，老用户可以分享红包给新用户，通过红包引导新用户下载。

（2）2016年3月，在App Store中对英语流利说进行好评截图并在微博下评论，即可获得红包。

4. 阶段综述

从英语流利说产品推进的过程中我们可以看到，英语流利说从早期的学习工具入手，到进行社区化留住用户，到现在开始考虑进行变现。其变现的过程也比较取巧，并没有直接推出收费项目，而是通过推出测评的方式来引入用户，然后将用户引导到付费产品上。这样做能在商业化的过程中尽可能地保护老用户不流失。由于英语流利说的商业变现刚刚开始，所以目前还不能对产品的进展做太多的评判。

19.4 总结

英语流利说作为学习英语的一款工具，用靠谱的语音识别技术及丰富的线上教材内容吸引了大量的用户，其围绕核心功能一直坚持3年并找到一个切入点进行迭代的模式值得我们深思。从下载量来看，英语流利说一直以来不仅排名靠前，而且能持续稳定地增长，所以其团队是一个认真做好英语学习工具的团队。好的产品并非强在运营，英语流利说并没有做特别大型的运营活动，而是围绕已有的用户群进行迭代，这也值得产品经理学习。

20 ▸ 小而美的K12垂直学习产品——洋葱数学

我们对教育类产品都有一种感觉，比如刻板、专业、认真等，但是洋葱数学给人的感觉是完全相反的，它好玩、有趣、有用，真正做到了寓教于乐。通过其产品发展的过程，我们能发现洋葱数学作为一个“外行人”设计的产品，比很多专业产品经理做得还好、还有节奏，这就值得我们关注了。

20.1 产品背景

20.1.1 产品简介

洋葱数学是一款寓教于乐的中小学教育类产品，对于面向学生的产品来说，在教与学两个角度之间应该如何平衡，是值得产品从业者研究的。洋葱数学在教与学之间取得了一定的平衡，其专注于数学领域，把学习数学的很枯燥的过程变得轻松又性感，在数学方面深耕几年后，才开始横向扩充品类，这些都是洋葱数学非常有特色的地方。

其产品页面截图如图20.1所示。

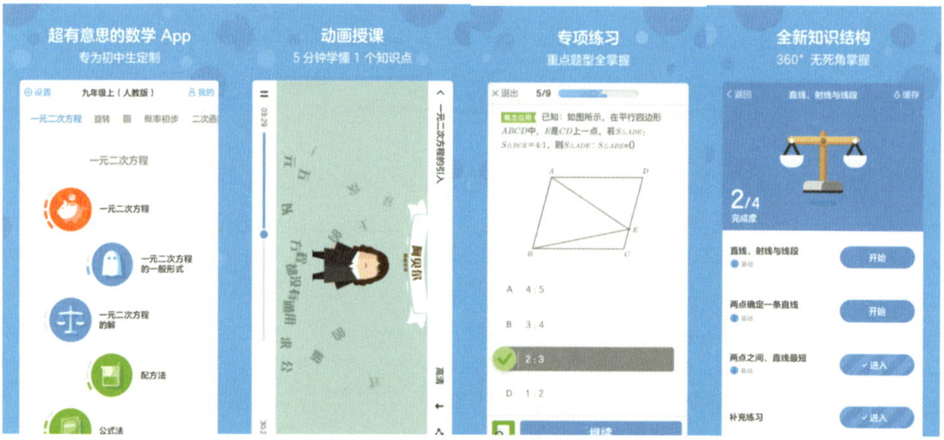

图20.1　洋葱数学的产品页面截图

而洋葱数学顾名思义是以数学为主的App，它的产品定位、用户定位和使用场景如下。

- 产品定位：中学生喜爱的趣味学习App。
- 用户定位：国内应试教育环境下，希望更有趣地学习数学知识的中小学生。
- 使用场景：学生在学习数学并应对考试的过程中，要依赖于题海战术来掌握知识点，这是非常枯燥的。通过洋葱数学，可以培养学生学习数学的兴趣，用轻松诙谐的方式掌握数学的知识点并加深印象。

基于以上内容，洋葱数学的解决方案从核心业务逻辑和产品功能结构层面来看如图20.2和图20.3所示。

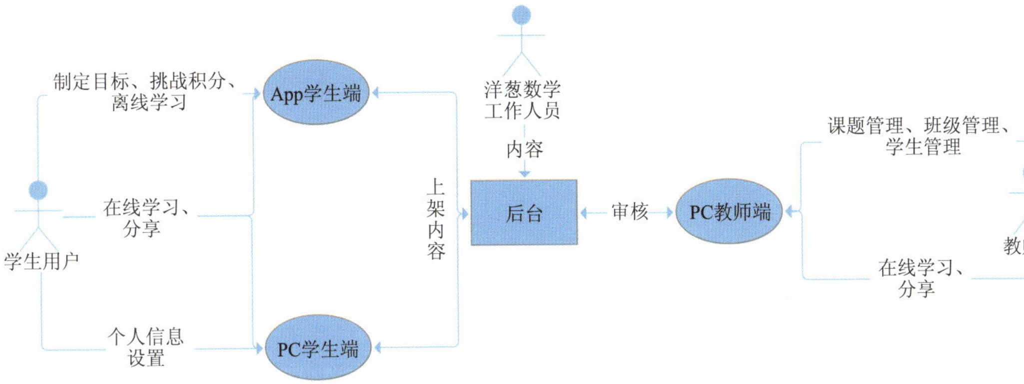

图20.2 洋葱数学的核心业务逻辑

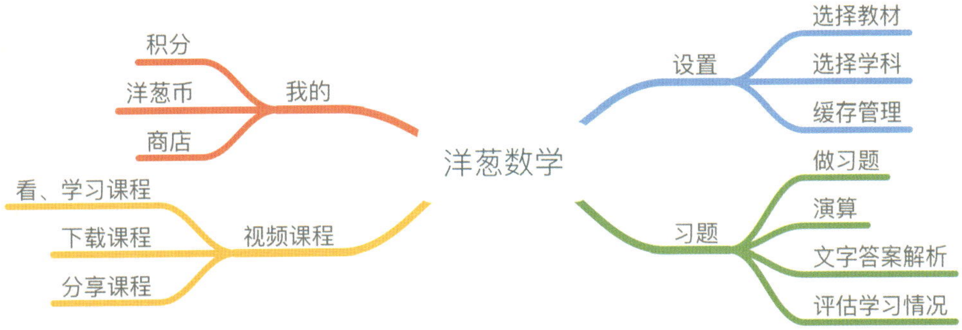

图20.3 洋葱数学的产品功能结构

20.1.2 产品发展历史大事件

- 2013年12月，洋葱数学公司成立。
- 2014年6月，获得晨兴资本A轮融资。
- 2014年10月，洋葱数学PC端网站上线。
- 2014年12 月，Android端V1.0版本上线。
- 2015年6月， iOS端V1.0版本上线。

- 2015年10月，被App Store评为最佳应用，获得FreeS A+轮融资450万美元。

20.1.3 竞品简介

洋葱数学有以下竞品。

- 乐乐课堂：属于培训机构高思旗下的产品，以网站为主，将中小学知识打散为一系列的小知识点，并对每个知识点用不到3分钟的短视频进行讲解，同时配以相应的练习进行巩固。
- 礼花弹视频：属于教育机构学而思旗下的产品，通过动画短片解释一些生活现象和问题，真正做到“寓学于乐”。

20.2 发展历程

根据洋葱数学自上线以来截至2016年3月的数据，我们梳理出图20.4。

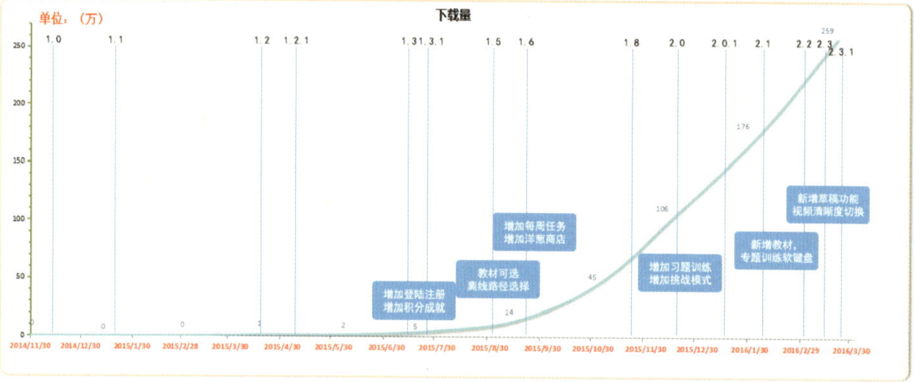

图20.4　洋葱数学在Android 端的下载量增长曲线及产品版本迭代路径（数据来源于酷传及网络）

根据图20.4，我们把洋葱数学分为以下两个阶段来分析。

- 第1阶段：2015年7月中旬以前，V1.0～V1.3版本，为洋葱数学移动端产品的冷启动阶段，目的是把PC端已有的资源通过移动端来展现，所有功能偏工具性质。

- 第2阶段：从2015年7月中旬后至今，用户量开始迅速增长，在产品上主要围绕课程体系来进行设计，增加了大量辅助学习的功能，在内容上也增加了新的教材。

20.3 迭代分析

20.3.1 第1阶段

1. 关键版本解读

洋葱数学在V1.3版本（2015年8月19日）中增加了注册、登录功能、个人中心、积分体系。在经过多个版本的测试后，才开始做用户量和获取用户的信息。从这点上来看，洋葱数学在围绕产品的打磨节奏上保持得不错，用户首先对内容感兴趣，才会愿意注册和进行后面的操作。如图20.5所示。

图20.5 洋葱数学V1.3版本的界面截图

2. 用户评价

如图20.6所示，这一阶段收到的反馈不多，但整体上用户反馈非常好。

评级	评价	日期	国家	版本
★★★★★	特别不错 作者：这个名字绝对没用过我打赌 老师还用这个上课 的确很不错	2015年9月12日	CN	1.3.0
★★★★★	微课程的导航，高效课堂的里程碑 作者：桂小李 与时俱进的运用高科技来扩充数学课的容量，提高数学课的效率，大力支持这样的新课堂！	2015年9月5日	CN	1.3.0
★★★★	今年初三啦！ 作者：为了数学而努力的学渣 希望初三未上线的快快快，祈福能考上好高中哇我的数学命运就交到你们手里啦！	2015年9月4日	CN	1.3.0
★★★★★	洋葱 作者：学～习～ 快乐学习，好软件！好老师，趣味多，学习好	2015年8月26日	CN	1.3.0

图20.6　洋葱数学在第1阶段的用户评论详情（资料来源于App Annie）

3. 阶段综述

该阶段是洋葱数学App的冷启动阶段，基本没有运营活动，非常低调，主要还是在潜心做内容和打磨产品。对于该类产品，好的内容将成为吸引用户的资本及留住用户的壁垒。

20.3.2　第2阶段

1. 关键版本解读

洋葱数学的V2.0版本是一个关键的版本，新增练习题、答案解析、学习成果验收功能，将所学知识点趁热打铁巩固和吸收，有助于提升学生的成绩，老师角色可以布置作业来辅助教学。如图20.7所示。

图20.7　洋葱数学V2.0版本的界面截图

2. 用户评价

如图20.8所示，用户对洋葱数学在该阶段的评价依然很好。只做有趣的学习类产品是洋葱数学的宗旨，这一点也受到了用户的喜爱，寓教于乐虽然不是刚需，但是很受欢迎。

评级	评价	日期	国家	版本
★★★★★	好 作者： 0海 生动活泼，很好！	2016年1月21日	CN	2.0.0
★★★★★	我现在对数学渐渐地有了兴趣 作者： 加冕为王必为王 这个App真的特别好！以前我是数学白痴，脑子里就是没有那个逻辑思维去想，现在这个App对我帮助很大！强烈要求开发者快快开发高中版！我永远支持你们！！！	2016年1月21日	CN	2.0.0
★★★★★	洋葱数学微课非常棒！ 作者： 123456776543568438O7214 女儿初一，面对数学有畏难情绪，而洋葱数学带给她的是轻松一面，她喜欢看！慢慢地也感觉数学也并不是那么讨厌！感谢洋葱！	2016年1月21日	CN	2.0.0
★★★★★	精心作品！ 作者： 蓉城一生 精心之作，五星好评。老师讲课幽默生动，娃娃兴趣高.课程设计浅显易懂，时间卡控合适，能让小孩保持较高注意力，学习效率高！	2016年1月20日	CN	2.0.0

图20.8　洋葱数学在第2阶段的用户评论详情（资料来源于App Annie）

3. 运营情况

洋葱数学在这一阶段把视频内容推向更多的媒体平台，比如网易公开课、今日头条等，并和第3方的公众号合作，目的是获得更多的入口流量，并获得品牌宣传的机会。

4. 阶段综述

在这一阶段，洋葱数学开启了增长模式，在发力运营和继续完善工具属性功能的同时，增加了媒体属性与社交属性，并积极扩展品类，应该是对内容的打磨与积累有了一定的信心。

这一阶段的用户反馈有比较大的提升，评分比较正向，用户好评大都集中于内容有趣方面。

「20.4　总结」

洋葱数学是PC端先成型，再将功能移植到移动端，然后根据移动端特性进行优化，所以作为内容型的产品，洋葱数学的迭代路径是比较清晰的。

- 第1步：围绕内容，把观看内容的体验做到比较好后再进行后续的跟进。
- 第2步：围绕用户信息进行迭代，增加注册、登录和用户学习记录等功能。
- 第3步：围绕学习进行了很多探索，最后才进行品类的扩张。作为由几个老师所做的互联网产品，它很好地抑制了做大而全的产品的欲望，难能可贵。

对于未来的版本迭代，除了将现在PC端已实现的功能移植到移动端，例如教师版本的创建班级、布置作业等功能，笔者认为比较重要的待优化功能如下。

- 账户体系：目前未对注册进行验证，甚至未对格式进行验证，容易产生大量的脏数据，并且账户体系对于后续的发展尤为重要。因此随着用户量的增加，尤其是注册用户量的增加，升级为需要进行身份验证的账号较为迫切，例如手机或邮箱发送验证码进行验证和注册。
- 课程体系：目前的流程为在注册时选择年级和教材版本，后续可在个人中心中随意更改。建议调整为在注册时可跳过年级及版本选择，降低注册成本，后续作为个人资料进行完善。在选择年级后，部分课程锁定，在完成部分学习后，解锁后续任务（类游戏关卡，增强趣味性）。每个知识点的任务在完成播放时，建议添加进入“下一知识点”的播放按钮。
- 积分体系：目前的积分体系没有明确说明，建议增加积分说明；并加强积分的影响力，例如在商城中增加有吸引力的可用积分兑换的商品或加强社交属性，初步可先增加积分升级分享到朋友圈等社交网络上可炫耀的功能，后续可以增加排行榜等功能。

「后记　产品生命周期与产品成败有什么关联」

一款产品成功了，有很多的分析可做；一款产品失败了，也有很多经验可以分享。不过现在的大多数角度是从市场情况、企业管理等方面进行分析的，比如融资节奏、竞争对手、内部文化、人才等方面，这些都成为产品成败的决定性因素。

以上这些因素总结得固然没错，不过从我的理解上来说，一家企业，首先是产品和运营，然后是管理，最后是市场影响，因此，我更愿意从产品和运营本身相对比较纯粹的角度去分析产品的成败。

产品的生命周期是三节课的核心课程框架，基于这个框架，我们可以有条理地从产品和运营的角度来拆解一款产品，找到其中的规律，提供给大家参考，如果这是个明显的坑，那么我们为什么还要去踩呢？

产品的生命周期主要是两个维度：时间维度和用户维度，把产品和运营的过程落在探索期、成长期、成熟期和衰退期这4个时期里，然后进行分析，这是本书的核心点。

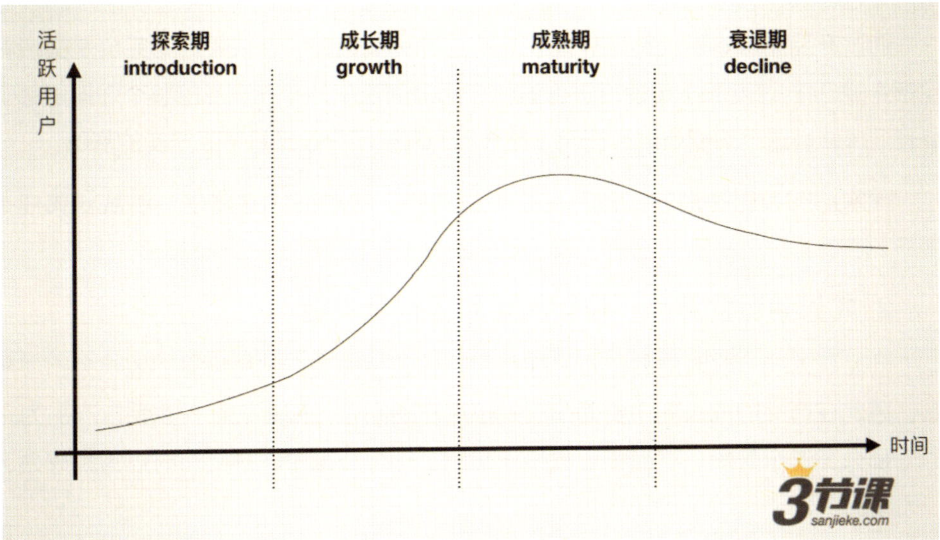

我们在通过这套逻辑拆解了上百款产品（包含本书中的产品）之后，形成了以下观点。

1. 探索期：用户口碑是决定性因素

产品（非企业）在上线之初，一般来说功能都比较简陋，用户在使用的过程中会遇到很多的Bug，也会提出很多新功能方面的诉求，但如果产品经理在这一阶段加功能，那么节奏会完全打乱。用户并不会因为产品的功能很多而来，恰恰是因为能持续解决其问题而来。

所以，在产品上线后半年左右中找到产品的气质至关重要，产品的气质意味着能吸引对口味的用户，产品经理应该牢牢盯着用户的留存率、活跃率和用户反馈，这是营造产品气质的关键。

用户群精准了，需求就会相对明确，产品的策略也就比较简单，就是围绕核心需求进行打磨，克制欲望，少加功能，在关键路径上去满足现有用户的需求。

而探索期的运营策略也应该围绕着核心用户的引入，重质量而非数量。在地铁广告上经常会冒出一些不知名的刚上线的产品，以这种通投的方法获得了大量的用户，但这些用户可能是因为某种补贴而来，或者因为好奇而来，用户构成非常混乱，产品的气质就被打乱了。

在本次调研的产品中，下厨房、洋葱数学、小红书等产品都很好地营造了这种产品的氛围。

通过产品的版本迭代策略也能看到产品的早期策略，像快手App完全是围绕着视频生成Gif的速度和上传速度进行迭代，而极简汇率几乎在产品的整个周期里都围绕着汇率转换这个功能点进行迭代，这些都为累积用户口碑打下了坚实的基础。

探索期的典型特点为：找方向让产品上线，快速迭代看留存，运营只找种子用户。

2. 成长期运营策略：拉新转化和留存是关键

产品在上线一段时间后，若只靠用户口碑进行传播，则用户量的增长会出现瓶颈，因此在产品的成长期中要面临的是拉用户的问题。如果说在探索期以产品为主导，那么在这个阶段，产品和运营终于站到了一个战壕中，甚至有时运营会成为这一阶段的主导。

因为要获取新的用户群，还要保证老用户不流失，所以产品发展的策略大约会分成以下3类。

- 扩用户群：例如网易花田在早期以IT行业为突破口，在成长期开始面向高收入、高学历的白领人群。
- 扩品类：例如洋葱数学从最早的数学教学扩至增加物理教学，以此增加新的用户群。而扩品类最明显的是O2O类产品如爱鲜蜂、百度外卖等，在度过探索期后，就会开始大量拓展不同城市的分站点并扩充商品类型，这些都能带来用户量的快速增长。
- 做外延：当产品引入了大量的新用户时，老用户就会开始有所疲惫，特别是类似于社交、社区型的产品，这时也需要对产品功能进行扩展，把用户留住，例如懂球帝新增的“圈子”功能。而这一阶段的运营，大概可以分为对内和对外两条线。
- 对外：主攻关键渠道而非全面开花，找到和自己的产品群体最符合的渠道来拉新。例如懂球帝选择在CCTV-5、花田选择在目标人群集中的关键地铁站投放广告，这些都是一种比较切合的策略。
- 对内：主要是通过老用户带新用户的方式来做，例如百度外卖、爱鲜蜂这样的O2O产品，会通过推荐补贴、转发优惠券等运营方式来操作。

砸钱运营并非唯一的运营方式，笔者也注意到有很多产品并没有进行大规模的广告投放，但用户量增长得非常快，例如英语流利说、下厨房、简书等都很少做外部的运营，但由于其产品有明显的内容或者社区属性，所以在产品功能有保证的情况下，用户量的自增长还是非常快的。

成长期的典型特点为: 运营主导产品策略 ，以增长为唯一目标，运营关键用户的获取渠道 。

3. 为什么成熟期才开始考虑收入这个话题

当产品度过了探索期和成长期后，就会进入稳定期，这一阶段的关键点是做大收入。虽然很多VC和行业人都会说，盈利模式应该一早就想到了，但实际上我们从很多独角兽产品中可以比较清晰地看到，赚钱固然重要，但做收入这个时机更加重要。

而其实很多产品在早期都没有找到盈利模式，但是用户口碑不错，在用户量高速增长之后，盈利模式自然会打开，例如下厨房找到了集市的模式，以一个垂直产品切入电商，而小恩爱这样的产品也找到了类似会员的模式作为盈利点。

对于好产品，用户会为其说话，也会心甘情愿地付费。

成熟期的典型特点为：以收入为主导的产品策略，以用户活跃为运营目标。

4. PC端用户成为这一阶段独角兽产品的关键点

我们注意到，在这一期的独角兽产品里面，有很多是从PC端切换到移动端后获得了成功，用户的迁移非常明显，也缩短了探索期的时间。

例如哔哩哔哩、简书、网易花田、小恩爱、下厨房、洋葱数学等都是早期有PC端，在移动互联网刚开始发展时，就全部转入移动互联网，最后获得了很好的效果。

这也充分说明，不管在PC互联网时代还是在移动互联网时代，好的产品和好的内容都可以获得大量用户的青睐。

5. 只为App而生的产品找到独特卖点是关键

有很多产品在PC时代是没有的，但是在移动互联网时代能做得很好，而相对来说，这也对已有的PC大平台提出了挑战。我们能看到一些特别有意思的现象：英语流利说用新的玩法来挑战固有的听、说、读、写的语言学习过程；极简汇率、快手App、in等产品都只能在移动互联网场景下生存，它们都有很明显的特定场景下的唯一选择。

至此，我们的产品调研报告基本结束。一款产品的成败有很多因素，在本书中使用的方法也只是其中的一个因素，并没有代表对和错，仅代表一种观点和态度。

布　棉